# 警 察 法 学

（第二版）


**主　　编**：万洪云　李永清

**副 主 编**：潘家永　王金仙　徐伟俊　曹　静

**参编人员**：（以撰写章节先后为序）

李永清　王金仙　冯德文

吴晓静　徐伟俊　曹　静

万洪云　潘家永　黎白兰

刘　隽　许　政



法律出版社
LAW PRESS · CHINA
——北京——

**图书在版编目(CIP)数据**

警察法学 / 万洪云, 李永清主编. -- 2 版. -- 北京:
法律出版社, 2020(2025.9 重印)
ISBN 978 -7 -5197 -4414 -4

Ⅰ. ①警… Ⅱ. ①万… ②李… Ⅲ. ①人民警察法 -
法的理论 - 中国 - 高等学校 - 教材 Ⅳ. ①D922.111

中国版本图书馆 CIP 数据核字(2020)第 060773 号

**警察法学(第二版)**
**JINGCHA FAXUE(DI - ER BAN)**

万洪云　李永清 主编

责任编辑 李　群　陈　熙
装帧设计 贾丹丹

**出版发行** 法律出版社
**编辑统筹** 法规出版分社
**责任校对** 张红蕊
**责任印制** 耿润瑜
**经　　销** 新华书店

**开本** 710 毫米×1000 毫米　1/16
**印张** 16　　**字数** 299 千
**版本** 2020 年 7 月第 2 版
**印次** 2025 年 9 月第 6 次印刷
**印刷** 中煤(北京)印务有限公司

地址:北京市丰台区莲花池西里 7 号(100073)
网址:www.lawpress.com.cn
投稿邮箱:info@lawpress.com.cn
举报盗版邮箱:jbwq@lawpress.com.cn

销售电话:010 - 83938349
客服电话:010 - 83938350
咨询电话:010 - 63939796



**书号**:ISBN 978 -7 -5197 -4414 -4
**定价**:39.00 元

凡购买本社图书,如有印装错误,我社负责退换。电话:010 - 83938349

# 编写说明

本教材是为司法警官院校学生学习警察法律知识、增强警察法律技能、培养警察法律素养而编写的。教材较全面地反映了我国警察法学的理论研究、立法发展成果，系统阐述了警察法基础理论、警察法律制度、警察职权、执法监督和权利救济理论。为实现司法警官院校警察类专业人才培养目标，落实司法职业教育“教、学、练、战”一体化的教学模式，充分适应司法警官职业学院学生学习特点和从业需求，教材在整体结构和编写体例上作了创新性安排，突出了案例分析、实训设计、拓展阅读，努力做到既方便学生阅读理解，又有益于学生实际操作能力的提高和职业素质的养成。本教材出版以后，我国制定、修改了《刑事诉讼法》、《监察法》、《行政强制法》、《人民武装警察法》、全国人民代表大会常务委员会《关于废止有关劳动教养法律规定的决定》、全国人民代表大会常务委员会《关于废止有关收容教育法律规定和制度的决定》等重要法律，出台了一系列相关法规、规章，警察体制改革力度进一步加大，加之教学过程中教师、学生反馈了一些意见、建议，在2015年修订的基础上又由第一主编作了第二次修订，期望适应新时代警察法学职业教育要求。由于水平有限，谬误之处在所难免，敬请读者批评指正！

《警察法学》由万洪云、李永清任主编，潘家永、王金仙、徐伟俊、曹静任副主编。万洪云负责全书统稿。各章撰稿人为（以撰写章节先后为序）：

**李永清**　（湖南司法警官职业学院）：第一章
**王金仙**　（山西警官职业学院）：第二章
**冯德文**　（辽宁警察学院）：第三章
**吴晓静**　（山东省警官培训学院）：第四章
**徐伟俊**　（江西司法警官职业学院）：第五章

**曹　静**　（湖南司法警官职业学院）：第六章
**万洪云**　（江西司法警官职业学院）：第七章
**潘家永**　（安徽警官职业学院）：第八章
**黎白兰**　（湖南司法警官职业学院）：第九章
**刘　隽**　（黑龙江司法警察职业学院）：第十章、第十一章
**许　政**　（河北司法警察职业学院）：第十二章

# 目　录

# 第一章

# 概　论

## 第一节　警　察

### 一、警察概述

警察是国家的产物，在世界各个国家，无论实行什么社会制度，无一例外地都设有警察。警察机关及其人员的性质，决定了其职务行为是代表了国家的行为，而且涉及社会领域的各个方面。警察是国家机器的重要组成部分和统治阶级维护统治的重要工具。

（一）警察的概念

“警察”一词源于古代，但在不同的历史时期含义有所区别。在西方，警察最早的含义是“都市统治的方法与都市力量”。后来又发生了一些变化，一些国家的警察专指国家政务，其权力涉及的面非常广泛，包括政治、军事、司法和宗教等方面。17世纪以后，“警察”一词含义逐渐变窄，警察与军事和司法逐渐分离，警察专指国家“内务行政”。现代意义的警察最早始于英国。无论是西方国家，还是东方国家，最早的警察组织和警察人员，虽然在称谓上和履行的职能与现代社会警察不完全相同，但是都有现代意义警察职能的属性。

在中国，“警察”一词始于宋代。但从严格意义上讲，中国古代并没有专门的警察制度。在我国封建制度时期，地方行政、司法不分，由府、县行政长官兼管社会治安和司法审判等事项，只是在府、县衙门内设有巡守、捕快等类似现代警察职能的人员，负责社会一线维持治安、抓捕人犯等工作。直到清末，中国才有真正意义上的近代警察制度。

按照时间先后来讲，中国近代警察制度诞生于湖南长沙创立的保卫局。1897年，湖南按察使黄遵宪向推行新政的巡抚陈宝箴提出，现行的保甲制度无法维护社会安定的局面，建议设立湖南保卫局。此后，黄遵宪将草拟的《保卫局章程》刊登在《湘报》上，广泛征求各界意见。1898 年 7 月 27 日，“湖南保卫局”正式成立，其机构的设置完全仿照西方和日本警察机关。由于是官绅合办，人员素质与西方警察差距很大。后来戊戌维新失败，积极推行新法的湖南巡抚陈宝箴等人被革职。刚刚诞生三个月的“湖南保卫局”也随着变法的失败，被迫裁撤更名为保甲局。应该说，湖南保卫局是中国警察机关的前身，首开中国近代警察史的先河。

从警察的历史发展过程看，现代意义的警察是根据国家宪法和法律设置的，是维护国家安全和社会秩序、惩治违法犯罪活动的主要力量。因此，警察是指具有武装性质，维护国家安全和社会秩序，在警察机关中行使警察职权，履行警察职责的国家公职人员。警察人员执行警察任务，依法防止一切危害国家、危害社会行为的发生，惩治危害国家安全和利益的一切违法犯罪分子。其行为是依靠国家强制力保障实施的。《人民警察法》第 2 条第 2 款规定：“人民警察包括公安机关、国家安全机关、监狱、劳动教养管理机关的人民警察和人民法院、人民检察院的司法警察。”（注：根据全国人大常委会《关于废止有关劳动教养法律规定的决定》，劳动教养管理机关现多已改制为强制隔离戒毒机关。）

（二）警察的地位和作用

1. 警察的地位

警察是统治阶级维护阶级统治的重要工具之一，是国家机器的组成部分，是国家意志的执行者。警察与国家共存亡，只要国家存在，统治阶级需要完成其组织管理形式，就必定需要警察这种维护统治阶级统治的暴力工具。

警察的设置及其警察行为是按照统治阶级的意志和利益，依靠国家作为后盾而实现的。警察的主要任务就是同危害国家安全、社会秩序的敌对势力和犯罪分子作斗争。警察依靠暴力维护国家安全和社会秩序，警察的武装性质实质上就是警察暴力作用的体现。所以，警察与军队共同成为保卫国家安全和维护社会秩序的两大力量。

2. 警察的作用

警察的作用就是警察行为在保卫国家安全和维护社会秩序中的具体体现。警察的作用是由警察在国家中的法律地位和性质决定的，警察是掌握政权的统治阶级意志的忠实执行者和捍卫者。

一方面，警察是保障国家安全的暴力工具。国家赋予警察特殊的权力，警察依靠特殊的职权和强制力，对威胁国家政权，违背统治阶级意志的敌对势力和人员实施坚决的镇压和制裁，充分体现警察在国家政治生活中的专政职能。

另一方面，警察是维护社会秩序的重要力量。统治阶级在国家安定维护和社会秩序管理活动中，赋予了警察管理职权。维护社会秩序主要包含以下两个方面的内容：第一，通过警察的管理职能活动，维护正常的社会秩序。体现出警察参与国家行政管理的职能，保障国家和社会稳定。第二，预防、制止和惩治违法犯罪活动。严厉打击各种违法犯罪活动，是警察力量在社会管理活动中职能的具体体现。警察针对具有社会危害性的违法犯罪人员予以严厉打击和制裁，目的就是创造良好的社会秩序及工作、生活环境，从而进一步巩固统治阶级的统治地位。

### （三）警察机关与警察

警察机关是在各级政府的领导下，根据宪法、法律的规定从事保卫国家安全、维护社会秩序的专门机关。警察机关从中央到地方形成了完整的组织系统。

国家的性质决定着警察机关的性质。警察机关的性质决定了警察的性质及社会地位。警察机关的职责与任务又决定其体制和组织体系，为警察人员依法行使职权、履行职责提供了保障。

## 二、警察的性质和任务

### （一）警察的性质

警察的性质是指警察所具有的本质特征。不同性质的警察体现不同的阶级属性。警察性质是确定警察任务、职权、义务等方面内容的依据，并且体现在警察的执法活动之中。警察的性质主要表现在以下几个方面：

1. 警察是国家政权的组成部分

警察是统治阶级维护统治的重要工具之一。国家要实现其政治统治，就需要强有力的统治工具。警察作为国家机器的组成部分，是为了保证统治阶级实现其统治的工具。一个国家不能没有警察。为此，国家必须要赋予警察一定的权力，警察则忠实地执行统治阶级的国家意志，执行国家的法律。警察是按照统治阶级的意志和利益，依靠暴力、强制和特殊的手段维护国家安全和社会秩序的武装性质的治安行政力量和刑事司法力量。在我国，警察是人民民主专政的重要工具之一。

2. 警察是具有武装性质的国家治安行政力量

警察是一种有组织的专政职能工具，承担着维护国家安全和社会秩序的保卫工作。警察的行为是为维护统治阶级利益而实施的。按照统治阶级的意志，警察的任务之一，就是要与一切危害国家安全和社会秩序的敌对势力和违法犯罪分子作斗争。该行为具有明显的对抗性，因此就需要警察拥有相应的武装力量，才能有效地保证完成同敌对势力和违法犯罪分子作斗争的任务。所以，警察的任务以及职权决定了警察是具有武装性质的国家治安力量。

3. 警察活动是依靠国家强制力保障实施的

警察依法实施的一切活动体现着统治阶级的意志，警察的行为是国家行为，警察活动具有不可违抗性和服从性，警察的职权来自国家法律法规的明确规定。既然警察的行为代表着国家行为，警察活动就必然有国家作为后盾，警察为维护国家安全、维护社会治安秩序的行为，必然是由国家强制力保障实施的。

（二）警察的任务

世界各国对警察的职能和任务都由法律作出了明确的规定，内容大同小异。我国人民警察警种繁多，但《人民警察法》第2条第1款对我国人民警察的基本任务作出了明确规定："人民警察的任务是维护国家安全，维护社会治安秩序，保护公民的人身安全、人身自由和合法财产，保护公共财产，预防、制止和惩治违法犯罪活动。"

1. 维护国家安全

维护国家安全是指维护国家主权和领土不受侵犯和分裂，维护国家政权和国家基本制度不受破坏，维护依法产生的政权不受非法颠覆。

国家安全是一个国家的根本问题。维护国家安全的任务除军队承担外，许多国家还把这项任务规定为警察的重要任务。我国历来都将维护国家安全作为人民警察的基本任务之一。在我国改革开放和建立、发展社会主义市场经济时期，国家安全工作更加复杂和艰巨，国际上的敌对势力采取"和平演变"的战略对我国进行渗透、破坏和颠覆活动，国内一些不满人民政权的犯罪分子也与境外敌对势力勾结，妄图推翻我国的社会主义制度。因此，与国内外的敌对势力作坚决的斗争，应是人民警察义不容辞的责任。

维护国家安全主要包括三个方面的工作：一是积极防范危害国家安全的违法犯罪行为的产生。二是及时发现和制止危害国家安全的违法犯罪行为，将其遏制在萌芽状态，以避免造成危害国家安全的严重后果。三是坚决打击和惩治危害国家安全的违法犯罪分子，使他们得到应有的惩罚，以警戒其他不法分子。

2. 维护社会秩序

良好的社会秩序、稳定的社会局面是进一步深化改革、扩大开放、加快社会主义现代化建设，构建社会主义和谐社会的前提和保证。因此，维护社会秩序是人民警察的重要任务。

维护社会秩序的工作主要包括三个方面的内容：一是积极防范和制止危害社会秩序的违法犯罪行为。对维护社会秩序的职能部门来说，要充分发挥人民警察机关的职能作用，调动社会各方面的力量，运用各种手段，进行社会治安综合管理，增强社会防范机制。对于已经发生的危害社会秩序的违法犯罪行为，人民警察应当行使法律赋予的职权，坚决予以制止。二是坚决惩治危害社会秩序的违法犯罪分子。人民警察应当运用《刑法》《刑事诉讼法》《治安管理处罚法》等法律武器，严厉打击、制裁那些扰乱和破坏社会秩序、生产秩序、工作秩序、教学科研秩序和人民群众生活秩序的违法犯罪分子。三是依法进行维护社会秩序的行政管理，构建良好、和谐的社会环境。

3. 保护公民的人身安全、人身自由

保护公民的人身安全，就是保护公民的生命权、健康权不受侵犯。按照《宪法》的规定，保护公民的人身自由，就是保护公民的人身自由、人格尊严、住宅、通信自由和通信秘密不受侵犯。

人民警察保护公民的人身安全、人身自由主要包括以下两方面的工作：一是依法惩治故意杀人、伤害、抢劫、绑架、强奸、强迫妇女卖淫和拐卖人口等侵犯公民人身权利的违法犯罪活动，坚决打击和制止侵害公民人身自由的违法犯罪行为。二是当出现其他危及公民人身安全的活动时，如自然灾害、社会危机，人民警察应当挺身而出，全力保护公民的人身安全和自由。

4. 保护公共财产和公民的合法财产

所谓公共财产，是指国家和集体的财产，包括公共设施、国有企业、国家机关和事业单位的财产、集体所有的财产。所谓公民的合法财产，是指公民依法取得、占有受法律保护的财产，包括公民的合法收入、储蓄、房屋和其他合法财产。人民警察保护公共财产和公民的合法财产，包括以下两方面的工作：一是依据《刑法》、《刑事诉讼法》和《治安管理处罚法》等法律，打击各种经济犯罪活动，预防、制止非法侵害、毁损公共财产和公民合法财产的不法行为。二是当发生自然灾害，公共财产和公民合法财产面临危险时，人民警察应当积极参加抢险救灾工作，保护公共财产和公民合法财产的安全。

5. 预防、制止和惩治违法犯罪活动

所谓预防违法犯罪，是指人民警察和有关机关、团体、企事业单位以及人民群众密切配合进行综合治理，铲除违法犯罪的因素和根源，杜绝违法犯罪活动的发生。对于人民警察来说，预防违法犯罪，就是依法追究违法犯罪人员的法律责任，预防其再违法犯罪，并教育和警戒社会上那些可能进行违法犯罪活动的人员，使其不敢以身试法，从而达到预防犯罪的目的。所谓制止违法犯罪活动，是指人民警察对现行的违法犯罪人员，依法采取强制措施，制止其继续实施违法犯罪活动的行为。所谓惩治违法犯罪活动，是指人民警察对事实清楚、证据充分的违法犯罪人员依照法定程序追究法律责任的行为。

预防、制止和惩治违法犯罪活动，是人民警察一项经常性的基本任务。在具体实施过程中，要做好以下三个方面的工作：一是要大力进行法制宣传教育，落实各项治安防范措施，尽力防止或减少各种违法犯罪活动的发生；二是要有灵敏的信息沟通渠道，具备快速反应能力，有较强的实战能力，果断制止正在发生的违法犯罪活动；三是通过依法查证违法犯罪的事实和人员，严肃执行刑事处罚和行政处罚，依法教育改造违法犯罪人员。

## 第二节　警　察　法

### 一、警察法的含义

警察法是规范警察行为的法律，是确定警察职权和义务的规则。从理论上划分，警察法有广义与狭义之分。广义的警察法一般是指涉及警察机关、警察组织、职权、行为、警务保障和执法监督等各个方面的行为规则，即凡属于与警察职权和义务有关的法律法规，均为警察法。狭义的警察法一般指警察法法典，如各国的《警察法》《警察条例》等具体的警察法律法规。

警察法是规范警察行为的法律规则，是调整国家警察机关在行使警察权力过程中发生的各种社会关系的法律规范的总和。

1995 年 2 月 28 日由第八届全国人大常委会第十二次会议通过并公布实施的《人民警察法》，是我国警察法的具体表现形式。该法的颁布与实施，使警察机关和广大民警在“依法治国”和全面建设小康社会的大环境中，找准了自己的位置，认识到自己的职责权限和纪律要求，明确了努力方向，在促进警察机关队伍建设和规范警察执法行为等方面确实作出了重要贡献。作为规范警察队伍建设和执法行为的一部大法，《人民警察法》实施以来，在我国警察工作全面走向法制化、规范化方面发挥了巨大作用。

警察法的这一概念包括以下内涵：

（一）警察法是具有公法性质的国内法

因为警察法的适用范围是限定的，警察法律规范由国家有权机关制定并在本国领域内适用；就警察法律关系主体而言，警察法规定和调整着国家警察权以及代表国家的警察机关、人民警察与相对人（包括组织和公民）之间发生的社会关系，这是一种公法关系。

（二）警察法具有社会公共性

从警察法的制定目的来看，统治者制定警察法，是为了维护国家安全和社会治安秩序，以及为了保护公民、组织的合法权益，规范警务行为和调整警务关系。警察法的制定和实施，明显地体现了维护国家和社会公共利益的主要目的。

（三）警察法具有特殊的强制性

从警察法的效力作用来看，在警察法调整的警务关系中，警察机关居于主导地位，相对人对警察法律关系的形成以及警察法规定事项的适用，并无自由选择的余地。而且，警察法规定的方式、手段，与其他部门法相比较，在内容上，更多带有命令和强制性，制裁程度更为严厉。

（四）警察法兼有实体法与程序法

就警察法规定的内容而言，警察法的内容可以分为实体法内容和程序法内容。一般认为，凡规定警察法律关系权利义务内容的为实体法，规定如何实现权利义务内容的为程序法。警察法中的实体法与程序法虽然可以分别制定，但他们不能脱离警察法律体系这个母体，因为警察活动中的实体行为与程序行为只是相对意义上的划分，并没有截然的界限，警察法是实体性法律和程序性法律的有机统一。

（五）警察法是由警察法规范构成的法律体系

警察法规范表现的特点是数量众多，种类繁杂，形式各异，且专业性比较强。各种与警察法有关的法律规范在调整的社会关系问题上相互关联，具有内在的逻辑联系，并且有一个起主干作用的基本法律。1995 年制定的《人民警察法》在警察法规范中就起着主干法律的作用，它对我国警察体制、警务活动原则、基本任务、职权、组织管理、警务保障、人民警察的义务和纪律、执法监督、法律责任等基本问题作了全面的规定。

（六）警察法的法律表现形式及其效力具有层级性

一般来说，警察立法体制主要是中央立法，由中央国家机关制定警察法律、法规和规章，即统一行使警察立法权，这是由警察法的目的、作用和调整对象的特殊性决定的。警察体制的集中统一性，要求警察法的适用效力、基本内容应当统一。但在一定条件下，经法律或中央有权机关授权，地方有权立法的机关可以制定适用于本地区的地方性警察法规或规章。

## 二、警察法的调整对象

警察法以警察机关及警察人员实施警察职权行为为具体调整对象，主要调整警察机关及警察人员在行使警察职权、履行警察职责过程中，与公民、法人和其他组织之间所发生的各种社会关系。警察行使职权所产生的社会关系，必然是以警察权力的运用为核心，警察机关在此种社会关系中是起主导作用的主体。因此，我国警察法的调整对象，就是警察机关及警察人员为维护国家安全、社会主义经济秩序和社会治安秩序等，与相对方所发生的各种与警察权力有关的社会关系。

## 三、警察法体系

### （一）警察法体系的概念

所谓警察法体系，是指根据警察法所调整的对象、范围，按照不同层次、结构及形式组成完整统一的警察法律体系。从横向关系看，警察法根据所调整社会关系的性质、要素，分别形成若干个并行的警察部门为主体的警察法规；从纵向关系看，警察法根据法律效力和适用的范围不同，形成不同等级的警察法律、法规及规章。值得注意的是，构成警察法律体系，必须是现行具有效力的警察法律、法规及规章等。

### （二）警察法体系的构成

警察法体系的构成必须依据现行有效的警察法律法规，所以值得注意的是，警察法体系不同于进行理论研究的警察法学的学科体系。

根据警察法规所调整社会关系的性质、适用范围、法律效力等不同，警察法的范围包括警察行政管理法、警察行政处罚法、警察刑事法、警察组织法、警察警务保障法、警察监督法等。上述不同的法律、法规及规章，分别形成不同的部门主体、层次、等级的警察法律、法规及规章，从而构成警察法体系。警察法体系在我国法律体系中占有极其重要的地位。

## 四、警察法的渊源

警察法律规范，需要通过一定的形式表现出来。法律渊源就是指法的表现形式，是法律规范的存在形式或载体。警察法渊源指警察法的效力来源及其表现形式，即警察法是由哪些形式的法律规范组成的，通过一定的警察法律、法规、规章等具有普遍约束力的法律文件表现出来的法律规范。我国警察法规范表现在下列法律形式之中：

### （一）宪法

宪法是国家的根本大法，是一个国家的总章程。宪法规定了国家的根本制度，即国家的政治、经济、文化等制度。宪法对于维护国家安全、维护社会秩序，保障公民人身权利、民主权利、财产权利和其他权利作了原则性规定。其内容也必然涉及警察机关及警察人员行使职权、履行职责方面警察法的相关内容。宪法是警察法制定的依据。警察法的具体实施也必须遵循宪法确定的原则，警察法的制定与实施均不得与宪法抵触。《宪法》第 28 条规定：“国家维护社会秩序，镇压叛国和其他危害国家安全的犯罪活动，制裁危害社会治安、破坏社会主义经济和其他犯罪的活动，惩办和改造犯罪分子。”这是我国警察法的宪法渊源。

（二）法律

法律是指由国家立法机关制定并颁布实施的规范性文件。我国法律是由全国人民代表大会及其常务委员会制定并颁布实施的规范性文件的统称，其法律效力仅次于宪法。在法律规范中，凡规定与警察机关及警察人员行使警察职权或履行职责有关的内容，涉及警察权力的设定及范围，涉及警察权力行使和对警察行使权力的监督，涉及警察行使警察权力、履行警察义务而引起的救济行为所依据的相关法律，均具有警察法律效力，属于警察法的表现形式，即警察法的渊源。

法律作为警察法的表现形式，是指法律文件中有关警察行为的法律规范才属警察法，而不是指所有的法律文件。也就是说，只有那些以警察行为为调整对象的法律文件、法律规范，才是警察法的渊源。因此，法律作为警察法的渊源有两种表现形式：一是从整体上具有警察法性质，一般称为警察法律，如《人民警察法》《治安管理处罚法》《出境入境管理法》《集会游行示威法》等。二是部分具有警察法性质，即一个法律文件中既包含警察法规范，也包含其他部门法的规范，如《土地管理法》《文物保护法》《森林法》《水法》等。总之，无论采取上述哪种表现形式，法律总是警察法最重要的渊源。

（三）行政法规

行政法规是由国务院制定并予以颁布实施的关于国家行政管理的规范性法律文件。行政法规从其调整范围上，涉及政治、经济、文化、科技、社会治安秩序、交通秩序等工作和生活的各个方面的内容。由于行政法规所调整的范围十分广泛，在其所涉及的许多社会关系中，都与警察权力的行使有直接的关系。所以，行政法规是警察法的主要表现形式。如2011年8月24日国务院第169次常务会议修订通过的《公安机关督察条例》，就是一部典型的行政法规。

（四）部门规章

部门规章是由国务院各部委在其职能权限范围内，在国家法律及行政法规范围内，制定的规范性法律文件。部门规章的数量相对较多，涉及社会行政管理的各个方面，调整的范围非常广泛。凡涉及警察权利和义务的内容，均可作为警察机关及警察人员行使职权和履行职责的依据。所以，部门规章也属于警察法的表现形式。2010年6月1日起施行的《公安机关人民警察纪律条令》就是典型的部门规章。

（五）地方性法规、自治条例和单行条例

地方性法规是指由省、自治区、直辖市的人民代表大会及其常务委员会，以及省、自治区、直辖市政府所在地的市和经国务院批准的较大的市的人民代表大会及其常务委员会在不同宪法、法律、行政法规相抵触的情况下，根据本行政区的具体情况和实际需要所制定的规范性文件的统称。

自治条例和单行条例是由民族自治地方的代表大会，依据宪法及法律、法规，结合本民族地区政治、经济、文化等特殊情况所制定的规范性法律文件。自治条例、单行条例作为警察法的渊源应注意两点：一是民族自治地方的权力机关制定的自治条例、单行条例必须按照法定的程序经有关机关批准后才能生效，即自治区的自治条例和单行条例报省或自治区人大常委会批准后才能生效。二是民族自治条例和单行条例在其制定机关的管辖区域内有效，并且其内容必须符合宪法、法律和民族区域自治法的规定。

（六）地方规章

地方规章是指省、自治区、直辖市以及省、自治区、直辖市人民政府所在地的市和经国务院批准的较大市的人民政府根据法律、法规制定的规范性文件的统称。地方规章作为警察法的渊源应注意两点：一是地方规章只在地方人民政府管辖区域内发生法律效力。二是地方规章的效力低于宪法、法律、行政法规和地方性法规，而且也不得同国务院所属部委的部门规章相抵触。

（七）法律解释

法律解释是指享有对法律、法规解释权的特定国家机关、司法机关对已在实施中的法律、法规所规定的一些内容，在具体适用过程中所作的进一步补充说明。法律解释的表现形式和特定国家机关、司法机关主要包括：

1. 立法解释。由立法机关对其所颁布的关于警察法律所作的解释。

2. 司法解释。由最高人民法院和最高人民检察院对有关警察法律文件及执行中的具体问题所作的解释。

3. 行政解释。由国务院以及各部委对有关警察法律文件所作的解释。

4. 地方解释。由地方人民代表大会及地方政府对有关警察法律文件、条例所作的解释。

上述法律解释在警察机关及警察人员的执法活动中，均具有规范性的法律效力。在其解释的范围、内容方面，涉及警察行使职权的内容，就是我国警察法的补充，属警察法的表现形式，对警察机关及警察人员的执法活动具有约束力。

（八）国际条约

国际条约是指由两个或两个以上国家签订的，对签订国双方或多方都具有约束力的规范性文件。一国一旦与其他国家签订条约或协定，必然受到该“条约”或“协定”所确定内容的制约，其权利与义务关系就对签约国内的公民、单位及组织产生法律效力。因此，我国与其他国家所签订的“条约”或“协定”中，凡属于有关警察职权内容的，涉及警察权利与义务、对警察机关及警察人员的行为产生约束力的内容，也属于我国警察法的渊源。但是，我国声明保留的条款除外。

## 典型案例评析

某省会城市人民政府为加强出租房屋的管理以改善本市的社会治安状况，在制定的政府规章中明确规定：私人出租房屋必须到所在区的公安机关登记，如实申报出租房屋的地点、面积和房间数。在出租房屋时，出租人必须查看承租人的身份证和其他有关证件，承租人没有法定的证件的，房东不得出租房屋。在发生案件时，出租人必须及时向公安机关报案，并协助有关的行政机关调查和公安机关侦查。未经登记擅自出租房屋或者发现违反情况隐瞒不报的，应依法追究法律责任。2002 年 11 月，该市公安机关破获了一起入室抢劫案件。被害人李某是外地人，在该市承租了张某的一间私房，因房东张某对来往的房客不管不问，未按政府规定出租房屋，使犯罪分子有了可乘之机。此案发生后，该市公安机关拟根据有关法律法规及市政府对房屋租赁市场的规定追究张某的法律责任，对其进行行政处罚。试分析，该市公安机关能否依据市政府制定的规章追究张某的法律责任？

**评析意见：**某省会城市人民政府制定的政府规章属于地方规章，在该省会城市管辖范围内具有法律效力，但不得与法律、法规、地方法规和部门规章相抵触。该市公安机关依据市政府制定的规章追究张某的法律责任、予以行政处罚是合法的。

# 第二章

# 中外警察法律制度

## 第一节　我国警察法律制度

### 一、奴隶社会警察法律制度

（一）奴隶社会警察法律制度概况

中国为四大文明古国之一，远在欧洲之先，警察行政即已出现。根据民国时期学者胡存忠、李士珍等考证，尧舜时期，中央即设司空、司徒等九官，地方则置十二州牧伯。尧舜时期的中国，正是阶级与国家形成之际，必离不开实质的警察行政，只是警察尚在萌芽阶段，警察权由中央与地方分享。

夏、商是奴隶制国家建立、巩固和发展时期，其警察形态随政治、法律文化的进步，更趋规范、稳定。周代是我国奴隶制社会的成熟时期，其警察制度可以作为整个奴隶制时期警察制度的代表。

周代执行警察的官员有以下三种：一是“司徒”，《国语・周语上》有“王乃使司徒咸戒公亲卿百吏庶民”。韦昭注：司徒“主耕耨王之籍田”，在籍田上从事耕作的主要是奴隶与平民，因而，对这些人的管理便成为司徒的重要职责。《礼记・王制》对司徒职责有更为细致的描述：“司徒修六礼以节民性，明七教以兴民德，齐八政以防淫，一道德以同俗”，通过积极的道德教化和完善的行政管理，防止各类危害社会秩序的行为。二是“司马”，掌管兵役与军事行政。当时军警不分，其军队除战争外，也被用来维护都城和边境地区的治安秩序。三是“司寇”，主管刑狱，亦兼负刑事及行政警察职责。

《周礼》对周代警察制度有更具体的反映：

“司民”，归属地官司徒，“掌登万民之数，自生齿以上，皆书于版，辩其国中，与其都鄙，及其郊野，异其男女，岁登下其死生”，也就是近代社会所称的户政管理。

“司虣”，归属地官司徒，“掌宪市之禁令，禁其斗嚣者，与其虣乱者，出入相陵（凌）犯者”，也就是保持安宁秩序，预防未发危害；“司稽”，归属地官司徒，“掌巡市，而察其犯禁”及拒捕盗贼；“司寤氏”，归属秋官司寇，掌宵禁；“禁暴氏”，归属秋官司寇，“掌庶民之暴乱力正，挢诬犯禁，言语不信，并聚众者”。该四种职务相当于近代之治安与政治警察。

“司烜氏”，归属秋官司寇，“以木铎修火禁于国中”；“司爟”，归属夏官司马，“掌行火之政令……凡国失火，野焚莱，则有刑罚焉”。故该二职务与近代消防警察相类。

“野庐氏”，归属秋官司寇，“凡道路之舟车轚互者，叙而行之”，即近代的交通警察。

“蜡（音‘诈’）氏”，归属夏官司马，“掌国之骴禁”，凡国有大祭，郊野有大师、大宾者，皆令州里除不蠲。若有死于道路者，则令埋而置楬。“蜡氏”禁止随处放置、掩埋尸体，并负责与祭祀有关的各类卫生监控工作。此类职任又颇与近代之卫生警察相似。

特种行政警察在周代也初现规模。司徒属下的山虞、林衡、川衡、泽虞、迹人等基本相当于后世之山林警察、森林警察、水上警察、渔业警察和狩猎警察。

除以上各种专职警察外，凡地方官吏，亦莫不含保安性质。如王国内分六乡，外分六遂：六乡以乡老为乡师，各掌本乡戒令教令纠禁；乡大夫各掌其乡之政教令；州长各掌其州之教治政令；党正各掌其党之政令教治；族师掌其族之戒令政事；闾胥掌其闾之政令，有比觵挞罚之权；比长掌其比之治，有纳无授无节者于土圜之权。六遂以遂人为之长，遂师各掌其遂之政令戒禁；遂大夫各掌其遂之政令戒禁；县正各掌其县之政令征比；鄙师各掌其鄙之政令祭祀；酂长各掌其酂之政令；里宰掌其邑之众寡与其六畜、兵器，治其政令；邻长掌相纠相受。以上表明，王国六乡六遂之官均具有普通行政权，“考察民隐，警察时患”的警察事务当然归其管理或执行。

（二）奴隶社会警察法律制度的特点

1. 无警察之名，行警察职能之实

纵观奴隶社会各个朝代设立的治安保卫机构及其官吏，虽然多寡不等，名称各异，没有明确的警察称谓，没有形成集中统一、结构稳定的专门警察机关，实际上均行使了警察的职能。

2. 军警不分，政警不分

这是由于古代社会长期实行行政与司法的合一，军事与行政合一的体制所致。

3. 警察权力分散于各级行政组织中，属于警察的分权时代。

## 二、封建社会警察法律制度

### （一）封建社会警察法律制度概况

如果说先秦时代因王权不够强大，不得不分邦建国，致各路诸侯专理地方一切行政，而作为地方政务重要部分的警察自无集权中央之理，故可称为警察的分权时代，那么，秦并六国、一天下、废封建（侯国）、置郡县，君主专制从此肇端，中国传统警察也进入集权时代。“集权”是指全国的警察权，均统一于朝廷（中央政府），或者说，各类警察组织行使警察权均代表、体现着中央的意志，并非只有中央政府的某一机构方可行使警察权。从秦汉以后的情况看，君主专制的中央集权呈逐渐强化之势，警察组织也日趋复杂、规范、普遍，总体而言，在首都一般设有专官，在地方，则责之兼管行政、司法之长官，而乡村警察又常以自治组织担任。

### （二）封建社会警察法律制度的特点

1. 警察机构的多元化

有名称各异、互不统属的专业警察组织，亦包括地方各级文武官员等兼职警察；不仅地方军队有警察权，国家军队代行警察职能也成为定制；不仅有官办的警察组织，更有大批受到国家鼓励的民间自治机构在基层执行着警察任务。

各种形形色色的警察机构，一方面，均能统一于皇权之下，为专制主义的中央集权服务；另一方面，若就某一时期某一地域而言，各类警察机构互相之间的职能重复与推诿，尚未形成良性的治安系统，导致了传统社会的治安秩序维持仍是令统治者最感棘手的问题。

2. 警察内容的军事化

中国历代王朝几乎无一例外是通过暴力革命或残酷战争建立充满专制内容的“家天下”政权，所以历代王朝都直接布防军队，保卫皇帝安全，军队一定程度上成为武装化了的警察，地方军队主动履行警察职责。

一是警察机构本身多系军事机关或体现浓厚的军事色彩，二是传统警察也充满军事味道。

首先，它将普通社会成员以邻伍、什伍、保甲等军队方式组织起来，使之形成互相制约、监督之关系，再辅之以详密之户口登记与严厉之连坐制度，而令历代政权既收严密控制社会之效，又最大限度地节省了统治资源。

其次，历代统治者多将普通扰乱社会秩序的行为扩大理解为藐视甚至颠覆政权的行为，故警察措施也经常表现为成群且武装化的警察人员以对待战场敌人的方式，对个别的社会成员进行侦伺、盘查、缉捕、制服。

最后，传统警察措施更多的是不区分具体环境和管理对象的特殊情况，而针对每一名社会成员采取的，就具体内容而言，也是强制、取缔、镇压等权力行为居多。

军事特征最为典型的警察措施大概要属历代一直于城市地区推行的“宵禁”制度，即入夜之后，普通居民不得在街上行走，更不得出城、进城。

3. 传统警察的官治化

自皇帝迄殷，地方组织的“井”本位制度，到周代的“邻比”之法、春秋时期的“什伍之政”、商鞅变法的“连坐制度”、北宋的“保甲法”等编查方式及历代劝恶惩善、齐民教民、育民化民之乡规民约、族发家规亦莫不体现官方意志，而与保甲制度相辅相成，互为表里。在专制主义日趋强化的政治环境下，使中国古代的居民守望相助制度成为政府防范、牵制民众的工具，成为国家警察制度的附庸和延伸；使民众自律的乡约成为官方政令的延伸。

4. 传统警察的纯秩序化

在体现“圣主贤君”意志，表达“父母”“天地”“公益”观念的政府利益的封建社会里，警察是限制（民众权利）型的，警察固然因秩序而漠视民众权利，也将对民众切身利益之保护纳入其秩序范畴。

5. 传统警察的政治化

传统中国自建立国家起，即以专制政治为核心内容，警察政治化倾向凸显。表现在：一是传统警察的根本宗旨在于为君主独揽全国政权创建稳定的、单向的政治秩序，而非保护社会民众的权益；二是政治侦伺功能在传统警察中占据最显要的位置。警察的政治化倾向必然淡化其对普通社会应负的责任，使民众的权益得不到充分保护。

## 三、近代警察法律制度

中国近代警察制度开创于清末，形成于北洋政府时期，发展于国民政府时期。北洋政府时期，开展了频繁的警察立法活动，先后颁行了众多的警察法规；国民时期建立了庞大的警察系统，警察立法得到了空前发展。

### （一）清朝政府的警察法

在漫长的封建社会里，历来是刑部户部混在一起。没有独立的警察机构，也就没有以调整这种机构活动为宗旨的专门法规。清末开始建立警察机构，在中央设置警察部（巡警部）和民政部（内政部）以后，警察法规的制定才被重视，陆续颁行了一系列有关的章程、条例和办法。据统计，那时由巡警部、民政部以及京师内外城巡警总厅制定颁发的有关警务的法令，不下 200 余种。这些法令，按照宣统二年（1910 年）京师内外城巡警总厅印行的《京师警察法令汇编》，大致分为四类：一是组织类，如《内外城巡警厅官制》《民政部及巡警厅权限章程》《巡警道官制并分课办事细则》《民政部奏定巡警道属官任用章程》等。二是行为类，如《调查户口章程》《大清国籍条例》《报律》《结社集会律》《各学堂管理通则》《管理危险物品规则》《管理街道规则》等。三是诉讼类，如《大清违警律》、《违警律施行办法》等。四是卫生类，包括清洁、保健、防疫、化验、戒烟等。这些法规，是清王朝加强警察统治的重要工具。

（二）北洋政府的警察法

北洋政府时期，警察法的发展可以分为两个阶段：第一个阶段是从 1912 年袁世凯篡权开始北洋政府统治时期起，到 1916 年袁世凯病逝；第二个阶段是从 1916 年到 1927 年北伐战争胜利，开始了国民党的统治。

1. 北洋政府警察法的创立和发展

袁世凯当政后，为了强化警察统治，很注意立法环节。在他当政的 5 年时间里，开展了频繁的立法活动，先后颁布了众多的警察法规。这些法规，就其内容来说，大致可分以下几类：

（1）关于警察机关的设置、组成和职责权限的组织法规。属于这方面的法规主要有：《京师警察厅官制》《京师警察厅分区规则》《地方警察官厅组织令》《地方警察厅官制》《地方警察局组织章程》《县警察所官制》《县警察队章程》《各省整顿警政办法大纲》《各省区警务处组织章程》《关于警务处组织章程实施应注意条件》《水上警察厅官制》《矿场警察局所组织章程》《矿业警察组织条例》《检察厅调度司法警察章程》《保安警察队现行编制办法》《地方保卫团条例》等。

（2）调整警察机关日常活动的办事规程和勤务人员勤务规例。1913 年到 1914 年间发布的《京师警察厅办事细则》《京师警察厅会议规则》《勤务督察处办事规则》《勤务督察施行细则》和京师各区警察署《办事细则》《京兆地方保卫团实施细则》《地方保卫团贵州省实施细则》等，1917 年内务部制定的《尊重巡警品格办法》，1922 年制定和颁布的《铁路警察服务规则》等。

（3）警务人员录用、服制、培训、奖惩和抚恤的章程与条例。属于这方面的法规有：关于警务人员录用的法规有《招募巡警章程》《文职任用令》《荐任文职任用程序令》《警察官任用暂行办法》；关于警务人员服制方面的法规有《警察服制令》《警察服制执行细则》；关于警察教育和培训领域的组织法有《警察学校组织令》《警察学校教务令》《各省警察传习所章程》《地方警察传习所章程》《教练巡警大纲》《巡警教练所章程》；对警务人员奖惩和抚恤的章程与条例有《巡官长警赏罚章程》《文官惩戒条例》《警察官吏恤金给予条例》等。

（4）治安管理法规。其一，关于治安管理处罚的法规，如《治安警察法》

《违警罚法》。其二，关于户籍管理，如《警察厅户口调查规则》。其三，关于交通管理，颁布了一系列交通法规。其四，关于营业管理，如《京师警察厅呈报营业规则》《京师警察厅取缔旧货营业章程》《限制药用鸦片吗啡等毒品营业章程》等。其五，关于危险物品管理，如《管理收藏枪支规则》。此外，有关建筑、消防、卫生、医药等治安管理法规，数量也不少。

2. 军阀混战时期的“警察法”

1916 年 6 月袁世凯死后，北洋军阀政权由形式上的统一走向公开的分裂，各派军阀为扩大自己的势力范围，展开了连年的火并。他们虽然维持着警察体制，但实际上是以军代警。这在一定程度上破坏了先前袁世凯煞费苦心建立的警察系统。

（三）国民党政府的警察法

国民党政权执政过程中，建立了异常庞大的警察系统。在这个系统中，不仅有规模空前的警察机构，而且警察立法也得到了空前的发展，在警察法规的种类、数量和质量等方面较之清末和民初都有了很大程度的丰富和提高。国民时期警察立法的发展，突出地表现在以下几方面：

1. 法规来源广泛

（1）各级警察机关起草、经法定程序颁布实施的警察专门法规。这一类法规构成了基础立法的主体和核心。如《各级公安局编制大纲》《警察录用暂行办法》《警察奖章条例》《违警罚法》《县政府政务警察训练纲要》《警械使用条例》等。

（2）各级政府组织法规。如《行政院组织法》《内政部组织法》《省政府组织法》《特别市组织法》《市组织法》《县各级组织纲要》等。

（3）内务行政法规。如《国籍法》《户籍法》等。

（4）其他治安组织法规。如《各省防军组织暂行条例》《省保安司令部组织规程》《县保卫团法》《保甲条例》等。

（5）刑事法规及刑事诉讼法规。如《戒严法》《非常时期维持治安紧急办法》《保护管束规则》《假释管束规则》等。

2. 法规配套性强

这个时期警察法规的制定不是单一的，而多数是配套的。法规配套首先表现在各级政府机关都相应地制定警察法规，并在相应的管辖范围内发挥效力。法规配套还表现在许多重要的警察法规大都配有一定数量的相关性法规。一般情况下，本法比较原则、抽象，而相关性法规或辅助性法规比较具体、灵活。如《首都警察厅组织法》是主法，《首都警察厅各科处职掌规则》和《首都警察厅所属各局办事细则》是其从法，是辅助主法实施的法规。

3. 重视法规修正

《违警罚法》就是突出的一例。《违警罚法》是南京国民政府时期实施治安管理的主要法律依据之一。南京国民政府成立后不久，即于1928年7月21日公布了《违警罚法》，此后20多年的时间里，又曾四度公布该法的修正本。总的来说，南京国民政府统治时期的《违警罚法》主要有两个版本：一个是前面提到的1928年版，另一个是1943年版。1943年版《违警罚法》在规模、体例和内容上都有了很大的改变，在立法技巧上也有了一定的提高。曾经参与过1943年版《违警罚法》起草工作的钱定宇在谈到该法的修正时说："其立法精神乃系以客观事实为根据，一般法理为准绳，就旧行违警法加以整个之修订；弃其糟粕，补其罅隙，输入时代精神，增大适用力量，俾以建立完整警察法典，增强警察之社会性效能。"①

4. 警察教育和训练体制趋于完善

1929年3月，公布了《警官学校章程》，强化对各类警务人员的教育训练。

总之，在南京国民政府时期，中国近代警察制度得到迅速发展，从中央到地方的警察体系渐趋完备，警察管理体制逐步完善，警察社会管理职能不断健全。但是，必须强调的是，在国民党统治时期，警察制度建设不够全面、协调，片面地发展和强化警察的强制性职能，警察依法保护民众权利以及服务社会的职能被严重弱化。体现在：第一，国民党颁布的警察法规，其矛头始终指向中国共产党及其领导的人民群众。第二，国民党的警察法规定，警察、宪兵、特务三位一体，都负有警察职能。如1932年国民党政府颁布的《宪兵令》规定，宪兵属于军政部，主管军事警察，同时兼管行政警察和司法警察。警察与宪兵特务的结合，突出表现了他们在镇压人民革命过程中狼狈为奸，沆瀣一气。第三，警察与保甲互相补充，在基层形成森严的警察统治。自1932年起国民党陆续颁布了大量法规。如《豫鄂皖三省剿匪总司令部施行保甲训令》《剿匪区各县编查保甲户口条例》等。1937年2月由行政院公布修正《保甲条例》，推行全国。

## 四、中华人民共和国警察法律制度

### （一）中华人民共和国成立初期的警察法律制度

1949年11月，罗瑞卿在第一次全国公安会议上所作的总结报告中全面阐述了公安机关及人民警察的任务、职责、权限、后勤保障、福利待遇、奖励、处罚等内容，这个报告实际上在中华人民共和国成立初期起到了警察组织法的作用，是中华人民共和国成立初期警察机关行使国家警察权的依据。

① 钱定宇：《中国违警罚法总论》，正中书局1947年版，第16页。

在这一时期，我国制定和颁布了大量警察法律规范。

（1）在警察组织法规方面，如《治安保卫委员会暂行组织条例》等；

（2）在警察刑事法规方面，主要有《政务院、最高人民法院关于镇压反革命活动的指示》《管制反革命分子暂行办法》等；

（3）在治安行政管理法规方面，主要有《城市户口管理暂行条例》《城市旅栈业暂行管理规则》《公共娱乐场所暂行管理规则》《印铸刻字业暂行管理规则》《枪支管理暂行办法》《关于严禁鸦片烟毒的通令》等；

（4）在交通管理法规方面，主要有《城市陆上交通管理暂行规则》等；

（5）在出入境管理法规方面，主要有《华侨出入国境暂行办法》《外国侨民出入及居留暂行规则》以及《进出口船舶、船员、旅客、行李检查暂行通则》《进出口列车、车员、旅客、行李检查暂行通则》《进出口飞机、机员、旅客、行李检查暂行通则》等；

（6）在消防管理法规方面，主要有《政务院关于严防森林火灾的指示》等。

（二）开始全面建设社会主义时期的警察法律制度

1954 年到 1966 年，党和国家在警察法制建设上做了大量工作，相继颁布了一系列警察法律规范。在这些警察法律规范中，有些是对原有警察法律规范的修改、补充，有些是废止前一个法规，另行制定一个新的法规。如 1955 年国务院公布的《城市交通规则》，就代替了原来的《城市陆上交通管理暂行规则》。再如 1958 年公布的《户口登记条例》，代替了以前由公安部发布的《城市户口管理暂行条例》和国务院《关于建立经常户口登记制度的指示》。但是，多数是新颁布的警察法律规范。这些警察法律规范主要有：

（1）警察组织法规方面，主要有：①《公安派出所组织条例》；②《人民警察条例》。

（2）警察刑事法规方面，主要有：①《逮捕拘留条例》；②《全国人民代表大会常务委员会关于宽大处理和安置城市残余反革命分子的决定》。

此外，公安部还制定了一些有关刑事侦查、现场勘查、司法技术鉴定等方面的部门规章。

（3）治安行政法规方面，主要有：①《治安管理处罚条例》；②《国务院关于劳动教养问题的决定》；③《消防监督条例》；④《户口登记条例》；⑤《边防检查条例》。

此外，还制定了《爆炸物品管理规则》《外国人入境出境过境居留旅行管理条例》等公安法规。

（三）新时期的警察法律制度建设

党的十一届三中全会以后，我国法制建设迎来了春天，警察机关的法制建设进入到中华人民共和国成立以来最好的发展时期，一个适合我国国情的警察法规体系正在逐步形成。

1979 年至 1995 年，全国人大及其常委会通过了 21 部警察法律，国务院发布了 42 件警察行政法规，公安部制定发布或与其他部门联合制定的有关公安工作的规章及规范性文件 700 多件。这一系列法律、法规的颁布实施，基本上使警察主要工作有法可依，而且为警察工作的法制化建设提供了条件。

1992 年 7 月 1 日起《人民警察警衔条例》的施行，2006 年 1 月 1 日起《公务员法》的实施，尤其是 1995 年 2 月 28 日《人民警察法》的颁布施行，对警察队伍的法制化建设创造了前所未有的契机。

《人民警察法》颁布实施后，国家又相继颁布实施了一系列规范警察工作的法律、法规、规章，为警察机关依法履行刑事司法、行政执法职能提供了有力的法律保障，也有力地促进了警察队伍正规化建设。

目前，一个以《人民警察法》为核心，由国家法律、行政法规、部门规章、地方性法规和规章组成，以警察刑事法规、治安保卫法规、行政管理法规、组织人事法规、警务保障法规、监督法规和国际警务合作法规为主要门类的警察法规体系已基本形成，警察工作的主要方面已基本实现了有法可依。

## 第二节　世界各国警察法律制度

### 一、英国警察法律制度

#### （一）英国警察法律制度的形成与发展

1. 英国警察法的形成与逐步发展时期

1829 年英国内政大臣罗伯特·比尔，创建了世界上早期最有影响的文职化职业警察，1829 年国会通过了比尔的创建新警察制度的议案——《大都市警察法》，《大都市警察法》于同年 6 月 19 日正式生效。当年 9 月，罗伯特·比尔根据《大都市警察法》建立了大伦敦警察厅。伦敦大都市警察有如下特征：（1）大都市警察的权力源于法律，并向地方负责；（2）大都市警察是英国历史上第一支着装的、享受国家薪俸的正规职业警察部队；（3）完全从司法、社会福利中分离出来，特别是与军队相脱离，成为一支专职的、以警察工作为职业的非武装力量；（4）形成了英国警察模式——自治体警察模式。

2. 英国警察法的改革与调整时期

英国新警察制度建立后，从19世纪30年代到50年代，政府通过颁布了相应的法律，如1835年的《市镇自治机关法》；1839年的《郡县警察法》和1856年的《郡市警察法》，规定了正规警察的义务征募制度；1842年又制定了有关法律，建立了侦缉队（便衣警察），严密监视人民的行为；1856年，英国制定了《郡和自治市警察法》，规定了正规警察的义务征募制度。

3. 英国现代警察法逐步完善时期

1964年，英国政府在原有几部警察法的基础上，又制定了《英国警察法》，把英国警察大体分为五种：郡警察、郡级市警察、联合体警察、伦敦警察、首都警察（又称苏格兰场）。

2002年7月24日通过了《英国警察改革法2002》。共七编：第一编，内政大臣的权力；第二编，投诉与不当行为；第三编，对警官的免职、暂时停职和纪律处罚；第四编，警察权力及其他；第五编，国防部警察队；第六编，对警官的任命及宣誓；第七编，补充条款。

（二）英国警察法律制度

《英国警察法》规定，英国实行内政大臣、警务当局和警察首席警官三位一体的警察管理体制。

内政部是英国警察的最高权力机构，直接管辖伦敦警察总局；对地方各郡警察机关有决定编制、人员配备及分配经费的权力；接受各郡警察局报告工作，对其工作进行监督、检查。内政部下辖的警政司是具体负责警察事务的协调与管理性机构，由一名次副官和四名助理次官领导。下设七个处，各处处长都是高级官员，都有部长助理的头衔。

内政大臣是内政部的政治首脑，是警察领导体制中的最高长官。内政大臣对警察的控制方式主要体现在以下几个方面：一是直接掌管着英国最大的警察力量——大都市警务当局，制订年度国家警务计划、首席警官行为准则；在任何时候要求警察督察对警察局实施监管；对警务当局及其行动计划进行指导以提高警察效能。二是要求英国警方独立投诉委员会提交关于履行职责情况的报告，对国家刑事情报总局和国家打击犯罪总队的投诉及不当行为作出处理。三是通过财政控制、检查评价、建议和认可等方式对地方警察力量进行有限的控制，提高警察效能。内政大臣与地方警务当局之间的关系，既是财政方面的，又是行政方面的。

地方警务当局是按照警务实行地方参与的原则建立的地方警察管理机构，即在每一个警察局之上都设一个警务当局。地方警务当局的成员有三分之二是地方（郡级）议员，有三分之一是地方业余法官。其实质是对警察行政实行控制、监督的民主性权力机构。警政当局的职责和权力：决定其所辖警察局的经费预算；提供警察局所需的建筑、设备和给养，并经内政大臣同意确定所需警官的数量；选定警察局局长、副局长和助理局长。

警察局局长经内政大臣同意，由地方警务当局任命，拥有地方警察力量的实际指挥管理权，即拥有警察行政权（警察权的执行权）的唯一负责人。其他机构包括管辖和监督他的警务当局和内政大臣，都没有这种权力。警察局局长直接领导警察局的工作，包括：招募警员，训练、负责警监及警监以下警衔的晋升，警署管理，部署警察力量，实施各种警察行为。

英国全国分为以下三个警备区：一是苏格兰和威尔士警备区。苏格兰和威尔士的警察实行“三位一体”的警察管理体制。二是苏格兰警备区。苏格兰是英国的少数民族地区，按照英国法律，允许苏格兰人保留自己的法律体系。因而，苏格兰的警察体制有自己的特点。首先，苏格兰警政当局是郡议会中的法定警务委员会，其成员都是议会会员。其次，苏格兰的警察局由苏格兰事务大臣领导。三是北爱尔兰警备区。1920 年英国承认爱尔兰和北爱尔兰法律，据此，北爱尔兰依据自己的法律，建立了属于它的自治警察机构——皇家厄尔斯特警察局，由中央政府北爱尔兰事务大臣直接控制，警察局局长由北爱尔兰事务大臣任免，警政当局的成员由中央政府任命。该警察局最大特色是带有浓厚的军事色彩，拥有双重任务：一方面履行防卫、侦查和治安职责，执行警察任务；另一方面则是执行镇压叛乱、保卫边界等有军事性质的任务。1970 年以后，北爱尔兰警察体制通过进一步改革，使警政当局模式趋向于苏格兰和威尔士模式。

伦敦警察当局是英国最大的警察局，直接由英国政府内政大臣管辖，它的最高官员是伦敦警察总监。伦敦警察总局下设四个业务局，各由一个总监助理领导，分别是：行政管理和行动局（A 局）、交通和技术援助局（B 局）、侦查局（C 局）、人事和训练局（D 局）。伦敦警察总局和伦敦市警察局互不隶属，体制不同。

此外，英国还有不属于警察系统的专业警察，如国防部警察和私人保安警察。

### （三）英国的警衔制度

英国警衔衔级分为十一级：厅长、副厅长、助理厅长、副助理厅长、指挥官、总警司、警司、总督察、督察、警长、警员。

英国的警衔升级较为特别，督察以下的必须参加并通过晋级考试，而督察以上的不通过考试。从警员到督察的晋升途径有两条：一是普通途径，即要求晋升者参加一年一度的考试，成绩合格，再由警察厅局长或厅局晋升委员会决定晋升。二是特殊途径，即为优秀的青年警察开辟的捷径。其成员分别为加入警察队伍的大学毕业生、通过了晋升警长考试的佼佼者或从晋升警长的警员中选出的优秀者。这些优秀的青年警察被选拔到指定的警察学院特别培训三个月后，可晋升为督察。

## 二、美国警察法律制度

美国的警察法律制度受英国影响较大，实行警察自治体制，各州有各州的警察法。1789 年，美国成立联邦政府以后，在开发西部地区的同时，先后出现了行使警察职能的“保安官”。但保安官还不是我们所说的现代资本主义国家的警察组织。以后，随着西部地区人口的增多和各种案件的发生，尽管保安官的警察职权不断扩大，但是还应付不了复杂的局面。在这种情况下，西部地区政府发布命令，仿效英国的做法，建立了自治警察。接着，美国各州政府相继制定警察法律，先后成立自治警察组织。

美国自建立自治警察以来，虽然数量不断增加，内部分工也越来越细，但从美国各州现有的警察法来看，警察机构主要有四类：县警察机构、城市警察机构、州警察机构和联邦警察机构。除联邦警察机构受联邦政府直接领导外，其他三种警察机构均直接受地方政府领导，与联邦政府没有垂直的上下级关系。因此，美国没有全国统一的警察法，各种警察机构实行的法律各不相同，职能也各有差异；即使同一类型的警察机构，其职责、权力也往往很不相同。所以说，在美国，警察法规是不统一的。

## 三、法国警察法律制度

法国是较早的资本主义国家之一，其警察法也较早制定并实施，但它与英美的警察体制和警察法截然不同。1789 年 7 月，法国资产阶级推翻了路易十六封建王朝，建立了资产阶级政权，颁布了大量法律，其中规定每个县建立保安官制度。保安官的职责是维持所在地区的治安秩序，调解民事纠纷，审理裁决轻微的刑事案件。

1790 年，法国制宪会议批准并发布了巴黎市政警察法。1791 年，又批准并公布了类似的其他城市的警察法。1793 年，雅各宾派执政的第一共和国，在颁布的宪法中，规定设置公安委员会，行使警察职能。

1795 年“热月党”夺取了政权，废除了第一共和国的自治警察体制，于 1796 年颁布警察法，规定警察必须维护公共秩序和人身安全，并且在组织上分为行政警察和司法警察，规定两者拥有制定警察规章和发布警察命令的权力，也有警告、预防、取缔、驱散、镇压、罚款、拘留、提起诉讼的权力。

1799 年，拿破仑发动雾月政变，夺取政权，建立了自己的军事独裁统治。

在警察制度上，取消了以往的自治警察体制，代之以各种由其亲自领导的间谍机关。在他第一次执政期间，发布了1801年警察法，规定在中央设置警察总局，在有10万人口以上的城市设置警察局，在5000人口以下的村镇设置警察分局，并规定农村普遍建立乡村警察卫队。此后，拿破仑又修改、发布警察法，对警察组织进行更加细致的调整，在全国形成了由帝国政府严密控制的警察网。

法国是政治风云多变和政权变换频繁的国家，因而它的警察法也经历了废除、修改和恢复的反复过程。直到1875年资产阶级第三共和国建立以后，法国警察法才作了根本性质的确定，规定了警察行为的性质及其权限。1898年，对警察法中关于村镇警察职能进行了修改调整，规定其主要职能是维护地方的治安、卫生，保护村镇居民生产。

从法国警察的沿革中可以看出，直到19世纪末期，法国才进入现代资本主义国家的警察体制。法国现行的警察法规定，主要有两类警察：一是国家警察，隶属于内务部；二是国家宪兵警察，隶属于国防部。由此可以看出，法国警察体制与英美等国不同，它是高度统一的，并且与军队有着密切的联系。

市政警察是警察力量的重要补充。市政警察是由市政当局自己组建的地方自治性警察，市政警察的执法权能是有限的。

乡村治安员就是法国乡村生活的一种象征，他们可以支援当地宪兵或协助警察或宪兵进行侦查或维持治安。

## 四、日本警察法律制度

### （一）日本警察法律制度的产生与发展

日本原来的警察法完全是以德国的无限警察权为理论基础的。如昭和三年（1928年）5月29日，日本政府发布的《治安维持修改法》规定，警察在维持治安秩序时有随意处罚的权力。1945年8月15日，日本宣布无条件投降后，接受了联合国占领军命令，废除了战前的警察制度，于昭和二十二年（1947年）颁布了战后第一部警察法。这部警察法实际上是美国警察制度的变种。后来，随着政治经济形势的发展变化，这部警察法在经历了几次大的修改后，于1954年基本确定下来。

关于日本的警察法，有两种不同的观点：一种观点认为，日本警察法就是现行的日本警察法典；另一种观点认为，日本警察法既指现行的日本警察法典，还包括所有的警察法规，理由是现行的日本警察法典是一部日本警察组织法，并不是警察法律规范的总和。2004年6月8日通过了《日本警察法》，这里既介绍日本警察法也介绍其他警察法规。

（二）日本警察法律制度

1.《日本警察法》的主要内容

《日本警察法》分为七章：第一章总则；第二章国家公安委员会；第三章警察厅；第四章都道府县警察；第五章警察职员；第六章紧急事态的特别处置；第七章其他规定。

（1）警察组织法的原则。《日本警察法》第1条规定，以保护个人的权利和自由，维护公共安全和公共秩序，保障以“民主理念”为基调的警察管理和运营、规范足以高效完成任务的警察组织的目的。这一条揭示了日本警察组织法的指导原则，即保障人权和维护公共安全。

（2）国家公安委员会。国家公安委员会设置在内阁总理大臣的管辖之下，由委员长和五位委员组成。委员长代表国家公安委员会，并总管公安委员会事务。委员必须是从此前五年内没有在警察或检察部门担任公务员经历的人员中进行挑选，并经两院同意，由内阁大臣任命，任期5年，不能连任。警察法规定，国家公安委员会的任务是，主持关系到国家公共安全有关的警察运营，统管一切关于警察教育、警察通信、信息分析技术、犯罪鉴定、犯罪统计以及警察装备的事务，同时通过调整警察行政来保护个人权利和自由，维护公共安全和秩序。国家公安委员会的权限：一是警察制度的策划和立案，关于警察的国家预算，关于警察的国家政策评估等；二是管理关系到国家公共安全的警察事务的运营，如容易引起恐慌的大规模灾害事件，可能危害地方稳定的骚乱事件，对国际关系影响重大且严重损害其他国家利益的劫持飞机、劫持人质、持有爆炸物及其他相当于此类犯罪的事件；三是对紧急事态的应对计划及其实施的事务，处置大范围有组织犯罪以及其他事件而采取的警察行动；四是同国际刑警组织、外国警察行政机构以及其他国际警察机构的联络事务，关于国际合作办案事务，关于国际紧急援助事务等；五是有关皇宫警察的事务；六是统辖警察教育、警察通信、电子犯罪信息处理事务，犯罪鉴定事务、犯罪统计、警察装备等事项；七是调整警察行政。

（3）警察厅。警察厅相当于内阁的省（部）。按照警察法规定，警察厅长官经国家公安委员会通过，由内阁总理大臣任免。警察厅长官服从国家公安委员会的管理。

警察厅在国家公安委员会规定的权限范围内，对都道府县警察机关有指挥监督权。警察厅设长官官房及以下五局：生活安全局、刑事局、交通局、警备局、情报通信局。警察厅附属机关包括警察大学校、科学警察研究所、皇宫警察本部。

（4）都道府县警察。警察法规定，在都道府县设都道府县警察。都道府县警察在该行政区域内担任警察职责，性质上属于都道府县的自治警察。都道府县公安委员会在辖区内管理都道府县警察。都道府县公安委员可以依据法令或条例的特别委任，制定其有关权限范围内的都道府县公安委员会规则。东京都设警视厅作为首都的警察本部，道府县设道府县警察本部，警视厅和道府县警察本部各自在其道府县公安委员会的管理之下掌管首都警察和道府县警察事务。都道府县警察负有互相支持的义务，可以提出援助要求，并且在必要的限度内，其权限可以延伸到其管辖区域之外。

（5）日本警察法规定警察衔级制度。日本的警衔是为警察单独设置的序列等级，不同于行政职务。各级警察机构的职员分为几大类别：警察官、皇宫护卫官、事务官、技术官及其他职员。警视总监、警察本部长、方面本部长、市警察局长及警察署长由警察官担任。

日本警察官的警衔共分九级：警视总监、警视监、警视长、警视正、警视、警部、警部补、巡查部长、巡查。皇宫护卫官的警衔为皇宫警视监、皇宫警视长、皇宫警视正、皇宫警视、皇宫警部、皇宫警部补、皇宫巡查部长、皇宫巡查。警衔在警视正以上的警察官，由国家公安委员会决定，其他警衔的任免，由警视总监或警察本部长决定。

（6）紧急事态的特别处置。内阁总理大臣在发生大规模灾害及骚乱或其他紧急事态时，可以基于国家公安委员会的劝告发布全国或者部分地区紧急事件布告，警察厅长官对于布告中的紧急事态地区的都道府警察的警视总监或警察本部长，发布必要的命令，实施指挥；管区警察局长对于布告地区府县警察的警察部长，发布必要的命令，实施指挥；警察厅长还可以命令布告地区之外的都道府县警察向布告地区或其他地区派遣警察，并可以在该地区的任何地区行使职权。

（7）其他规定。日本警察法对养老抚恤、国有财产的无偿使用、投诉、上诉制度作了规定。

2. 日本警察法施行令

2005 年 6 月 1 日《日本警察法施行令》，是关于国家公安委员会专业委员会、都道府县警察经费、都道府县基础补助经费、警察组织机构、警察署名称、地方警务官及地方警察职员的编制、警察厅的警察官及皇宫护卫官的被服配给等方面的规定。

3. 日本警察法实施规则

2005 年 4 月 1 日《日本警察法实施规则》，规定了警察厅组织机构及地方警官不同警衔人员的编制。

4. 日本警察法规

日本警察管理法规，涉及警察职能的各个方面，主要有：（1）道路交通管理法；（2）公安管理条例；（3）携带枪炮刀剑等管理法。

此外，还有火药管理法、古董管理法、当铺管理法、风化行业管理法、毒品及危险物品管理法等。实际上，以上警察法规也是日本现行警察法的组成部分。

## 延伸阅读

### 香港警察制度

香港警察是世界上享有较高声誉的现代化警察部队。成立于1844年，是世界历史上最悠久的警队之一。2003年年底，香港共有警察32 715名。纪律人员（授衔警察）26 647名，文职人员6068名，香港警察与香港总人口之比是392/10万。

1. 机构设置

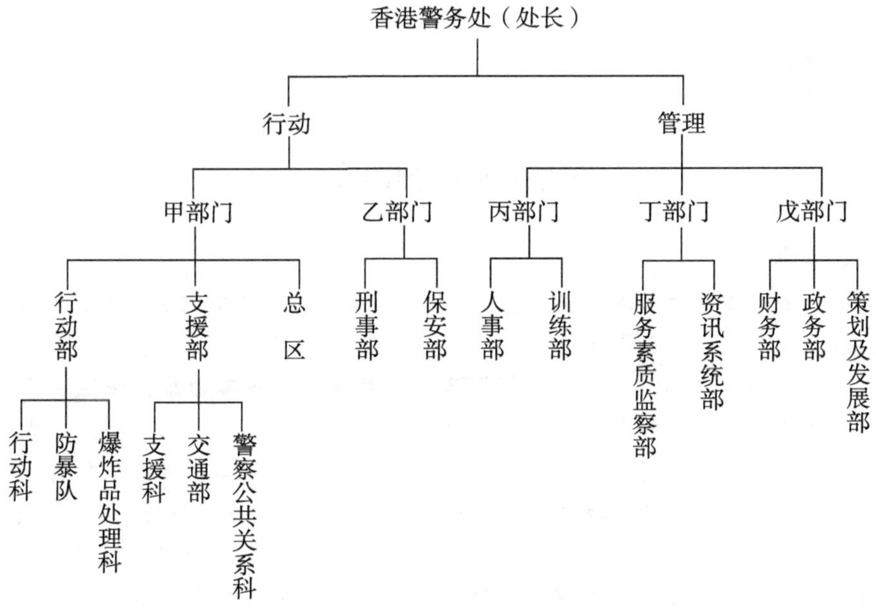


2. 香港警察的人事管理

（1）香港警队纪律人员：警员—警务处处长，军装和便装（刑事部）。

警衔：四级十五等。薪金最高，香港对警察实行高薪制；

处长级：警务处处长（1名），副处长（2名），高级助理处长（5名），助理处长（15名）；

警司级：总警司，高级警司，警司；

督察级：总督察，高级督察，督察，见习督察；

员佐级：警署警长，警长，高级警员，警员。

（2）香港警队文职人员的管理：机关内勤、技术及后勤，实行文职制。

（3）香港辅助警察的管理：社会自愿人士组成。

看守及监视、防止罪案、控制及管理人群大型活动、维持交通秩序及执行交通法例、执行警署职务及行动职务、负责通信及促进警民关系。薪金按小时算：按职级 50～200 港元不等。

3. 香港警察组织、人事管理的启示

（1）以行动部为主线，突出了警务工作实战性的特点。

（2）警察的警衔与职级相对应，有效地发挥警衔的标志性功能和激励作用。

（3）人事管理上以人为本，实现了服务型管理。

（4）实行文职制和辅警制，优化了警察人力资源配置。辅警制成为香港特色，为许多国家效仿。

## 实训设计

# 警察职业精神训练

### 一、实训项目

黑龙江省佳木斯市松木河警区责任民警王江承担松木河方圆百里的社会治安任务，在艰苦条件下、在平凡的工作岗位上，他忠于使命、耐住寂寞、乐于奉献，在当地群众中传为佳话：“一辆旧车，一身警装，东奔西跑，保卫一方！”在他的努力下，当地的社会治安呈现“路不拾遗、夜不闭户”的局面。黑龙江省有关领导将“王江精神”概括为六个方面：一是默默无闻、敬业乐群的平凡精神；二是低调做人、低头做事的处世风格；三是忠诚为民、痴心不改的本色；四是清贫一生、高尚无私的人生境界；五是无欲无求、全心为民的奉献劲头；六是工作第一、干一行爱一行的精神。佳木斯市编排了大型多场景话剧《挂警灯的茅草屋》，在全市巡回演出，王江精神广为传颂。

根据上述材料讨论：从警察职能的转变谈世界警务改革的发展趋势。

### 二、实训条件设计

1. 在实训室或教室布置讨论情境。

2. 收集世界警务改革相关资料。

## 三、实训操作步骤

1. 6人一组进行讨论。

2. 方法：

（1）按分组顺序发言，提出本组讨论结果；

（2）随机发言，结合他组发言情况，对本组结果进行补充，完善讨论结果；

（3）自发产生组织者，将全班讨论情况进行总结，并征求各组意见；

（4）综合全部讨论情况，得出讨论结果，向组委会报告。

3. 教师点评，对讨论结果综合评定。

# 第三章

# 警 察 主 体

## 第一节　警察主体概述

### 一、警察主体的含义

警察主体是从警察法学的角度对警察组织提出的概念，它是警察法律关系主体的重要组成部分，但又与其有所不同。国家警察权力由国家警察组织行使，但并非所有警察组织都具有独立的对外行使警察权力，履行国家警察管理职能和承担相应警察职责的资格。也就是说，只有那些在法律上具有主体资格的警察组织才能成为警察主体。弄清警察主体概念是警察机关依法履行警察职权的需要，是确定警察职权行为是否具有法律效力的需要，是确定警察复议机关、警察行政诉讼被告和警察赔偿义务机关的需要。

（一）警察主体的概念

警察主体是指享有国家警察权力，能以自己的名义从事警察管理活动，并能独立地承担由此产生的法律责任的警察组织。警察主体具有下列特征：

1. 警察主体是享有警察权力的组织

这里有两层意思：（1）警察主体是一种警察组织，不是警察个人。警察组织中的警察人员虽然是警察权力的具体实施者，但由于不完全具备警察主体资格的构成要件，不能成为警察主体。（2）警察主体必须是享有国家警察权力的组织。不享有国家警察权力的其他国家机关、社会组织，也不是我们讲的警察主体。在这里应当明确的是，根据我国有关法律的规定，人民检察院可以行使部分侦查权，但这是人民检察院享有的检察权的一部分，与警察主体享有的权力是不同的。

2. 警察主体是能够以自己的名义实施警察管理活动的组织

所谓以自己的名义实施警察管理活动，是指警察主体必须具有独立的法律人格，能独立地对外公布决定和命令，独立地采取措施，独立地参加复议、诉讼活动等。也就是说，不能以自己的名义独立地对外实施警察管理活动的组织不能成为警察主体。例如，警察机关中的法制部门大多负责起草一些警察法律规范，但警察法律规范是以所属警察机关的名义发布的，所以警察机关内的法制部门不是警察主体。又如，刑事侦查行为大多由警察机关内的刑事侦查部门具体实施，但有关刑事拘留等刑事强制措施必须以所属警察机关的名义作出，因为刑事侦查部门不是独立的警察主体。再如，治安行政处罚大多由警察机关中的治安部门具体实施，但处罚决定书必须以所属警察机关的名义作出，所以治安行政诉讼中，出庭应诉的是所属的警察机关，而不是治安部门，即使由治安部门的人员出庭，也只能以所属警察机关的名义应诉，因为治安部门不能独立地以自己的名义对外实施警察管理行为，不是警察主体。

3. 警察主体是能够承担实施警察活动所产生的法律责任的组织

如果一个组织仅仅实施警察活动，但并不承担由此而产生的法律责任，那么这个组织也不能称为警察主体。这种情况主要有两种：一是发生在委托中。例如，根据《行政处罚法》第20条的规定，行政处罚可以委托某些组织实施，按照这一规定，警察机关委托某个从事公共事务活动的组织实施治安行政处罚，但该从事公共活动的组织并不承担由此产生的法律后果，它仅仅以委托的警察机关的名义实施治安处罚，产生的法律后果也由委托的警察机关承担。二是发生在警察机关所属的不能以自己名义独立地对外行使警察职能的警察机构中，如公安机关的刑事侦查部门和监狱的狱政管理部门。

（二）警察主体与相关概念的区别

1. 警察主体与警察法律关系主体

警察法律关系主体也称警察法主体，是指在警察法律关系中享有权利和承担义务的双方当事人，由警察机关和对方当事人构成。也就是说，警察法律关系主体除了警察主体外，还包括在警察法上享有权利和承担义务的其他国家机关、企业事业组织、公民、社会团体等。可见，警察法律关系主体的范围大于警察主体的范围，警察主体一定是警察法律关系主体，但警察法律关系主体并不一定是警察主体。

2. 警察主体与警察机关

警察主体与警察机关有着密切的联系。这种联系不但体现在两个概念的外延上，也体现在两个概念的内涵上。在外延上，警察机关是主要的警察主体。在内涵上，警察主体和警察机关都是指从事警察活动的组织，两者都享有一定的警察权力。但两者也有区别，主要体现在：

（1）并非所有的警察机关都是警察主体。警察机关根据其职能，划分为若干个职能部门，有些职能部门有从事对外警察管理活动的权力，有些职能部门则没有从事对外警察管理活动的权力。对于那些能以自己的名义独立地从事警察管理活动，并能承担由此而产生的法律后果的警察机关来说，其已具备警察主体的资格；对于那些没有从事对外警察管理活动权力的警察机关，自然也就不具有警察主体的资格，如警察机关内的法制部门、文秘部门等。

（2）具有警察主体资格的警察机关并非在任何场合都是警察主体。警察机关在法律上具有多重身份，当警察机关对外运用警察权力，行使警察职权，以自己的名义对外承担法律责任时，这时的警察机关为警察主体；当警察机关以民事主体的身份从事民事活动时，这时的警察机关则不是警察主体，因为它没有运用自己的警察权力从事警察职责，如警察机关与施工单位签订建筑施工合同、警察机关到商场采购物品等，在这些场合下，警察机关是民事主体而不是警察主体。

（3）警察机关并非唯一的警察主体，在某些场合下，非警察机关也可以成为警察主体。这种情况主要是指法律授权。在我国，警察机关是国家权力机关的执行机关，国家权力机关有权通过法律将部分警察权力授予非警察机关，在这种情况下，非警察机关也就有了部分警察权力，能够以自己的名义对外行使警察权力，独立地承担由此而产生的法律责任。

3. 警察主体与警察人员

警察主体与警察人员有着密切的联系，在某种情况下，两者不可分割。体现在：警察活动是由警察人员实施的，是通过警察人员的公务行为得以实现的，警察人员是警察主体的组成人员，警察主体是一个个警察人员的集合。但两者又有很大的不同，警察人员不是警察主体。因为警察人员的职务行为不是以自己的名义而是以国家警察机关的名义实施的，警察人员只是具体的操作者。所以，由警察人员的职务行为而产生的法律后果和法律责任，要由警察人员所属的警察机关来承担。如果警察人员有过错致使职务行为违法，且给他人的合法权益造成损失的，警察人员所属的警察机关要先代表国家履行赔偿义务。然后，警察机关再根据警察人员的过错程度行使追偿权。警察人员同国家警察机关的关系，只是一种职务上的隶属关系，与警察主体具有不同的法律特性。

## 二、警察主体的分类

根据不同的标准，警察主体可以分为不同的种类。主要有：

### （一）根据警察主体警察职权的产生方式不同，可以将警察主体分为职权性警察主体和授权性警察主体

1. 职权性警察主体

职权性警察主体是指根据宪法和有关组织法的规定，在警察机关依法成立时

就当然获得警察职权的组织。按照这种划分，取得警察职权主体资格的法律依据是宪法和法律，如《国务院组织法》《地方各级人民代表大会和地方各级人民政府组织法》等。由此可见，职权性警察主体只能是从中央到地方的能独立对外行使职权的各级警察机关。

2. 授权性警察主体

授权性警察主体是指根据有关法律、法规规定的授权而获得警察主体资格的组织。按照这种划分，取得授权性警察主体资格的依据是有关的法律、法规，如《行政处罚法》等。

授权性警察主体与职权性警察主体的最大区别就在于两者取得警察主体资格的方式不同，前者来源于宪法和有关组织法的直接规定，后者来源于单行法律规范的授权。另外，两者在组织性质、职权范围上也有不同。在组织性质上，前者为警察机关，而后者为警察机关以外的组织；在职权范围上，前者行使的警察职权具有一定的综合性，而后者的警察职权具有专项性。

（二）根据警察主体行使警察权力和实施警察活动所针对的对象不同，可以将警察主体分为地域性警察主体和专业性警察主体

1. 地域性警察主体

地域性警察主体是指以地域为警察主体的构成基础，有权对职权管辖范围内的一切人和事实施管理的警察主体。这里主要是指从中央到地方的各级公安机关，例如，市公安局有权对其行政区域范围内的所有的属于公安管理范围内的人和事行使警察权力。

2. 专业性警察主体

专业性警察主体是指以某项警察事务为对象实施警察管理的警察主体。这里主要是指警察机关内的各个职能部门，如交通管理部门、出入境管理部门、边防检查部门、督察部门等。

地域性警察主体与专业性警察主体的主要区别在于：前者是综合性的警察主体，它不仅仅针对某一警察管理事务行使警察权力；后者仅仅具有某项专门管理权限，如警察机关中的警察职能部门。

应当明确的是，这种划分只具有相对性。因为任何警察主体都以一定的地域为其构成基础，完全离开地域范围的专业性警察主体是不存在的，只不过是专业性警察主体更加偏重于某一项警察事务，因此两者的划分具有相对性。

## 三、警察主体资格

### （一）警察主体资格的取得

警察组织或社会组织只有具有警察主体资格才能成为警察主体，才能具有警

察法上的主体地位。所谓警察主体资格，是指符合法定条件的警察组织和社会组织，经过法定程序而获得警察主体的法律地位。不同类型的警察主体取得警察主体资格的方式不同，以职权性警察主体和授权性警察主体为例：

1. 职权性警察主体资格的取得

职权性警察主体在我国是指警察机关，其资格的取得应当符合下列条件：(1) 警察机关的成立已经有关机关批准。如在我国，国务院设立、增加、减少或者合并部、委等，由最高国家权力机关批准；省级人民政府需要设立、增加、减少或者合并厅、局、委等，由国务院批准。(2) 已由组织法或组织章程规定了职责、权限。例如，《国务院组织法》第10条规定了公安部的职责、权限，地方组织法规定了地方政府所属警察机关的职责、权限等。(3) 已有法定编制，并按编制配备了人员。(4) 有独立的活动经费预算。(5) 已设置了办公地点和必要的办公条件。(6) 已经政府公报公告其成立。公告的内容包括：该组织成立的时间、地点、级别、任务、职权、组织章程、组织的办公地点和时间等。

2. 授权性警察主体资格的取得

授权性警察主体在我国主要有两种：一种是警察组织以外的其他社会组织，另一种是警察机关内的警察机构。无论哪种，取得授权性警察主体资格都必须有组织法以外的法律、法规明确具体的授权，或者根据法律、法规由警察机关决定。如警察机关报请国务院核准，根据《行政处罚法》的规定，作出授予某社会组织警察行政处罚权的决定。授权决定应当包括下列内容：授权人和被授权人、授权事项和授权内容、授权依据、授权期限等。另外，授权机关依法作出授权决定时，应当符合授权原则，即授权人必须具有所授职权，授权人所授出的职权必须小于或等于自己享有的职权，授权必须明确，不能模糊不清。

（二）警察主体资格的变更

警察主体资格的变更又称警察主体资格的转移，主要有以下两种情况：

1. 警察主体的分解

警察主体的分解是指警察主体分解为两个以上警察主体。例如，全国人民代表大会决定设立中华人民共和国国家安全部，将原属于公安部的部分职权划归国家安全部，由此形成两个警察主体。又如，巡警组织的成立，将原来其他警察机关的部分职权划归为巡警组织，从而分解为不同的警察主体。

2. 警察主体的合并

警察主体的合并是指由原来的两个或两个以上的警察主体合并为一个警察主体。

无论是警察主体的分解还是警察主体的合并，原警察主体的行为依然有效，其行为的法律后果由分解或合并后的警察主体承担。

（三）警察主体资格的丧失

警察主体资格的丧失，主要有以下两种情况：一种情况是警察主体的解散或撤销，另一种情况是授权法或授权机关收回授权或授权已到期限。

1. 警察主体的解散或撤销

警察主体的解散或撤销是指有权机关依法以决定或命令的方式解散或撤销警察主体，使其失去主体资格。例如，有权机关依法解散或撤销某一临时警察组织的决定，就使其丧失了警察主体的资格。

2. 授权法或授权机关收回授权或授权已到期限

对于由于授权法使警察主体丧失警察主体资格的，原警察主体在其享有资格期间内所为的警察行为有效，其行为的法律后果由其主管警察机关承担。

## 第二节　警察机关

警察机关是指国家依法设立的行使警察权力、履行警察职责的国家机关。我国警察机关在职能方面具有行政、刑事、军事三种基本属性。在我国，警察机关主要有公安机关、国家安全机关、监狱管理机关、强制隔离戒毒机关和人民法院、人民检察院中的司法警察机关。中国人民武装警察部队是我国特殊的警察机关，是国家武装力量的组成部分，但也承担海上维权执法职责。

### 一、公安机关

（一）公安机关的性质和法定职责

公安机关，是指国家为行使警察权力，实现警察职能而设立的执行、实施国家公安法律、法规，管理国家公安事务的行政机关。关于公安机关的性质，可从以下三个方面理解：

第一，公安机关是我国人民民主专政的重要工具。公安机关这种阶级属性是由我国社会主义国家的性质决定的。我国是以工人阶级领导的，以工农联盟为基础的人民民主专政的社会主义国家。公安机关是国家政权的组成部分，履行着对敌人专政，惩罚犯罪，保障人民民主权利，维护社会治安秩序，保卫社会主义经济建设的重要职能，是巩固人民民主专政的重要工具。

第二，公安机关是国家行政机关。公安机关这种行政属性，主要表现在两个方面：一是我国各级公安机关属于行政序列，隶属于各级政府部门，是各级政府的组成部分。二是我国公安机关承担的重要任务之一，就是进行社会治安行政管理。公安机关的这一行政属性，使其与国家立法机关和国家司法机关区别开来。

第三，公安机关具有一定的刑事司法职能。公安机关的这种刑事属性，主要表现在它除了进行治安行政管理外，依据我国宪法和有关刑事诉讼方面的法律规定，还担负着预防、侦查、打击刑事犯罪和执行部分刑事处罚的重要任务。公安机关的这一刑事属性，使其与其他国家行政机关区别开来。

公安机关按照《人民警察法》的规定，依法履行下列职责：

（1）预防、制止和侦查违法犯罪活动；

（2）维护社会治安秩序，制止危害社会治安秩序的行为；

（3）维护交通安全和交通秩序，处理交通事故；

（4）组织、实施消防工作，实行消防监督；

（5）管理枪支弹药、管制刀具和易燃易爆、剧毒、放射性等危险物品；

（6）对法律、法规规定的特种行业进行管理；

（7）警卫国家规定的特定人员，守卫重要的场所和设施；

（8）管理集会、游行、示威活动；

（9）管理户证、国籍、入境出境事务和外国人在中国境内居留、旅行的有关事务；

（10）维护国（边）境地区的治安秩序；

（11）对被判处管制、拘役、剥夺政治权利的罪犯和监外执行的罪犯执行刑罚，对被宣告缓刑、假释的罪犯实行监督、考察；

（12）监督管理计算机信息系统的安全保护工作；

（13）指导和监督国家机关、社会团体、企业事业组织和重点建设工程的治安保卫工作，指导治安保卫委员会等群众性组织的治安防范工作；

（14）法律、法规规定的其他职责。

（二）公安机关的机构设置

我国公安机关人民警察组织机构主要包括中央公安机关、地方公安机关、专业公安机关和其他公安机关。

1. 中央公安机关

按照《国务院组织法》的规定，我国最高的公安机关是中华人民共和国公安部。它隶属于国务院，是中央人民政府的组成部分。

公安部是全国公安系统的首脑机关，领导和管理全国公安工作。凡属全国性的侦查、治安等重大事项，以及公安队伍建设等法律规定属于公安部职权范围的事项，均由公安部作出决策，制订计划与规划，并组织、指挥、协调、监督地方公安机关贯彻实施。

公安部设部长 1 人，副部长 2 ~ 4 人。内设业务工作部门有政治部、办公厅以及刑侦、安保、治安、消防、边防、网监、禁毒、法制、外事等若干司、局。

2. 地方公安机关

我国地方公安机关分为三级：省级公安机关、市级公安机关和县级公安机关。

（1）省级公安机关。即各省、自治区公安厅和直辖市公安局。它们是省级人民政府的组成部分，负责本省（自治区、直辖市）范围内的公安工作。内设与公安部相对应的业务工作部门。

（2）市级公安机关。即省辖市公安局、自治州公安处、直辖市所属区公安分局和行政公署公安处。

地区行政公署公安处是省、自治区人民政府的派出机构——行政公署的组成部分，负责专区内的公安工作。

（3）县级公安机关。即各县（市）、市辖区、自治县、旗公安局。它们负责同级人民政府管辖范围内的公安工作。

基层公安派出所是县级公安机关的派出机构，由县级公安机关领导。

3. 专业公安机关

专业公安机关，是指在某些关系国计民生的行业建立的公安机关。专业公安机关是公安机关体系的重要组成部分。

（1）铁路公安机关。铁路公安局原由交通运输部公安局领导，现已划转公安部统一领导管理，更名为公安部铁路公安局。下一级铁路公安机关接受上一级铁路公安机关的直接领导管理，公安业务工作同时接受所在省、自治区、直辖市公安厅局指导。铁路公安机关负责维护铁路运输系统内部的治安秩序，管辖铁路系统内的刑事案件。

（2）交通运输公安机关。交通运输部原设交通运输公安机关和民用航空公安机关，也已划转公安部统一领导管理。民航公安实行双重领导，以公安部领导为主。交通运输公安机关负责维护公共汽车客运站、港口、码头的治安秩序和运输中的治安秩序，管辖危害与破坏公路和水上交通运输及其设备安全和在长途汽车、轮船和其他船舶上发生的违法犯罪案件，以及负责对违反规章制度造成严重后果的案件的立案和侦查；民航公安机关负责民航系统内部以及机场的安全保卫工作，打击破坏机场设施、劫持飞机等犯罪行为。

（3）林业公安机关。林业公安机关现由公安部统一领导管理（食品药品犯罪侦查局），森林公安队伍成建制划转省级公安厅（局）。林业公安机关负责维护森林的安全和森林地区的治安秩序，管辖所辖地区内严重危害和破坏森林、违反森林法的违法犯罪案件，管辖辖区内的治安案件和治安灾难事故。

（4）海关公安机关。国家海关总署设立缉私局，是海关的一个内设局，同时也作为公安部的一个局，纳入公安部的编制序列，实行海关与公安的双重领导，并以公安部领导为主。在中华人民共和国境内，缉私警察依法查缉涉税走私犯罪案件，对走私犯罪嫌疑人依法进行侦查、拘留、逮捕和预审工作。

（5）海警机关。根据《深化党和国家机构改革方案》，国家海洋局（中国海警局）领导管理的海警队伍及相关职能全部划归武警部队。

4. 其他公安机关

（1）新疆生产建设兵团公安局。这是经国务院批准设立的（厅局级）公安机关，兵团所属工、农企业设立公安处（局），行使公安机关职权，负责生产建设兵团范围内的治安管理和刑事案件侦查。

（2）解放军政治工作部保卫部（简称军保）。领导全军的保卫工作，行使公安机关侦查、预审、拘留和执行逮捕的权力。

（三）公安机关的领导体制

关于警察机关的领导体制，从法律规定和实践看，可以分为外部领导体制和内部领导体制。外部领导体制是指同级党和政府对警察机关的领导，以及上级警察机关对下级警察机关的领导，即来自某一警察机关外部的领导。内部领导体制是指各级警察机关内部实行的领导体制。

公安机关的领导体制，从外部领导体制上看，根据宪法确定的原则，我国各级公安机关在党委和政府的统一领导下进行工作，受上级公安机关的领导和指挥，即实行“统一领导、分级管理、条块结合、以块为主”的管理制度，也就是通常所说的“双重领导”管理体制。

统一领导，是指一切公安机关都接受党和政府的统一领导，地方公安机关接受公安部的统一领导。

分级管理，是指中央或地方公安机关分别接受中央或本地人民政府的领导和管理。具体来说，就是公安部在国务院领导下，领导全国公安机关的工作；地方各级公安机关在本级人民政府的领导下和上级公安机关的领导下，负责所辖地区的公安工作；专业公安机关接受本部门的行政领导和公安部的业务领导，并领导和管理所辖公安机关的工作。

条块结合，就是公安机关内部上级对下级的领导与党委、政府对同级公安机关的领导相结合。“条”是指公安系统内部从上到下的领导关系；“块”是指县以上的地方各级党委、政府对公安机关的领导关系。

以块为主，是指地方公安机关实行上级公安机关和同级地方党委、政府的双重领导，以同级地方党委、政府的领导为主。城市公安分局、派出所由上级公安机关直接管理。

公安机关这种领导体制，既保证了公安工作的方针、政策以及全局性部署等，都统一于党中央，保证了公安系统自上而下的管理、指挥和业务指导，同时也保证了各级党委和政府对各级公安机关的领导，充分发挥地方的主动性和积极性，有效地避免了一些国家实行集权制或分权制警察体制造成的弊端。

从公安机关内部领导体制来看，实行的是党委集体领导下的行政首长负责制。这一领导体制包括两方面的内容：

1. 党委集体领导决策制度

（1）党委对所属公安机关的一切组织、一切部门、一切人员、一切工作实行统一领导。行政首长不能与党委并列，更不能凌驾于党委之上。

（2）党委对公安工作具有决策权、指挥权。凡是涉及路线、方针、政策、重大决策，重大工作任务部署，干部的重要任免、调动和处理，群众利益等重大问题，都必须由党委讨论决定。

（3）党委实行集体领导，按民主集中制原则对应由党委决定的问题作出决定，而不得由个人专断。党委的正副书记不能以行政首长的身份在党内出现，将自己的意见强加于人，更不允许以任何借口推翻党委集体作出的决议。

（4）党委对决议的贯彻执行情况进行监督，并依据情况的变化适时调整和修改。

2. 行政首长负责执行制度

（1）公安机关的行政首长负责党委决策的执行，并承担相应的责任。行政正职要对党委负责，副职要对正职负责。如果是按党委集体决定执行所犯的错误应由党委集体承担责任，如属非集体决定所犯的错误，则由行政首长个人承担责任。

（2）行政首长负责行政领导和指挥，并承担相应责任。正职首长主持全面工作，副职首长作为正职的副手主管分管部门的领导工作。凡属按规定应由行政首长决定的问题，要通过行政办公会议讨论决定，正职首长主持会议并拥有个人最后决策权。正职和副职按其职权对行政工作承担责任。

## 二、国家安全机关

### （一）国家安全机关的性质和法定职责

国家安全机关，是反间谍工作的主管机关，是在隐蔽战线上同境内外敌对势力、敌对分子进行斗争，维护国家安全的行政机关。关于我国国家安全机关的性质，可从以下四个方面理解：

第一，国家安全机关是人民民主专政的重要工具，是从事隐蔽斗争的专门机关。我国国家安全机关所具有的这种阶级专政工具的政治性质，是由我国党和国家的阶级性质决定的。与公安机关不同的是，国家安全机关承担的是具有涉外性质的间谍案件的侦查工作，是在隐蔽战线上对国（境）外间谍和境内外敌对势力危害我国国家安全的行为进行斗争，具有特别的隐蔽性。

第二，我国国家安全机关是社会主义国家的侦察、保卫机关。这种社会主义性质主要体现在两个方面：首先，我国国家安全机关实行的国家安全战略是积极防御性战略。其次，我国国家安全机关的工作具有正义性。这种正义性主要体现在我国国家安全工作具有正义的宗旨、正义的战略，坚持正确的原则、立场和政策，采用正当的策略、手段和方法几个方面。

第三，我国国家安全机关是国家行政机关。这种行政属性主要体现在我国国家安全机关属于国家行政序列，隶属于政府部门，是政府的组成部分。

第四，国家安全机关具有一定的刑事司法职能。这种刑事属性主要体现在我国国家安全机关行使宪法和法律规定的公安机关对刑事案件的侦查、拘留、预审和逮捕等职权方面。

国家安全机关按照警察机关的分工，依法履行下列职责：（1）执行《反间谍法》，维护国家安全；（2）侦查危害国家安全的反间谍案件；（3）协调和指导人民防范、制止危害国家安全的行为的工作。

（二）国家安全机关的机构设置

国家安全机关，是国家机器的重要组成部分，是维护国家安全、实行阶级专政的主要工具之一，是隐蔽战线的特殊重要部门。关于国家安全机构的设置，各国不尽相同，在名称和建制上互有差异。如有的国家把国家情报机构与反间谍机构都隶属于国家安全机关，有的国家则把反间谍机构隶属于司法部或内政部，有的国家将反间谍机构直属政府首脑领导。多数国家设有专职情报机构，分成政府和军队两个系统。

我国从事国家安全保卫工作的职能部门包括国家安全机关和公安机关，国家安全机关是反间谍工作的主管机关。《反间谍法》第 3 条第 2 款规定：“公安、保密行政管理等其他有关部门和军队有关部门按照职责分工，密切配合，加强协调，依法做好有关工作。”具体来说，境外机构、组织、个人实施的，或者境内机构、组织、个人与境外机构、组织、个人相勾结实施的危害中华人民共和国国家安全的间谍行为，原则上由国家安全机关主管，公安机关给予配合；属于《反间谍法》第 38 条所列的五项行为以外的其他危害国家安全的行为，也就是说，凡是不涉及境外的危害国家安全的活动，如纯属于境内的敌对组织、敌对分子策划、实施的各种破坏活动，由公安机关国内安全保卫部门主管，国家安全机关予以配合。

国家设立国家安全部；省、自治区、直辖市设立国家安全厅（局）；地、市设立国家安全局。以下不再对应，但设立相应的安全保密部门。

（三）国家安全机关的领导体制

国家安全机关的最高领导机关是国家安全部，受党中央、国务院领导，地方各级国家安全机关受上级国家安全机关的领导。同时，接受同级党委和政府的领导。

国家安全系统实行垂直领导、两级管理体制，是由“坚持党的绝对领导”这一国家安全工作的首要原则和政治建警原则决定的。为了把国家安全工作置于中国共产党的绝对领导之下，不仅实行了“垂直领导、两级管理”的管理体制，还建立了向党委请示报告的制度和政治监督制度。党中央明确规定：国家安全部的重大问题都应当及时向党中央、国务院报告；重要机密情况应当及时向中央常委、总书记、总理和中央主要领导同志请示报告。对地方国家安全机关也相应规定了向地方党委请示报告的制度。地方党委要加强对国家安全机构的政治监督。

在各级国家安全机关建立党委，在国家安全机关人民警察组织内部，实行党委集体领导下的行政首长负责制。

## 三、监狱管理机关

（一）监狱管理机关的性质和法定职责

监狱是指统治阶级关押已决犯的场所，是依照国家法律而设置的刑罚执行机关。关于我国监狱管理机关的性质，可从以下两个方面理解：

第一，监狱是国家政权的重要组成部分，是阶级统治的暴力工具。这是从监狱的国家属性或阶级属性上对监狱性质的理解。马克思主义认为，国家是阶级统治的暴力机器，组成国家机器的主要成分是军队、警察、法庭和监狱。作为国家机器重要组成部分的监狱是强制机关，是专政工具，是暴力机器。我国的监狱反映和代表着绝大多数劳动人民的利益和意志，行使着人民民主专政的国家所赋予的法定权力，对罪犯实施惩罚和改造。

第二，监狱是国家的刑罚执行机关。这是从监狱的法律属性上对监狱性质的理解。在我国，依照《刑法》和《刑事诉讼法》的规定，被判处死刑缓期二年执行、无期徒刑、有期徒刑的罪犯，在监狱内执行刑罚。同时，《监狱法》第3条明确规定：“监狱对罪犯实行惩罚和改造相结合、教育和劳动相结合的原则，将罪犯改造成为守法公民。”这就充分表明我国监狱对刑罚的执行，不是单纯对罪犯实施惩罚，更重要的是对罪犯实行改造，把罪犯改造成为新人。在严密监管下强迫罪犯接受惩罚和改造，这突出反映了监狱的法律属性。

监狱管理机关按照警察机关的分工，依法履行下列职责：

1. 依法执行刑罚的职责

监狱作为国家刑罚执行机关，必须严格按照人民法院对罪犯作出的已生效的刑事裁判，执行刑罚。

2. 管理监狱的职责

监狱人民警察依法对监狱实行管理，保障监狱正常、稳定、安全的运行，维护良好的罪犯教育改造秩序。

3. 教育改造罪犯的职责

教育改造罪犯是国家刑事法律规定的职责，是我国社会主义监狱制度先进性的体现，也是减少重新犯罪率的根本所在。因此，要牢固树立监狱工作以“改造罪犯为宗旨”的指导思想。在实际工作中，要坚持一切以改造罪犯为中心，各项工作都要服从、服务和有利于对罪犯的改造。

4. 保护罪犯合法权益的职责

监狱人民警察应当不断增强人权观念，增强保护罪犯人权、罪犯合法权益的观念，这是当今社会文明发展对各国监狱提出的普遍要求。我国是社会主义国家，其监狱制度具有历史进步性，在罪犯人权和罪犯合法权益的保护上更应当走在监狱文明发展的前列。

（二）监狱管理机关的机构设置

我国监狱的机构设置，体现了分级管理的体制。中央人民政府有监狱主管机关，各省、自治区、直辖市有监狱管理机关以及市属监狱的管理机关，下设基层监狱。

1. 国家监狱主管机关

《监狱法》第10条规定：“国务院司法行政部门主管全国的监狱工作。”此规定表明，全国的监狱工作是由中央人民政府即国务院司法部主管的。司法部下设监狱管理局，具体负责全国监狱的各项业务工作。

2. 地方监狱管理机关

各省、自治区、直辖市司法厅（局）下设监狱管理局，具体负责本省、自治区、直辖市监狱的各项业务工作。有些省（自治区）监狱管理局根据工作需要下设的监狱管理分局是省（自治区）监狱管理局的派出机构，监狱管理分局在其所管理的范围内行使省（自治区）监狱管理局的部分权限。但是，监狱管理分局不是一级监狱管理机关。

地方监狱分为省属监狱和市属监狱。市属监狱由市司法局下设的监狱管理处具体负责本市所属监狱的人事管理工作和各项业务工作。

3. 基层监狱

我国基层监狱在机构设置上实行两级管理或三级管理体制。在两级管理体制中分为监狱和监区两个层级，在三级管理体制中分为监狱、监区、分监区三个层级。

（1）监狱。监狱设监狱长一人、副监狱长若干人。监狱根据刑罚执行与改造罪犯任务的需要，按照监管改造罪犯系列、思想政治工作系列、行政事务系列、生产经营系列等设置必要的职能科室。

（2）监区。监区设监区长一人、副监区长若干人。监区作为下一级建制，在机构设置上不要求与监狱级的机构设置相对应，但是为了完成监狱布置和安排的各项工作任务，发挥监区级机构的功能，监区可以下设办事机构或设置若干工作人员。

（3）分监区。分监区设置分监区长一人、副分监区长一至二人。同时根据分监区监管改造罪犯工作的实际需要，设置管教干事、生产干事等。

此外，根据政治建警的原则，在监狱、监区、分监区，分别设政治委员、教导员和指导员。

（三）监狱管理机关的领导体制

监狱管理机关的领导体制，从外部领导体制上看，有以下三种情况：

1. 司法部及其监狱管理局与各省、自治区、直辖市司法厅（局）及其监狱管理局之间实行“条块结合，以块为主”的领导体制。

2. 各省、自治区、直辖市司法厅（局）及其监狱管理局与各基层监狱，实行“条块结合，以条为主”的领导体制，各基层监狱与当地党委和政府的关系，只存在党委领导关系，不存在行政和业务隶属关系。

3. 地市办的监狱，就各省、自治区、直辖市司法厅（局）及其监狱管理局与这些市属监狱的领导体制来说，实行“条块结合，以块为主”的领导体制。

从监狱管理机关内部领导体制上看，实行的是党委集体领导下的行政首长负责制，对于监狱而言，就是实行党委领导下的监狱长负责制。

## 四、强制隔离戒毒机关

（一）强制戒毒机关的性质和法定职责

2011 年 6 月 22 日国务院第 160 次常务会议通过《戒毒条例》，其中第 4 条第 3 款规定，设区的市级以上地方人民政府司法行政部门负责管理司法行政部门的强制隔离戒毒场所、戒毒康复场所，对社区戒毒、社区康复工作提供指导和支持。2013 年 12 月 28 日第十二届全国人民代表大会常务委员会第六次会议通过《全国人民代表大会常务委员会关于废止有关劳动教养法律规定的决定》。据此，原司法部劳动教养管理局调整为司法部戒毒管理局。各地原有劳动教养执行机关多改制为强制隔离戒毒所或轻刑犯监狱等。此前，司法部发布《司法行政机关强制隔离戒毒工作规定》，进一步规范司法行政机关强制隔离戒毒工作。其中第 3 条规定，司法行政机关强制隔离戒毒所对经公安机关作出强制隔离戒毒决定，在公安机关强制隔离戒毒场所执行三个月至六个月后，或者依据省、自治区、直辖市具体执行方案送交的强制隔离戒毒人员（以下简称戒毒人员），依法执行强制隔离戒毒。第 64 条规定，吸毒成瘾人员自愿接受强制隔离戒毒的，应当凭强制隔离戒毒所所在地公安机关的书面同意意见，向强制隔离戒毒所提出申请。强制隔离戒毒所同意接收的，应当与其就戒毒治疗期限、戒毒治疗措施、权利义务等事项签订书面协议；协议未约定的，参照本规定有关规定执行。

（二）强制隔离戒毒机关的机构设置

强制隔离戒毒机关包括强制隔离戒毒管理机关和强制隔离戒毒执行机关两类。

1. 强制隔离戒毒管理机关

强制隔离戒毒管理机关是指司法行政部门设置的，主管强制隔离戒毒工作的行政机构。强制隔离戒毒管理机关，实行三级管理体制，即中央一级、省（自治区、直辖市）一级和大中城市一级。中央一级强制隔离戒毒管理机关即司法部戒毒管理局。省一级的强制隔离戒毒管理机关是省、自治区、直辖市司法厅（局）下设的戒毒管理局。大中城市一级强制隔离戒毒管理机关是设在市（地区、自治州）司法局的强制隔离戒毒管理处。

2. 强制隔离戒毒执行机关

强制隔离戒毒执行机关，是指依法设置的强制隔离戒毒所，是代表国家依法对被决定强制隔离戒毒的人实行强制性教育管理和治疗康复的行政机关。强制隔离戒毒所分为省属和市属两种。强制隔离戒毒所设所长一人，政治委员一人，副职若干人；强制隔离戒毒所下设戒毒大队，大队设大队长一人，政治教导员一人，副职若干人；大队下设中队，中队设中队长一人，政治指导员一人。

（三）强制隔离戒毒机关的领导体制

强制隔离戒毒机关的领导体制，从外部领导体制上看，有以下三种情况：

1. 司法部戒毒管理局与各省、自治区、直辖市的司法厅（局）戒毒管理局之间实行“条块结合，以块为主”的管理体制。

2. 各省、自治区、直辖市司法厅（局）戒毒管理局与其所属的基层强制隔离戒毒所实行“条块结合，以条为主”的管理体制。

3. 地（市）属强制隔离戒毒所与省、自治区、直辖市司法厅（局）戒毒管理局之间实行“条块结合，以块为主”的管理体制。

从强制隔离戒毒机关内部领导体制上看，实行党委集体领导下的行政首长负责制，对强制隔离戒毒所来说，就是实行党委集体领导下的所长负责制。

需要指出的是，我国公安机关目前也设有强制隔离戒毒机关。

## 五、司法警察机关

（一）司法警察机关的性质和法定职责

司法警察机关隶属于人民法院和人民检察院，以下分别阐述。

1. 人民法院司法警察机关

人民法院的司法警察机关是国家审判机关中具有武装性质的依法行使国家警察权力，维护审判秩序、保障审判工作顺利进行的国家司法行政机关。人民法院的司法警察机关的性质主要表现在：它是一个独立的警种，是国家审判机关的重要组成部分，是带有武装性质的国家司法行政力量。

人民法院司法警察机关依法履行下列职责：

（1）维护审判秩序；（2）对进入审判区域的人员进行安全检查；（3）刑事审判中押解、看管被告人或罪犯，传带证人、鉴定人和传递证据；（4）在生效法律文书的强制执行中，配合实施执行措施，必要时依法采取强制措施；（5）执行死刑；（6）协助机关安全和涉诉信访应急处置工作；（7）执行拘传、拘留等强制措施；（8）法律、法规规定的其他职责。

2. 人民检察院司法警察机关

人民检察院的司法警察机关是国家检察机关中具有武装性质的依法行使国家警察权力，保障人民检察院行使检察权、履行检察职能的国家司法行政机关。人民检察院的司法警察机关的性质主要表现在：它是一个独立的警种，是人民检察院的法定组成部分，是人民检察院行使检察权、履行检察职能的执行力量。

人民检察院司法警察机关依法履行下列职责：

（1）保护人民检察院直接立案侦查案件的犯罪现场；（2）执行传唤、拘传；（3）协助执行监视居住、拘留、逮捕，协助追捕在逃或者脱逃的犯罪嫌疑人；（4）参与搜查；（5）提押、看管犯罪嫌疑人、被告人和罪犯；（6）送达有关法律文件；（7）保护出席法庭、执行死刑临场监督检察人员的安全；（8）协助维护检察机关接待群众来访场所的秩序和安全，参与处置突发事件；（9）法律、法规规定的其他职责。

（二）司法警察机关的机构设置

1. 人民法院司法警察机关的机构设置

人民法院司法警察的编制、建制，由最高人民法院规定。人民法院司法警察实行编队管理，共分四级：最高人民法院设立司法警察局；高级人民法院设立司法警察总队；中级人民法院设立司法警察支队；基层人民法院设立司法警察大队。

2. 人民检察院司法警察机关的机构设置

人民检察院司法警察的编制、建制，由最高人民检察院规定。人民检察院司法警察实行编队管理，共分四级：最高人民检察院设司法警察局；省、自治区、直辖市人民检察院设司法警察总队；省、自治区、直辖市人民检察院分院和自治州、省辖市人民检察院设司法警察支队；县、市、自治县和市辖区人民检察院设司法警察大队。

（三）司法警察机关的领导体制

1. 人民法院司法警察机关的领导体制

根据《人民法院司法警察条例》的规定，人民法院司法警察实行双重领导，即人民法院司法警察接受所在人民法院院长和上级人民法院司法警察部门的领导，接受所在人民法院司法警察部门的管理。

2. 人民检察院司法警察机关的领导体制

根据《人民检察院司法警察条例》的规定，人民检察院司法警察实行双重领导，即人民检察院司法警察接受所在人民检察院检察长和上级人民检察院司法警察部门的领导，接受所在人民检察院和上级人民检察院司法警察机关的管理。

## 六、中国人民武装警察部队

中国人民武装警察是我国人民警察中的一个特殊警种。人民武装警察部队是中华人民共和国武装力量的重要组成部分，由党中央、中央军事委员会集中统一领导。人民武装警察部队由内卫部队、机动部队、海警部队和院校、研究机构等组成。

根据《人民武装警察法》第4条的规定，武警部队的法定职责是：人民武装警察部队担负执勤、处置突发社会安全事件、防范和处置恐怖活动、海上维权执法、抢险救援和防卫作战以及中央军事委员会赋予的其他任务。

人民武装警察部队主要担负下列执勤任务：（1）警卫对象、重要警卫目标的武装警卫；（2）重大活动的安全保卫；（3）重要的公共设施、核设施、企业、仓库、水源地、水利工程、电力设施、通信枢纽等目标的核心要害部位的武装守卫；（4）重要的桥梁和隧道的武装守护；（5）监狱、看守所等场所的外围武装警戒；（6）直辖市，省、自治区人民政府所在地的市和其他重要城市（镇）的重点区域、特殊时期以及特定内陆边界的武装巡逻；（7）协助公安机关、国家安全机关依法执行逮捕、追捕任务，协助监狱、看守所等执勤目标单位执行押解、追捕任务，协助中国人民银行、国防军工单位等执勤目标单位执行押运任务。

人民武装警察部队参与处置动乱、暴乱、骚乱、非法聚集事件、群体性事件等突发事件，主要担负下列任务：（1）保卫重要目标安全；（2）封锁、控制有关场所和道路；（3）实施隔离、疏导、带离、驱散行动，制止违法犯罪行为；（4）营救和救护受困人员；（5）武装巡逻，协助开展群众工作，恢复社会秩序。

人民武装警察部队参与防范和处置恐怖活动，主要担负下列任务：（1）实施恐怖事件现场控制、救援、救护，以及武装巡逻、重点目标警戒；（2）协助公安机关逮捕、追捕恐怖活动人员；（3）营救人质、排除爆炸物；（4）参与处置劫持航空器等交通工具事件。

人民武装警察部队参与自然灾害、事故灾难、公共卫生事件等突发事件的抢险救援，主要担负下列任务：（1）参与搜寻、营救、转移或者疏散受困人员；（2）参与危险区域、危险场所和警戒区的外围警戒；（3）参与排除、控制灾情和险情，防范次生和衍生灾害；（4）参与核生化救援、医疗救护、疫情防控、交通设施抢修抢建等专业抢险；（5）参与抢救、运送、转移重要物资。

人民武装警察部队执行海上维权执法任务，由法律另行规定。

根据《深化党和国家机构改革方案》，着眼全面落实党对人民解放军和其他武装力量的绝对领导，贯彻落实党中央关于调整武警部队领导指挥体制的决定，按照军是军、警是警、民是民原则，将列武警部队序列、国务院部门领导管理的现役力量全部退出武警，将国家海洋局领导管理的海警队伍转隶武警部队，将武警部队担负民事属性任务的黄金、森林、水电部队整体移交国家相关职能部门并改编为非现役专业队伍，同时撤收武警部队海关执勤兵力，彻底理顺武警部队领导管理和指挥使用关系。

## 第三节 警察人员

警察人员是警察法学中警察主体研究的一个重要方面。虽然根据警察主体的特征，警察人员不能构成警察主体，但警察主体是一种组织，它是由一个个警察人员组成的，其警察活动也是由一个个警察人员具体实施的，离开警察人员，警察主体将不复存在。所以，有关警察人员的法律特征、法律地位、警察人员与所属警察机关的关系以及警察职务行为的认定等问题，自然也就成为警察法学研究的重要内容。

### 一、警察人员的法律特征

所谓警察人员，是指经法定秩序任命或录用，在警察组织中依法行使警察权力，履行警察职责，执行警察任务的国家公务人员。在我国，有关警察人员的立法通常将警察人员称为人民警察。警察人员具有以下法律特征：

#### （一）警察人员是在警察机关任职的国家公务人员

这一特征确定了警察人员的范围，即警察人员是国家公务人员，是在警察机关任职的在编人员。这就排除了社会警务组织中从事警务活动的人员。如企事业组织内部设置的安全保卫机构和社会保安服务组织所属的警务人员都不属于警察人员的范围。警察人员产生和任用的途径有两种：一种是依法由有权机关任命的人员，一般是警察机关中担任领导职务的人员。另一种是依法定程序录用的人员，即一般警察人员。

（二）警察人员代表国家以警察机关的名义对外行使警察权力，履行警察职责

警察人员一经在警察机关任职，便与国家形成国家职务关系，成为国家公务人员。国家通过法律赋予警察人员相应的职权和职责，警察人员就在其职权范围内代表国家，以警察机关的名义对外进行警察职务活动。

（三）警察机关对警察人员职务行为的后果承担法律责任

由于警察人员的职务活动是以警察机关的名义实施的，不是个人行为，因此，警察人员职务行为的效力和后果都应归属于警察机关，其中也包括警察人员在职务行为中的违法行为所产生的违法责任，亦应由警察机关承担。具体承担方式为：先由警察机关承担过错责任，有损害后果发生的，则由警察机关向赔偿请求人履行赔偿义务，然后，警察机关根据警察人员的过错程度，追究其法律责任，行使追偿权。

## 二、警察人员的法律地位

警察主体中的警察人员的法律地位主要表现在以下两个方面：

（一）警察人员在执行职务中所具有的职权

这种警察职权属于国家公共权力，是国家为保障警察人员履行法定职责而赋予警察机关和警察人员的。同时，拥有这种警察职权也体现了警察人员在国家社会生活中的法律地位。这里需要注意的是，国家赋予警察人员这种国家公共权力，是对警察人员整体而言的，所以，具体到不同警察类别、警种和不同警察职务的警察人员，其权力内容和范围也会有所不同。

（二）警察人员的权利和义务

这里讲的警察人员的权利和义务，是指警察人员基于警察这个公务身份而享有的特殊权利和应当承担的特殊义务。这并不妨碍警察人员作为公民所具有的宪法上的基本权利和基本义务。

1. 警察人员的权利

根据《人民警察法》的有关规定，人民警察的权利应当包括以下几个方面：

（1）工作方面的权利。表现为履行职责时所应享有的权利和工作条件。我国警察人员在履行职责时所享有的法定权利包括：要求公民和组织协助人民警察依法履行职务的权利，要求提供必要的工作设施和执行特定警务所需必要自身防护装备的权利等。

（2）报酬和津贴方面的权利。人民警察实行国家公务员的工资制度，并享有国家规定的警衔津贴和其他津贴、补助以及保险福利待遇。

(3) 身份保障权利。如非因法定事由和非经法定程序，警察人员不得被免职、辞退和处罚。人民警察执行决定和命令的后果由作出决定和命令的上级负责。另外，人民警察对超越法律、法规规定的职责范围的指令，有权拒绝执行，并同时向上级机关报告。

2. 警察人员的义务

根据《人民警察法》第 20 条和第 21 条的规定，警察人员的义务主要有：(1) 秉公执法，办事公道；(2) 模范遵守社会公德；(3) 礼貌待人，文明值勤；(4) 尊重人民群众的风俗习惯；(5) 遇到公民人身、财产安全受到侵犯或者处于其他危难情形，应当立即救助；(6) 对公民提出解决纠纷的要求，应当给予帮助；(7) 对公民的报警案件，应当及时查处；(8) 应当积极参加抢险救灾和社会公益工作。

此外，《人民警察法》第 22 条规定的警察人员的纪律，也可以视为警察人员的义务。

## 三、警察人员的分类

根据《人民警察法》第 2 条和第 51 条的规定，我国的人民警察包括公安机关、国家安全机关、监狱、强制隔离戒毒机关的人民警察和人民法院、人民检察院的司法警察。中国人民武装警察部队的武装警察属于我国特殊警种。

我国人民警察按不同的标准可作以下分类：

### (一) 根据人民警察隶属部门的不同进行分类

根据人民警察隶属部门的不同，分为：公安机关的人民警察，国家安全机关的人民警察，监狱人民警察，强制隔离戒毒机关的人民警察，人民法院和人民检察院的司法警察，中国人民武装警察部队的武装警察。《人民警察法》对人民警察的分类就采用了这种标准。

### (二) 根据人民警察所在部门的性质不同进行分类

根据人民警察所在部门的性质不同，可以分为三类：

1. 行政机关的人民警察

包括：公安机关的人民警察，国家安全机关的人民警察，监狱、强制隔离戒毒机关的人民警察。

2. 司法机关的人民警察，即司法警察

包括：人民法院和人民检察院的人民警察。

3. 武装警察部队的人民警察，即武装警察

武装警察既是警察，又是军人，担负执勤、处置突发社会安全事件、防范和处置恐怖活动、海上维权执法、抢险救援和防卫作战以及中央军事委员会赋予的

其他任务。

（三）根据人民警察的来源和任用途径的不同进行分类

根据人民警察的来源和任用途径的不同，可分为两类：

1. 职业制人民警察

即职业警察，包括行政机关和司法机关中的人民警察。他们属于国家公务员，经过法定的程序和途径被任命或录用。

2. 兵役制人民警察

即武装警察，主要是指依照《兵役法》规定征集、补充到武警部队中的人民警察。他们实行军事化管理，享受部队待遇，按照军人的条件和要求征集，并规定服役年限和服务年龄，达到服役年限和服务年龄者，一般退出现役。兵役制的人民警察不属于国家公务员。

（四）根据警察人员所承担的具体任务和业务性质的不同进行分类

根据警察人员所承担的具体任务和业务性质的不同，可以划分为若干个警种。这种划分是世界各国普遍采用的一种方法，通过这种划分形成各个警种，其业务性质明显，具体任务明确，便于理解和分类管理。目前，我国警察人员的警种主要包括：户籍警察、刑事警察、治安警察、交通警察、反恐警察、禁毒警察、外事警察、网络警察、铁路警察、航运警察、民航警察、森林警察、缉私警察、边防警察、司法警察、监狱警察、强制戒毒警察和内卫武装警察等。

## 实训设计

### 警察主体认知训练

**一、实训目的**

通过对实训项目的分析研究，培养学生运用所学理论解决实际问题的能力，拓展学生的理论视野，进一步理解和掌握警察主体的界定标准，明晰警察主体与相关概念的区别，从而检验和了解学生对本章内容的把握程度。

**二、实训项目**

警察主体标准的界定。

**三、实训条件**

警察主体是仅指警察机关，还是除警察机关之外，也包括警察人员，目前，这个问题在警察学科理论中有不同的认识。

1. 在《警察学》和《警察管理学》中，通常将警察主体表述为警察机关和警察人员，认为警察机关和警察人员是国家法律规定的行使警察权力的特定主体。

2. 在《警察法学》的论著中，对警察主体的表述也不同，有的论著将警察法律关系中的警察主体表述为警察机关和警察人员，有的论著则将警察主体界定为享有国家权力，以自己的名义从事警察管理活动，并能独立承担由此所产生的法律责任的组织。按照这一标准，警察主体仅指警察机关，不包括警察人员，而且不能以自己的名义对外从事警察管理活动，不能独立承担法律责任的警察机关也排除在警察主体之外。

**四、实训操作步骤与要求**

1. 弄清不同警察学科对警察主体不同表述的原因所在。

2. 你认为从警察法学的研究角度，对警察主体的表述哪种说法更为科学准确。

3. 明确警察主体与警察法律关系主体、警察机关、警察人员的联系与区别。

4. 写出一份论证报告。

# 第四章

# 警察组织法

## 第一节　人民警察警衔制度

警衔是现代警察衔级制度的简称，是区分警察级别、表明警察职业身份的称号和标志，是国家授予每一个警察的崇高荣誉。

警衔制度是指有关警察衔级的基本规范或行为准则的总称。警衔制度的内容主要包括：警衔名称、警衔等级的设置、授衔范围与标准、警衔的晋级、保留、降级和取消、批准权限及主管部门等。

### 一、警衔制度的意义

现代警察衔级制度最早起源于欧洲。1829 年，当法国和英国相继创建现代警察组织时，即对警察人员实行了衔级制度。此后，世界各国政府也都相继随之对警察实行了警衔制度，衔级模式虽不尽相同，但是逐渐形成了国际通行的一种警察管理制度。

1992 年 7 月 1 日第七届全国人大常委会第二十六次会议审议通过了《人民警察警衔条例》（以下简称《警衔条例》），并予公布，自公布之日起施行。《警衔条例》原名定为《警阶条例》，后正式修改为《警衔条例》。它标志着我国的人民警察警衔制度正式建立。此后又相继出台了《评定授予人民警察警衔实施办法》、《人民警察警衔标志式样和佩带办法》和《人民警察警衔工作管理办法》，进一步完善了我国的人民警察警衔制度。

《警衔条例》共 6 章 26 条，对实行警衔制度的目的、原则、警衔等级、首次授予、批准权限、晋级、保留、降级、取消等方面作了规定。

实行警衔制度是完善人民警察队伍管理制度的一项重大措施，有利于人民警察队伍的统一指挥、管理和职务的执行。由于佩戴警衔标志和符号，使不同警种、不同职务、上下级身份一目了然，简洁明确地显示出人民警察的隶属关系，使统一部署和协调作战得到有力保证，有利于人民警察队伍的管理和指挥，有利于树立人民警察的形象和执法权威，并能激发人民警察的进取献身精神，使依法治警、从严治警得到有力的保证。

实行警衔制度有利于加强人民警察队伍的革命化、现代化、正规化建设。人民警察具有了相应的警衔等级，不同等级上有不同的职责和相应的职能标准，这就使实行岗位目标责任制成为可能。强化对人民警察衔级的层次管理，进一步建立健全基本制度，为人民警察规范化管理提供了条件。

实行警衔制度有利于增强人民警察的责任心、荣誉感和组织纪律性。《警衔条例》规定，人民警察在其职务等级编制警衔幅度内，衔级可以随职务的提升而相应晋级。由于规格的限制和职数有限，大多数警察，特别是基层人民警察的提升受到限制。《警衔条例》的规定为职务不变的情况下衔级的提升提供了法律依据。《警衔条例》规定，即使职务不提升，到了一定年限，经考核合格，也可以定期逐级晋升警衔，不断提高警衔待遇，显示工作上的贡献，享受应有的待遇，增强他们的责任心、荣誉感，鼓励他们在本职岗位上安心工作，奋发进取，兢兢业业地为国家恪守职责。

## 二、警衔等级和授予

### （一）警衔等级设置

1. 警衔授予的范围

评定授予警衔的人员必须是人民警察建制的在职在编的人民警察，即经有关机关批准，由人民警察编制编成的单位内现在担任人民警察职务的人员。警察建制、警察编制、现任警察职务三个条件同时具备，缺一不可。凡不具备人民警察性质的单位和不担任人民警察职务的人员，不实行警衔制度。据此评定授予警衔的人员包括：公安机关（包括公安部门设在铁路、交通、民航、林业、海关、海洋等部门的公安机构）的人民警察；国家安全机关和监狱、强制戒毒管理机关的人民警察；人民法院、人民检察院的司法警察；警察专业技术单位、院校、报社、医院中的人民警察。

2. 警衔类别

纵观世界各国的警察衔级模式各有不同，主要是由各国政治制度、民族文化和历史条件的差异所决定，但是归纳起来主要有三种类型：

（1）将校尉型

所谓将校尉型警衔设置，即指警衔名称、等级设置等与军衔基本相似，大多以“将、校、尉”等作为等级称谓。朝鲜、越南、泰国、沙特阿拉伯、意大利、比利时、西班牙以及非洲、拉丁美洲的一些国家均属于此种类型。以朝鲜为例，其将警察分为警官和士兵两大类共十八个衔级。警官分为大将、上将、中将、少将，大校、上校、中校、少校，大尉、上尉、中尉、少尉；士兵分为特务上士、中士、下士、上等兵、列兵。有些国家在警衔前冠以“民警”或“警察”以与军衔相区别。如苏联警察分为内勤和民警两类，内勤的警衔分为上将、中将、少将，上校、中校、少校，大尉、上尉、中尉、准尉，上士、中士、下士、列兵，共四等十五级；民警警衔最高级别为中将，其他警衔与内勤相同，共四等十四个衔级。其他国家也各不相同。

（2）非将校尉型

非将校尉型警衔设置可细分为以下四种情况：一是以英国为代表的许多英联邦国家，采用警察总监、警司、警督、警长、警员等衔级名称，但等级设置多少不等。如英国警衔设置为五等十三级，即总监、副总监、助理总监，总警司、高级警司、警司，总督察、高级督察、督察，一级警长、二级警长、三级警长，警员。二是以德国为代表的一些国家和地区，包括我国台湾地区，衔级名称比较简明，分若干等级。如德国警察衔级设置为四等十四级，即警监分两级，警督分四级，警长分四级，警员分四级。我国台湾地区警察的衔级设置为警监、警正、警佐三等，每等分四级。三是以日本为代表的少数国家，不分等，只设级，衔级名称也与众不同。如日本警察分设九个衔级，即警视总监、警视监、警视长、警视正、警视、警部、警部补、巡查部长、巡查。韩国警察警衔分为十一级，即治安总监、治安正监、治安监、警务官、总警、警正、警监、警卫、警查、警长、巡警。四是以法国为代表的少数国家，把警察分为两大类，每类各设若干衔级。如法国警察分为警官和保安官两类，共设十一个衔级，警官分为特级和一至三级警官，保安官分为一至六级和见习保安官。

（3）混合型

所谓混合型，是把将校尉型警衔称谓和警官、警员等称谓结合起来使用，或者把所担任的职务与警衔等级融为一体，即“一职一衔”。美国、丹麦、荷兰、尼泊尔等一些国家和我国香港特区属于这种类型。美国的警衔制度全国并不统一，由各州依据自己的法律、政令各行其是。以纽约市为例，警察警衔设十个衔级，即总局长、分局长、助理分局长、副分局长、督察、助理督察、警长、副警长、警官、巡警。洛杉矶市警察则分九个衔级，即局长、副局长、分局长、上尉、组长、巡官、刑警、巡佐、警员。我国香港特区警察也属混合型警衔设置，为“一职一衔”类型，就世界范围来看，其警衔设置相对科学、合理。香港警察的警衔设置由低至高分别为：警员、高级警员、警长、警署警长、见习督察、督察、高级督察、总督察、警司、高级警司、总警司、助理警务处处长、高级助理警务处处长、警务处副处长、警务处处长。

3. 我国的警衔等级设置

我国人民警察警衔的设置类似于英国，也是五等十三级，但称号、标志不同，即：总警监、副总警监、一级警监、二级警监、三级警监、一级警督、二级警督、三级警督、一级警司、二级警司、三级警司、一级警员、二级警员。担任专业技术职务的人民警察的警衔，在警衔前冠以"专业技术"。我国的警衔模式属于混合式。

我国人民警察实行以职务等级编制警衔。所谓以职务等级编制警衔，是指在坚持德才兼备的前提下，以现任职务为主，兼顾担任现职时间和参加工作年限等条件综合衡量，评定警衔。警察警衔规定，警衔高的人民警察对警衔低的人民警察时，警衔高的为上级。当警衔高的人民警察在职务上隶属于警衔低的人民警察时，职务高的为上级。

《警衔条例》第8条规定，担任行政职务的人民警察实行下列职务等级编制警衔：（1）部级正副职为总警监、副总警监；（2）厅（局）级正职为一、二级警监；（3）厅（局）级副职为二、三级警监；（4）处（局）级正职为三级警监至二级警督；（5）处（局）级副职为一级至三级警督；（6）科（局）级正职为一级警督至一级警司；（7）科（局）级副职为二级警督至二级警司；（8）科员（警长）职为三级警督至三级警司；（9）办事员（警员）为一级警司至二级警员。

《警衔条例》第9条规定，担任专业技术职务的人民警察实行下列职务等级编制警衔：（1）高级专业技术职务：一级警监至二级警督；（2）中级专业技术职务：一级警督至二级警司；（3）初级专业技术职务：三级警督至一级警员。

（二）警衔首次授予

警衔的授予是以人民警察现任职务、德才表现、担任现职时间和工作年限为依据的，对于从学校毕业分配和社会上招考录用或者从其他部门调任担任人民警察的，根据确定的职务，首次授予相应的警衔。《警衔条例》第13条规定：首次授予人民警察警衔，按照下列规定的权限予以批准：（1）总警监、副总警监、一级警监、二级警监由国务院总理批准授予；（2）三级警监、警督由公安部部长批准授予；（3）警司由省、自治区、直辖市公安厅（局）厅（局）长批准授予；（4）警员由省、自治区、直辖市公安厅（局）政治部主任批准授予。公安部机关及其直属机构的警司、警员由公安部政治部主任批准授予。

《警衔条例》还规定，司法部机关及其直属机构的警司、警员由司法部政治部主任批准授予；其他系统人民警察警衔授予和晋级的批准权限参照警衔条例规定执行。特殊问题，由主管部门提出处理意见，报国务院批准后执行。

## 三、警衔的晋级

人民警察警衔的晋级是指人民警察依照警衔的有关规定在原有衔级上调任到较高一级衔级。警衔的晋级，是警衔管理中的经常性工作，是激励人民警察积极向上的有效手段，也是保持警察队伍活力的重要措施。

（一）警衔晋级的分类

人民警察警衔的晋级，分为定期逐级晋升、选拔晋升、提前晋升、延期晋升和晋职晋升。

1. 定期逐级晋升

二级警督以下的人民警察在其职务等级编制警衔幅度内，根据法定期限和条件晋升一级警衔。

晋级期限：二级警员至一级警司，每晋升一级为3年；一级警司至一级警督，每晋升一级为4年。

晋级的条件：（1）执行国家的法律、法规和政策，遵守法律；（2）胜任本职工作；（3）联系群众、廉洁奉公，作风正派。晋级期限届满，经考核具备晋级条件的，应当逐级晋升。

2. 选拔晋升

一级警督以上的人民警察的警衔晋级，没有规定晋级年限。现衔级未达到其职务等级编制警衔的最高警衔，任现职满两年、现衔级满四年，经考核德才表现和工作成绩优秀的，可根据衔位空缺和工作需要等实际情况，选升一级警衔。

3. 提前晋升

二级警员至一级警司的人民警察现衔级满一年和一级警司至一级警督的人民警察现衔级满2年，有下列情况之一的，可在其职务等级编制警衔幅度内提前一年或两年晋升一级警衔：（1）现衔级期间获得一级、二级英雄模范称号和一等功奖励或者国家、省级劳动模范称号者；（2）现衔级期间或三等以上国家自然科学奖、科技进步奖、发明奖的个人或课题的一名主要贡献者；（3）现衔级期间获得国家和省级政府特殊津贴奖励者；（4）其他功绩突出者。

4. 延期晋升

延期晋升是指晋升期限已满，尚在职务等级编制警衔幅度，因不具备晋级条件而不能正常晋升。根据警衔管理的有关规定，二级警督以下的人民警察，有下列情形之一的，应当延期晋升警衔：（1）受行政警告处分或者党内警告处分的，延期6个月；（2）受行政记过、记大过处分或者党内严重警告处分的，延期12个月；（3）受行政降级处分的，延期18个月；（4）受留党察看处分的，延期24个月；（5）不胜任本职工作、纪律松弛并造成不良后果的，可延期3至6个月。

对于上述不具备晋升条件，延期晋升的人民警察，为促使其尽快改正错误，警衔条例作出了人本化的规定，人民警察在延期晋升警衔期满后，如确已改正错误，表现好的，可按规定晋升警衔；仍表现不好的，不予晋升。有立功表现或者作出突出贡献的，延期晋升的期限可以适当缩短。

非因公致伤致残或者长期病休的人民警察，现衔级时间已满晋升期限的，应暂缓晋升警衔。

5. 晋职晋升

晋职晋升分为两种情况：（1）人民警察由于职务提升，其警衔低于现任职务等级编制警衔的最低警衔，应当晋升至新任职务等级编制警衔的最低警衔；（2）二级警督以下的人民警察，在职务提升前，其警衔已达到或者超过新任职务等级编制警衔的最低警衔，但现衔级时间已满晋级期限的，应当晋升职务的同时晋升一级警衔。

（二）警衔晋级的程序和批准权限

晋级期限届满，经考核具备晋级条件的，应当逐级晋升；不具备晋升条件的，应当延期晋升。警司升警督，警督升警监，经相应的人民警察院校培训合格后，方可晋升。人民警察警衔晋级批准权限与首次授予警衔批准权限相同。

## 四、警衔的保留、降级、取消

（一）警衔的保留

《警衔条例》第 19 条规定，人民警察离休、退休的，其警衔予以保留，但不得佩带标志。人民警察调离警察工作岗位或者辞职、退职的，其警衔不予保留。

对于离、退休的警察可以保留警衔的规定，以及离、退休警察本人可以妥善保管警衔标志和授衔命令证书，由本人在特定场合可以佩带退（离）休人民警察警衔荣誉章的规定。这些都是对离、退休警察过去在工作岗位上为国家、为人民作出贡献的肯定与褒奖，是一种至高无上的荣誉。

对由于各种原因调离警察工作岗位或者辞职、退职的，其警衔不予保留，警衔标志由警衔管理部门予以收回。

（二）警衔的降级

警察警衔的降级，是指依照有关规定，将警察原高一级衔级调到较低一级的衔级。按照《警衔条例》的规定，警衔的降级有两种情况：一是人民警察因不胜任现任职务被调任下级职务，其警衔高于新任职务等级编制警衔的最高警衔的，应当调整至新任务职务等级编制警衔的最高警衔。二是人民警察违犯警纪情节严重的，应当给予警衔降级处分。调整警衔和警衔降级的批准权限与原警衔的批准权限相同。

（三）警衔的取消

取消警衔是警衔管理制度中的一种最严厉的处罚，目的是惩戒教育。警衔的取消有两种情况：一是人民警察被开除公职、警籍、党籍的；二是人民警察被依法判处徒刑、拘役、免予起诉、免予刑事处分和被劳动教养的。其警衔相应取消，警衔标志和授衔命令证书均给予收缴。离休、退休的人民警察犯罪的，其保留的警衔应予取消。

## 第二节　人民警察的义务和纪律

警察的权利与义务是相对应的，人民警察在享有权利的同时，必然还需要承担相应的义务。《人民警察法》明确规定了人民警察的职责，赋予了人民警察权力，必然也要同时确定人民警察相应的义务，以切实保证人民警察正确执行法律，完成其所承担的职责，探讨警察的义务与纪律对国家的安全、社会的稳定、公民的合法权益等有着重要意义。

### 一、人民警察的义务

（一）人民警察义务的概念

义务是法律关系的内容，是指法律规定的对法律关系主体必须作出一定行为或不得作出一定行为的约束。人民警察的义务就是要求人民警察必须作出一定行为和不能作出一定行为，是具有约束和强制作用的行为规范。

法律上的义务与权利具有不可分割的联系。没有权利就无所谓义务，没有义务也就没有权利。在义务的分类中有积极义务和消极义务之分：积极义务即必须作出一定行为的义务，如纳税、抚养的义务；消极义务即不作出一定行为的义务，如不得侵入他人住宅的义务。义务对人们提出的要求不论是作为还是不作为，都是不以个人意愿而转移的。只要法律规定了这种义务，都必须按照法律的规定承担并履行。因此义务是一种带有强制性的行为规范。

《人民警察法》在人民警察的工作、报酬和津贴、身份保障权利方面都作了具体规定，在赋予人民警察广泛权利的同时，又规定了人民警察应尽的义务。

（二）人民警察义务的特征

1. 人民警察义务具有主体特定性

人民警察的义务是基于人民警察的职务关系而产生的，因而承担和履行义务的主体具有特定性，即人民警察是这些义务的承受主体。前提是，人民警察的权力、义务来源于国家的任用行为，只有被国家选任为人民警察，才必须遵守人民警察义务。

2. 人民警察义务具有强制执行性

人民警察义务是由人民警察法律法规规定的，该义务确定了人民警察在行使警察职权与履行职责过程中所应当实施的行为。而通过法律法规的形式，规定了人民警察所应当履行的法定义务，也就确定了该义务实施具有不可违抗性，是依靠强制力量保证实现的，是必须遵守的行为准则。任何不正确使用法律，不严格按照法定程序执法的任意行为，都是违反人民警察纪律的。进一步讲，人民警察在工作、报酬、保障等方面享有普通公民所不能享有的权利，相应地也要承担比普通公民更多的法律义务。警察必须承担的义务，普通公民却可以不承担。

3. 人民警察义务具有社会监督性

人民警察义务规范了人民警察的行为，人民警察的一言一行都应符合警察的行为规范。警察代表国家执行法律，体现国家意志，警察工作和人民群众密切相关，和人民的利益息息相关。人民群众也信任警察，有困难首先想到的就是警察，无论是什么性质的困难。同时警察在他们心中就是法律的代言人、公正的执法者、人民的保护神，对人民警察在各个方面都有较高的要求，无形中对人民警察形成了广泛的社会监督。这就要求我们警察在任何时候、任何地方都不能忘记自己是一名警察，是一名人民的警察，肩负着国家和政府的重任，肩负着人民群众给予的权力和信任，没有特权只有奉献。

4. 人民警察义务具有平等性

人民警察义务是由人民警察法律法规所规定的，具有强制力保证实施的一种人民警察行为准则。从警察纪律角度讲，人民警察在法律上的义务是平等的、共同的、没有等级之分的。表现在两个方面：一是不论其职务高低，资历深浅，警种是否相同，都要履行法律所规定的人民警察义务；二是国家公安机关、检察机关、司法机关及其他机关对人民警察的公务行为实行监督，对任何警务人员的违法行为都要追究法律责任。这种平等性还反映在警察机关内部，人民警察由于职务的不同、工作具体内容不同、责任不同等，还要互相爱护，互相支持，密切配合。

（三）《人民警察法》规定的人民警察义务的内容

《人民警察法》第20条规定，人民警察主要有以下义务：

1. 秉公执法，办事公道

《人民警察法》在总则中强调："人民警察必须以宪法和法律为活动准则，忠于职守，清正廉洁，纪律严明，服从命令，严格执法。"这就要求我们人民警察执法要公正，不徇私情，坚持以事实为根据、以法律为准绳和法律面前人人平等的原则，正确处理执法中的问题，公道正派，不偏不倚，不枉不纵，做到秉公执法，办事公道。凡是法律规定禁止的事情，人民警察就坚决不做；凡是法律规定必须做的事情，人民警察就要带头去做；凡是法律赋予人民警察的职权，就必须依照法律规定来行使。

2. 模范遵守社会公德

社会公德是一定社会中被社会所有成员共同确认并自觉遵守的基本道德准则。社会公德是所有社会成员都必须普遍遵守的行为准则，任何社会成员，不论其社会身份如何，都要遵守社会公德。

人民警察是社会公共利益的捍卫者，是社会秩序的维护者，是正义、公正的象征，这就决定了模范遵守社会公德是人民警察义不容辞的义务。只有这样，才能在人民群众的心目中树立起警察的高大形象，才能获得人民群众的支持和尊敬。

3. 礼貌待人，文明执勤

所谓礼貌待人，是指在警事活动中以礼相待，不盛气凌人。所谓文明执勤，是指在职务活动中，举止端庄，态度和蔼。作为人民的公仆，全心全意为人民服务是人民警察的工作宗旨。人民警察必须做到文明办事，礼貌待人，接待群众热情耐心，态度和蔼，杜绝“冷、硬、横”。

4. 尊重人民群众的风俗习惯

我国是一个多民族的国家，各地区、各民族都有自己的风俗习惯和宗教信仰，人民警察必须执行党和国家的民族政策，尊重各地区、各民族的风俗习惯。《宪法》规定，中华人民共和国各民族一律平等。尊重少数民族风俗习惯，是党和国家民族政策的重要组成部分，是民族平等和民族团结的重要内容。人民警察在执法过程中要从民族平等、民族团结的原则出发，尊重各民族的平等权利。

5. 公民人身、财产安全受到侵犯或者处于其他危难情形时，应当立即救助

无论在何种情况下，只要发现公民处于危难情形之中，必须采取一切方法和手段实施救助。保护公民的人身、财产安全是人民警察的基本任务之一。在该义务的履行中，即使公民没有求助，人民警察也具有主动救助的法定义务，即具有不得逃避救助的责任。

6. 公民提出解决纠纷的，应当给予帮助

根据《人民警察法》的规定，人民警察具有应公民要求，帮助公民解决纠纷的义务。纠纷，是在社会生活中，人们之间因政治、经济、宗教、习惯、社会交往以及权利与义务等原因而发生的争执。人民在生活中与他人发生的摩擦和纠纷是不可避免的，基于对人民警察的信任，求助于人民警察，希望得到帮助，人民警察就应当本着全心全意为人民服务的宗旨，给予公民相应的帮助。这同时也是防止矛盾升级的一项重要手段。

7. 公民的报警案件，应当及时查处

报警案件是指公民个人或集体的人身、财产安全或公共财产、公共安全受到犯罪分子的侵害或即将受到侵害时，向人民警察机关或向人民警察直接举报的案件。报警案件可分为刑事案件的报警和治安案件的报警。无论是刑事案件报警或是治安案件报警，都与受害人的切身利益有一定的关系，同时也是警察机关掌握违法犯罪信息、查处违法犯罪的一条重要途径。当遇有公民报警的，人民警察应立即按照法定的权限和程序及时进行查处，不得拒绝和推诿，并且也不得拖延。对于不属于自己管辖的事项，应及时向有权机关或部门通报，而且应向报警人说明理由。如果是属于紧急情况，应首先采取相应的措施。

8. 遇到灾害时，应当积极参加抢险救灾

根据《人民警察法》的规定，抢险救灾也是人民警察应履行的义务之一。险情和灾情，主要是指人为的工厂、矿山、建筑物等重大责任事故、重大交通事故等，以及自然灾害，即水灾、火灾、地震等。当发生险情和灾情，往往严重危及公民的人身、财产安全，如果不能及时采取有效的抢救措施，则后果将不堪设想。所以，《人民警察法》规定了人民警察遇有险情和灾情发生时，应当义不容辞地积极参加抢救，尽力减少或避免损失。

9. 社会公益工作，应当积极参加

社会公益工作是为社会全体成员创造一个良好的生产和生活空间而开展的一项公益工作，是每一个社会成员应尽的社会义务。作为人民警察，同时也是社会成员中的一员，参加社会公益工作是人民警察应尽的社会义务。《人民警察法》将参加社会公益工作作为义务规定于法律法规之中，就是要求每一名人民警察都必须做到积极参加社会公益工作的义务。

#### （四）《监狱法》规定的监狱人民警察义务的内容

我国监狱人民警察属于人民警察的一个警种，《人民警察法》中关于人民警察义务和纪律的规定同样适用于监狱人民警察。监狱人民警察除了要履行公民的基本义务、国家公务员的基本义务外，还必须履行《监狱法》规定的监狱人民警察的义务。

《监狱法》对监狱人民警察义务的规定主要有：监狱的人民警察必须严格遵守宪法和法律，忠于职守，秉公执法，严守纪律，清正廉洁。

### 二、人民警察的纪律

#### （一）人民警察纪律的概念

纪律是在一定社会条件下形成的、一种集体成员必须遵守的规章、条例的总和，是要求人们在集体生活中遵守秩序、执行命令和履行职责的一种行为规则。

从内容上可分为政治纪律、工作纪律、群众纪律、保密纪律等；从指定纪律的主体，可以划分为党组织纪律、团组织纪律、国家机关纪律、军队纪律、企业职工纪律、学校纪律等。

人民警察的纪律，是指人民警察为正确履行国家法律赋予的职责和权力，保证各项任务的完成，在人民警察职务活动过程中必须遵守的行为准则。人民警察是一支纪律部队，其纪律不同于其他组织的纪律，也不是一般的组织纪律，而是具有法律属性的纪律，因而人民警察的纪律具有更明确、更强烈的强制性和约束作用。由于人民警察在职权上和工作上的特殊性，纪律对人民警察具有特别重要的意义。人民警察在履行职务时，必须具有铁一般的纪律，绝不允许各行其是、有令不行、有禁不止。因此，具有严明的组织纪律，是人民警察的一个显著特点。

人民警察的纪律与义务既有联系又有区别。纪律和义务都是人民警察必须履行的，都具有强制性和约束作用。但从《人民警察法》规定的纪律和义务的内容看，纪律的规定侧重于对人民警察履行职责的影响，是保证人民警察履行职责最基本、最起码的要求。只有严格遵守纪律，才能使人民警察正确、顺利地履行各项职责。义务的规定则侧重于对警民关系的影响，是对人民警察在履行职责的基础上提出的进一步的要求，即履行职责时的职业道德要求。切实履行义务，可以使人民警察履行职责取得更好的效果。此外，纪律的作用不仅在于它是人民警察履行职责的保障，而且也是人民警察履行义务的基础。人民警察只有首先做到纪律上的各种要求，才谈得到充分、有效地履行有关义务。因此，没有纪律保障，职责和义务的实施就会受到严重影响和破坏。但离开履行职责和义务，纪律规定也就失去了意义。

（二）人民警察纪律的意义

1. 人民警察纪律是实现政治任务的保障

人民警察的性质决定了人民警察在政治思想、言行上必须与党的政策、路线及方针保持一致，具有坚定的政治立场。人民警察纪律的约束，是规范人民警察政治言行符合国家法律和政策的行为准则。人民警察纪律之一，就是要求人民警察遵守政治纪律，在政治言论、行动上不得自行其是，必须自觉地同党的政策、国家的法律要求保持高度一致。人民警察严守政治纪律，是由人民警察在国家政权中的地位决定的。任何违反政治纪律的行为都会损害党和国家的利益。

2. 人民警察纪律是准确打击违法犯罪活动的保障

《人民警察法》规定了人民警察在办理案件中，不得弄虚作假，隐瞒案情，包庇、纵容违法犯罪活动。即对涉及违法犯罪的行为，不允许有任何故意掩盖事实，帮助违法犯罪分子逃避法律制裁的行为。同一切违法犯罪活动斗争是人民警察的重要职责。人民警察纪律明确了在同违法犯罪活动斗争中，人民警察必须忠于事实，忠于法律，严格依法办案。人民警察无论是在实体法的执行中，还是在遵守程序法的要求中，都必须严格遵守法律法规。严格依法办案是准确打击违法犯罪活动最基本的要求和保障。

3. 人民警察纪律是维护公民合法权益的保障

人民警察在行使职权、履行职责过程中，必然涉及公民权益的问题。具体表现在两个方面：一方面，对违法犯罪嫌疑人而言，人民警察纪律禁止人民警察在办案过程中对人犯使用刑讯逼供的方式获取口供，或者对被监管人犯进行体罚、虐待，保障违法犯罪嫌疑人合法权益不受侵犯。另一方面，对其他公民，人民警察纪律明确不得非法剥夺、限制他人人身自由，非法搜查他人的身体、物品、住所或者场所。该规定充分表明了人民警察在行使剥夺、限制他人人身自由的权力，实施搜查与犯罪有关的公民身体、场所、物品时，必须符合法律规定的条件，按照法定的程序进行。任何违法实施剥夺、限制他人人身自由，非法搜查他人身体、物品、住所或者场所的行为，都将承担相应法律责任。

4. 人民警察纪律是正确行使职权、履行职责的保障

人民警察清正、廉洁、刚正、不以权谋私、不奢侈堕落，是人民警察做好警务工作的前提条件和重要环节。人民警察纪律要求人民警察在警务活动中，必须牢记全心全意为人民服务的宗旨，正确运用国家赋予的权力，履行自己的职责，廉洁奉公。

（三）人民警察纪律的特点

1. 政治纪律强调一致性

人民警察要坚持党的基本路线，坚持四项基本原则，坚持改革开放的方针政策，在思想、政治上同党中央保持完全一致。

2. 组织纪律强调服从性

人民警察要服从领导，服从指挥，服从命令。

3. 工作纪律强调唯实性

警察工作要重视调查研究，实事求是；重证据而不轻信口供；绝不主观臆断，偏听偏信；坚决禁止刑讯逼供、打人骂人、滥用警械等。

4. 保密纪律强调严肃性

要保守国家秘密和警务工作秘密，违者将受到法律的追究。

（四）《人民警察法》规定的人民警察纪律的内容

《人民警察法》第 22 条规定的人民警察不得有的十二种行为，是禁止性的纪律规范，是《人民警察法》对人民警察纪律的明确规定。它主要涵盖了四个方面：政治纪律、组织纪律、工作纪律、保密纪律。

《人民警察法》具体规定的人民警察不得有的十二种行为是：

（1）散布有损国家声誉的言论，参加非法组织，参加旨在反对国家的集会、游行、示威等活动，参加罢工；

（2）泄露国家秘密、警务工作秘密；

（3）弄虚作假，隐瞒案情，包庇、纵容违法犯罪活动；

（4）刑讯逼供或者体罚、虐待人犯；

（5）非法剥夺、限制他人人身自由，非法搜查他人的身体、物品、住所或者场所；

（6）敲诈勒索或者索取、收受贿赂；

（7）殴打他人或者唆使他人打人；

（8）违法实施处罚或者收取费用；

（9）接受当事人及其代理人的请客送礼；

（10）从事营利性的经营活动或者受雇于任何个人或者组织；

（11）玩忽职守，不履行法定义务；

（12）有其他违法乱纪的行为。

（五）《监狱法》规定的监狱人民警察纪律的内容

《监狱法》对监狱人民警察的纪律作出了规定。监狱人民警察不得有下列行为：

（1）索要、收受、侵占罪犯及其亲属的财物；

（2）私放罪犯或者玩忽职守造成犯罪脱逃；

（3）刑讯逼供或者体罚、虐待罪犯；

（4）侮辱罪犯的人格；

（5）殴打或者纵容他人殴打罪犯；

（6）为谋取私利，利用罪犯提供劳务；

（7）违反规定，私自为罪犯传递信件或者物品；

（8）非法将监管罪犯的职权交予他人行使；

（9）其他违法行为。

## 第三节　人民警察的录用和管理

我国人民警察是队伍庞大、任务繁重、工作极为重要的特殊群体，如何把这一群体塑造成立场坚定、组织严明、具有忠诚奉献精神的队伍着实重要。通晓相关法律法规，掌握基本工作原理，具有较强管理、组织、协调能力又是对他们进一步的要求。因此，警察队伍的管理就成为一项当务之急的任务。

## 一、人民警察的录用

### （一）录用的条件

警察的录用是进入警察队伍的第一道门户，是提高警察素质的第一关口。因此，警察的录用工作对警察队伍的素质建设就显得尤为重要。它不仅关系到人民警察的工作水平、质量和战斗力，还关系到警察队伍和警察工作的正规化、现代化建设和发展前途。

警察的录用是指警察机关通过法定的程序，招收符合条件的人员从事警察工作，并与之建立警察权利和义务法律关系的活动。

《人民警察法》第26条第1款对一般人民警察的条件规定为：

1. 年满18周岁的公民

这是法律规定的人民警察的法律年龄，即年满18周岁的中华人民共和国公民。

2. 拥护中华人民共和国宪法

宪法是国家的根本大法，是国家意志的体现，是全国人民共同意志的反映。人民警察必须拥护中华人民共和国宪法，只有拥护宪法，才能自觉遵守宪法；只有拥护宪法，才能秉公执法；只有拥护宪法，才能更好地为人民服务。

3. 有良好的政治、业务素质和良好的品行

政治素质是人民警察素质中的首要素质，警察必须保持高度的政治警觉性，保持清醒的政治头脑，时刻把党和人民的利益放在第一位，正确地规范自己的行为，自觉地为社会的稳定和发展作出应有的贡献。业务素质是人民警察开展工作的保证。具有过硬的业务素质是党和国家对各警种人民警察的共同要求。只有具备了相应的业务工作能力，才能出色地履行职责，完成任务。遵守社会公德，遵守法纪，思想正派是人民警察必需的基本道德规范。

4. 身体健康

拥有健康的体魄是人民警察在警务工作中的最基本的要求。

5. 具有高中毕业以上文化程度

具有高中毕业以上文化程度，这一文化标准在现代社会已经远远落后。《人民警察法》立法时规定的这一标准是鉴于当时的条件，但是随着社会的进步发展，实际录用人民警察的文化条件已经远远高于此。《公务员法》第13条明确规定须具有符合职位要求的文化程度。

6. 自愿从事人民警察工作

警察工作艰苦，责任重大，国家和社会对人民警察的要求标准也高，法律为人民警察规定了必须履行的义务。作为人民警察就意味着奉献，意味着牺牲，所

以报考者必须对警察的性质、任务和特点有一定的了解，自愿报考并从事警察工作。

对于每一个合格的公民来说，必须同时具备上述六个条件才有资格报考人民警察，但这并不是说所有符合上述条件的任何一个公民都有资格从事警察工作。《人民警察法》第26条第2款对此也作了明确规定，有下列情形之一的，不得担任人民警察：（1）曾因犯罪受过刑事处罚的；（2）曾被开除公职的。人民警察同时也是国家公务员，所以《公务员法》第26条对公务员录用的限制条件同样也适用于人民警察。较之《人民警察法》的规定，《公务员法》增加了一个条件，即“有法律规定不能录用为公务员的其他情形的”。

（二）录用的原则

在录用人民警察工作中，必须遵循以下原则：

1. 公开原则

公开原则是国家公务员制度最根本的特征之一。它是杜绝用人制度上的种种弊端的有效手段，有助于政府选拔贤能和提高公务人员整体素质。录用人民警察的公开工作是指招录政策的公开；招录的警钟、数量、拟任岗位、资格条件、责任、待遇的公开；招录办法、时间、考试科目、招录程序公开；考试成绩和录取结果张榜公开。

2. 平等原则

平等原则是指人与人之间在政治经济、文化等各方面处于同等的地位，享有同等的权利。在警察录用工作中，平等就是指所有符合报考资格条件的公民考试和录用的机会均等，不因民族种族、性别、家庭出身、城市农村、宗教信仰等原因而受到不公正待遇。任何具有资格的人都可以报考、参加考试，在录用标准面前人人平等。

3. 竞争原则

人民警察录用的竞争原则是指人民警察机关在同一条件下公开、平等地让报考者参加考试，以成绩论取舍的一种录取行为。竞争就是同一起跑线上优胜劣汰。只有竞争才有选拔，才能得到出类拔萃的人才。人民警察机关通过竞争的原则有效地选拔优秀人才，充实警察队伍，增强警察队伍实力。

4. 择优原则

择优是竞争的必然，竞争的目的就是择优，选择最优秀的人进入警察队伍，为国家和人民提供高质量、高效率的服务。报考者通过竞争性考试，综合其成绩、资历、学历、品德、健康状况等条件进入选拔程序，由高到低进行排列，择优录取。

（三）录用的法定程序

为了确保录用警察人员工作的质量，在录用警察人员时必须按照规定的程序进行。《人民警察法》第 27 条规定：录用人民警察，必须按照国家规定，公开考试，严格考核，择优选用。同时人民警察也属于国家规定的公务员范畴，因此录用人民警察也应参照《公务员法》的规定。《公务员法》第 23 ~ 34 条明确规定了公务员录用的程序，即公告、资格审查、考试、考核、审批等。据此人民警察的录用程序同样适用。

根据法定的录用程序，录用人民警察的具体步骤是：

1. 编制录用计划

录用计划是录用工作的基础和依据。录用计划要明确招录的数量、警察的种类、职位名称、所需专业、任职资格以及招录的对象范围和测试方法等。国家明确规定了公务员录取的前提，即《公务员法》第 27 条规定：录用公务员，必须在规定的编制限额内，并有相应的职位空缺。警察人员的录用要根据警察工作的发展需要和国家核定的编制和职位空缺等情况，编制录用计划。录用计划由警察机关人事部门向同级政府人事部门申报，政府人事部门综合平衡各用人部门申报的录用计划，根据国家下达的编制定员计划，制订统一警察录用计划。录用计划一般由中央和省两级录用考试主管机关确定。

2. 发布招考公告

《公务员法》第 28 条第 1 款规定：录用公务员，应当发布招考公告。招考公告应当载明招考的职位、名额、报考资格条件、报考需要提交的申请材料以及其他报考须知事项。警察机关通过各种媒体向社会公开考试录用的有关事项。招录公告一般都是在考试前公布，以便广大公民了解情况，并有所准备。

3. 对报考人员进行资格审查

资格审查是保证录用人民警察质量的第一道程序。招录机关根据报考者递交的申请表对其报考资格进行审查。主要是核查报名申请材料和有关证件是否符合规定的报考条件，包括地域要求、文化程度、专业类别、年龄等。政治条件审查中如有下列情节不具备报考资格：（1）组织或参加违法的社会团体；（2）有反党反社会主义言行；（3）因失职、渎职受过刑事处罚、劳动教养或行政开除处分；（4）因贪污盗窃、行贿受贿、泄露国家主要机密、道德败坏等原因受到党纪政纪处分；（5）正在接受审查或党内团内及行政处分未到期者。符合规定的条件者允许其参加考试，对于明显不符合条件的人员则予以淘汰。

4. 进行公开考试

考试是录用的关键和基本依据。通过考试，选拔人才是国内外通用的一种选才方法。考试分为笔试和面试。笔试主要是系统地考查报名者是否具备岗位所要求的基础知识、专业知识、相关知识和综合能力。笔试的内容包括通用基础知识、专业知识和行政职业能力三个部分。面试主要是考查报考者是否具备岗位所要求的运用知识分析和解决问题的实际能力、口头表达能力、应变能力，思维敏捷性以及气质、作风等基本素质。面试的内容还包括理想、愿望、动机、进取意识、团队意识，以及性格、情绪、意志品质等个性心理特征。

5. 考察人选的确定，报考资格的审查、考察

完成考试后，招考机关按照规定的程序和标准，要对笔试、面试合格者的德、智、体及工作、学习业绩诸方面作综合考查核实并作出评价。考核的主要内容有报考资格条件复审、职务回避、政治素质、道德品质、学习工作表现与实绩等。考察的方法主要是查阅报考者的档案，向其所在单位、住地公安派出所等部门了解情况，召开小型座谈会等。考核的结果要形成报告，并明确提出是否录用的意见。考核尽量做到全面、客观、公正。

6. 体检

通过笔试和面试的人员，应到指定的医院进行体检，体检不合格者，不能录用。体检工作由设区的市级以上公务员主管部门负责组织，招录机关实施，在设区的市级以上公务员主管部门指定的医疗机构进行。

7. 录用

招录机关根据考试成绩、考察情况和体检结果，提出拟录用人员名单，并让拟录取人员填写《录警审批表》，报有关部门审批。审批机关审批后，用人单位张榜公布录取名单，发录用通知书，并予以公示。公示期满，中央一级招录机关将拟录用人员名单报中央公务员主管部门备案；地方各级招录机关将拟录用人员名单报省级或者设区的市级公务员主管部门审批。录用特殊职位的公务员，经省级以上公务员主管部门批准，可以简化程序或者采用其他测评办法。

8. 试用

《公务员法》第 34 条规定：新录用的公务员试用期为一年。试用期满合格的，予以任职；不合格的，取消录用。即新录用的人民警察，在试用期内，要进行新入警培训和工作实习。经过用人单位对其政治素质、业务能力、工作表现、身体素质等方面整体考查，才能正式转正，成为一名警察。

## 二、人民警察的管理

### （一）人民警察的教育培训

教育培训是警察机关对人民警察实施的一种有组织、有目的、有计划的系统教育活动。教育培训是提高政治素质和业务素质的基本途径，是新时期加强人民警察队伍建设的一项根本性措施，在人民警察队伍建设中居于至关重要的战略地位。

1. 人民警察教育培训所遵循的基本原则及内容

人民警察教育培训遵循理论联系实际、按需施教、学用一致、讲求实效的原则。

警察人员教育培训的内容包括：

（1）政治理论教育

政治理论教育是人民警察提高警察的理论素养、提高警察职业道德的有效手段。培训内容主要包括：马列主义、毛泽东思想，以及职业道德、职业纪律、职业规范等。

（2）法律、文化、科技知识教育

法律知识教育主要包括《宪法》、《刑法》、《刑事诉讼法》、《人民警察法》、《公务员法》以及与警察工作相关的法律、法规。通过法律知识教育，增强警察人员的法治观念、提高执法水平。

（3）业务知识教育

业务知识教育可以进一步提高警察人员的业务水平和能力，使警察队伍更加专业化。

（4）警察技能训练

警察技能主要包括队列、射击、驾驶、格斗等内容。警察技能的提高不仅是初任培训必不可缺的项目，同时还是警察人员定期或不定期的经常性训练的必备科目。

2. 人民警察教育培训的种类

人民警察教育培训的种类有：初任培训、任职培训、晋衔培训、专业培训和更新知识培训。

（二）人民警察的考核和奖惩

1. 人民警察的考核

警察人员考核是警察人事管理的一项基础性工作。它是指警察管理机关按照国家公务员管理的要求和《人民警察法》《监狱法》等法律法规的规定，通过一定的形式和程序，对所属警察的思想品德、工作成绩、工作能力及工作态度等方面所进行的定期和不定期的考察评价。考察的结果是奖惩、任用、培训等的根据。

对警察人员的考核是正确评估其德才表现和工作的重要方法，是知人善任的有效途径。依据考核结果的优劣，正确实施奖励和惩戒，是加强人民警察队伍管理的重要措施和手段。

对警察人员的考核目的是了解识别人才，发现选拔人才，合理使用人才，调动人民警察的积极因素，并为奖惩、升降、培训、流动、工资福利等多项管理工作提供可靠的依据。同时，考核形成的各种有关数据和材料通过整理和分析，还可以把握整体素质的基本情况、结构情况和人员优化配置的情况，从而为进一步加强队伍管理和建设提供基本依据。

《公务员法》第35条规定，公务员的考核应当按照管理权限，全面考核公务员的德、能、勤、绩、廉，重点考核政治素质和工作实绩。

德，指政治态度、思想品质、遵纪守法、廉洁奉公以及遵守职业道德、社会公德等方面的情况。主要包括：贯彻执行党的基本路线和国家方针政策的政治态度和表现，职业道德状况，职业纪律状况，警容风纪状况等。

能，指业务知识和工作能力。主要包括：业务和技术水平，工作熟练程度，管理能力等。担任领导职务的，还要考核其理论、政策水平和计划、决策、组织协调能力、开拓精神及工作作风等。

勤，指工作态度和勤奋敬业的表现。主要包括：事业心、责任感和工作勤勉程度。

绩，指工作的数量、质量、效益和贡献。主要包括：履行岗位职责的情况，完成工作的情况，开拓创新的情况，有否重大突破等。

廉，指工作中是否廉洁清正，两袖清风。

按照《公务员法》第38条的规定，公务员的考核等次有优秀、称职、基本称职和不称职四个等次。警察人员亦是按此标准执行。

优秀。优秀等次是指在德、能、勤、绩、廉五个方面都表现出色，圆满地完成了各项工作任务，成绩卓然。优秀的人民警察能够正确执行党和国家的路线方针政策法律法规，模范遵守各项规章制度，业务熟练，工作勤奋，有改革创新精神，绩效突出。

称职。称职等次是指在德、能、勤、绩、廉五个方面都能达到所任职务的要求，能够完成或者比较好地完成工作任务。称职警察能够正确贯彻党和国家的路线方针政策法律法规，自觉遵守各项规章制度，业务熟练，工作积极，廉洁奉公，能完成工作任务，绩效较好。

基本称职。基本称职等次是指在德、能、勤、绩、廉五个方面达到所任职务的要求，基本能完成工作任务。基本称职的警察对业务基本了解，能贯彻执行党和国家的路线、方针、政策，廉洁自律方面没有违纪违规的行为。

不称职。不称职等次是指在政治思想、道德品质、专业知识水平、工作能力等方面达不到所任职务的要求，组织纪律性差，工作责任意识淡薄，不能按照有关规定或要求完成任务。政治、业务素质较差，难以适应工作要求，或工作责任心不强，不能完成任务，绩效较差。旷工或无正当理由逾期不归连续超过10天或1年内累计超过20天的，亦应评鉴为不称职。

《公务员法》第36条规定，公务员的考核分为平时考核和定期考核。定期考核以平时考核为基础。同时还规定，对非领导成员公务员的定期考核采取年度考核的方式，先由个人按照职位职责和有关要求进行总结，主管领导在听取群众意见后，提出考核等次建议，由本机关负责人或者授权的考核委员会确定考核等次。对领导成员的定期考核，由主管机关按照有关规定办理。

考核的方法，主要有组织和群众考核相结合的方法、定性与定量考核相结合的方法、平时与定期考核相结合的方法等。在实际操作中，往往是把几种方法结合起来，综合运用。

2. 人民警察的奖惩

（1）人民警察的奖励

对人民警察的奖励是一种激励手段，是调动积极性、开发潜在能力的一种有效的管理方法。奖励应是精神鼓励与物质鼓励相结合，并应遵循民主、公开、适当、及时的原则。

奖励的种类是指对警察人员实施奖励的类别。根据《公务员法》和《人民警察法》的规定，奖励分为嘉奖、三等功、二等功、一等功、授予荣誉称号五种。根据《人民警察法》的规定，受奖人民警察可以提前晋升警衔。

奖励的条件，各警种结合本警种的实际情况，都有相应的规定。

根据《公安机关人民警察奖励条令》第 9 条的规定，符合下列条件之一的集体和个人，应当给予奖励：①依法打击危害国家安全和公共安全、颠覆国家政权、破坏社会秩序和经济秩序、侵犯公私财产和公民人身权利等违法犯罪活动，维护国家安全和社会稳定，成绩突出的；②加强社会治安管理，依法查处和制止扰乱公共秩序、侵犯人身权利、妨害社会管理等违法行为，维护治安稳定和公共安全，成绩突出的；③依法妥善处置重大突发事件，积极参加抢险救灾，圆满完成重大活动安全保卫任务，成绩突出的；④加强公安基层基础建设，落实各项管理防范措施，有效预防和制止违法犯罪活动，成绩突出的；⑤依法履行行政管理职能，科学、文明、规范管理，提高工作质量和效率，成绩突出的；⑥加强科技强警工作，有发明创造、科技创新成果或者创造典型经验，成绩突出的；⑦密切联系群众，热情为群众服务，成绩突出的；⑧加强思想政治工作，强化教育、管理和监督，推动队伍正规化建设，成绩突出的；⑨加强执法监督管理，推动执法规范化建设，成绩突出的；⑩认真完成综合管理、警务保障和国际警务合作等工作任务，成绩突出的；⑪秉公执法，清正廉洁，勇于与社会不良风气做斗争，成绩突出的；⑫在其他方面成绩突出的。

（2）人民警察的惩处

惩处是指警察机关根据有关规定，对有违法、违纪行为尚未构成犯罪，或构成犯罪但不追究刑事责任的人民警察所给予的行政处分。它是通过执行纪律、惩戒违法违纪行为以教育和规范警察队伍的一种管理方法。

惩处的种类：根据《公务员法》和《人民警察法》的规定，行政处分的种类为警告、记过、记大过、降级、撤职、开除六种。附加处分包括降低警衔、取消警衔。

惩处的条件：《人民警察法》第22条、《监狱法》第14条都作了明确规定，并且规定了具体违法行为。尚未构成犯罪的，应当给予行政处分。构成犯罪的，依法追究刑事责任。

惩处的解除：为了体现治病救人的原则，参照国家公务员惩处制度的有关规定，对人民警察的处分除开除以外的行政处分，在处分期间有悔改表现的，并且没有再发生违纪行为的，处分期满后，由作出处分决定的机关解除处分并以书面形式通知本人。期间为：受警告处分的，6个月后解除处分；受记过处分的，12个月后解除处分；受记大过处分的，18个月解除处分；受降级、撤职处分的，24个月后解除处分。但是受处分期间有特殊贡献的，可提前解除处分。解除处分后，晋升和奖励不再受影响。解除降级、撤职处分的，不视为恢复原级别、原职务。

（三）人民警察的辞职、辞退、退休

1. 人民警察的辞职

辞职是指人民警察根据本人意愿，依照法律规定辞去现任职务，申请终止与警察管理机关职务关系的法律行为或法律事实。辞职是人民警察的一种权利。公务员辞去公职，应当向任免机关提出书面申请。任免机关应当自接到申请之日起30日内予以审批，其中对领导成员辞去公职的申请，应当自接到申请之日起90日内予以审批。

公务员有下列情形之一的，不得辞去公职：未满国家规定的最低服务年限的；在涉及国家秘密等特殊职位任职或者离开上述职位不满国家规定的脱密期限的；重要公务尚未处理完毕，且须由本人继续处理的；正在接受审计、纪律审查，或者涉嫌犯罪，司法程序尚未终结的；法律、行政法规规定的其他不得辞去公职的情形。

2. 人民警察的辞退

辞退是指警察机关的用人部门或单位依照法律规定的条件通过一定的法律程序，在法定的管理权限内作出解除与人民警察职务关系的行为或事实。辞退是国家警察机关的法定权力。辞退必须基于一定的法定事实，必须遵循必要的法定程序。

根据《公务员法》第88条的规定，对人民警察辞退的条件可以归纳为以下五种情形：在年度考核中连续两年被确定为不称职的；不胜任现职工作，又不接受其他安排的；因所在机关调整、撤销、合并或者缩减编制员额需要调整工作，本人拒绝合理安排的；不履行公务员义务，不遵守公务员纪律，经教育仍无转变，不适合继续在机关工作，又不宜给予开除处分的；旷工或者因公外出、请假期满无正当理由逾期不归连续超过 15 天，或者一年内累计超过 30 天的。

人民警察有下列情形之一的，不得辞退：因公致残，被确认丧失或者部分丧失工作能力的；患病或者负伤，在规定的医疗期内的；女性公务员在孕期、产假、哺乳期内的；法律、行政法规规定的其他不得辞退的情形。

人民警察被辞退后的法律后果是：职务关系消失，不再保留人民警察身份；被辞退后可根据国家有关规定领取辞退费或者根据国家有关规定享有待业保险。

3. 人民警察的退休

退休是指从事警察工作达到一定年限和规定的年龄，或丧失工作能力，按规定退出工作岗位后享受相应的政治、生活待遇，国家给予基本保障并妥善安置的一种养老保险形式。退休制度有利于人民警察队伍保持旺盛的生机和活力，也体现了我国社会主义制度的优越性。

退休分为法定退休、自愿退休和延缓退休三种。

退休条件主要包括年龄或工作年限（工龄）两种。法定退休条件是，国家公务员男满 60 周岁，女满 55 周岁，或因公致残完全丧失工作能力的，应当退休。自愿退休条件是，男满 55 周岁，女满 50 周岁，且工作年限满 20 年的，或者工作年限满 30 年的。

《公务员法》第 94 条规定，公务员退休后，享受国家规定的退休金和其他待遇，国家为其生活和健康提供必要的服务和帮助，鼓励发挥个人专长，参与社会发展。警察人员退休后的待遇，是其退休后依法享有的权利。合理确定警察人员的退休待遇，关系到整个警察队伍的切身利益，也关系到社会的安定和发展。

## 实训设计

### 监狱警察纪律训练

**一、实训目的**

通过游戏的角色扮演以及细节分析，使学生在掌握理论的基础上进一步增强实践能力，提高警察意识，使学生明白监狱人民警察在执法过程中必须遵守的纪律，即严格执行警察纪律，依法改造罪犯。

**二、实训背景**

某监狱监区内，一群女犯正在进行生产改造，即在车间内缝纫。女性监狱人民警察在旁监管并对生产进行指导。新入监女犯杨某虽然经过了入监教育但还是未能彻底转变思想，存在抵触情绪。同时生产上是个新手，难免行动慢，受到老罪犯的呵斥，杨某更是产生了敌对心理。正值酷夏，车间内酷热难耐，机器不停轰响，气氛一触即发。这时罪犯王某碰了杨某一下，杨某顿时借机爆发，两人厮打起来。

**三、实训前准备**

（一）知识准备：通过课程讲解要学生熟练掌握监狱人民警察在惩罚改造罪犯的过程中应遵守的纪律规定，并认真思考刑罚执行的实际情况以及应对措施。

（二）学生分组：学生每4人一组，选出组长。

（三）实训地点：多媒体教室。

**四、实训操作步骤**

（一）每4人一个小组，2人分别扮演女性监狱人民警察，2人扮演罪犯杨某和王某。没分组的同学担任监督监察员，观察人民警察执法过程中行为是否合理合法。

（二）各组同学按照设定的背景分别扮演不同角色。“人民警察”如何成功制止冲突事件，并在制服“罪犯”的过程中做到文明执法、不违反监狱人民警察纪律，而且使“罪犯”心服口服。

（三）监督监察员发表意见：监督监察员就自己掌握的相关法律知识，结合刚才同学们的角色扮演中存在的问题，发表自己的看法，指出哪些是正确的执法，哪些已经超越权限，更好的方法应该是什么样的。

（四）教师讲解：根据同学们的表演及监督监察员的意见，教师对每一个表演中的细节一一讲解，并指出正确与错误，以及法律依据。学生必须明确一点：每一名监狱人民警察在执法过程中必须严格遵守《监狱法》规定的9项不得有的行为，若具有此种行为，构成犯罪的，依法追究刑事责任；尚未构成犯罪的，应当予以行政处分。

**五、实训结果考核**

要求每个同学完成一篇1000字左右的实训报告，作为此次实训课程的依据。

# 第五章

# 警 察 行 为

## 第一节　警察行为概述

### 一、警察行为的概念

警察行为，从字面意思上理解，是指警察人员所为的行为。警察人员所为的行为很多，大致可分为法律行为和非法律行为两类。此外，在法律行为和非法律行为外，很多人认为还应包括准法律行为，它介于法律行为和非法律行为之间，例如，警察人员为执行公务而进行的一些警察指导行为，对有关工作提出的一些建议等。警察人员所为的法律行为又主要可以分为执行警察职务行为和民事法律行为两种。警察人员所为的民事法律行为，是指警察人员以所在的警察机关为民事活动的主体所进行的民事行为，如购买办公用品、建造用房的行为等。那么到底什么是警察行为呢？有广义的警察行为和狭义的警察行为概念之分。持广义警察行为观点的人认为，警察行为是指警察人员所为的所有具有法律效力的行为，也就是说，警察行为既包括警察执行警察职务的行为，也包括以警察主体名义所为的民事法律行为。持狭义警察行为观点的人认为，警察行为仅指警察人员执行警察职务的行为。

我们认为，警察行为应当是一个法律概念，并且应当与民事法律行为区别开来。所以我们赞同狭义的警察行为观点，并且认为，警察行为是指警察机关及其警察人员为了维护国家安全和社会秩序，保护公共利益和公民的合法权益，依法运用国家赋予的警察权力和警察手段执行职务，并产生法律效力的行为。根据这一概念，警察行为概念的构成要素有：

#### （一）目的要素

所谓目的要素，是指警察行为必须是出于维护国家安全和社会秩序，保护公共利益和公民的合法权益的目的。任何警察行为都必须具有这一目的，否则不能成为警察行为，因此目的要素也成为前提要素。

（二）手段要素

所谓手段要素，是指警察机关及其警察人员执行职务时所采取的行为手段和方式。所采取的警察手段包括：警察命令、禁止、检查、处罚、刑事侦查等。所采取的警察行为方式包括：书面方式、口头方式等。手段要素也称警察行为的核心要素。

（三）权力要素

所谓权力要素，是指警察机关和警察人员依法行使的警察权力。没有警察权力，警察机关和警察人员也就无法实施警察行为，所以说警察权力是警察机关和警察人员实施警察行为的基础要素。

## 二、警察行为的特征

警察行为一般来说具有以下几个特征：

（一）警察行为性质的多样性

警察行为是一个理论上的概念，它泛指所有警察机关和警察人员依法执行职务并产生法律效力的行为。这一概念在警察执法实践中具有多样性。多样性体现在：

1. 立法性

一定级别的警察机关在法定范围内可以制定具有法律效力的规范性文件，这种警察行为具有立法行为的性质。

2. 行政性

例如，警察机关和警察人员依法进行治安行政管理行为。在警察行为中，治安行政管理行为占有相当大的比重。

3. 司法性

警察行为的司法性体现在两个方面：行政司法和刑事司法。行政司法主要体现在警察治安行政诉讼上，也有人将警察行政复议、警察行政赔偿作为行政司法属性的表现方面。刑事司法属性主要体现在警察机关对刑事案件的立案侦查、采取刑事强制措施和对部分刑事案件的执行上。

（二）警察行为具有直接的强制性

警察行为作为法律行为的一种，与其他法律行为一样，具有国家强制性。但与其他法律行为相比，警察行为的强制性显得更加直接一些。我们认为，警察行为之所以具有较直接的执法力度，主要是由警察机关的特殊职能所决定的。正是由于警察机关的特殊职能，决定了警察机关不仅具有治安管理的行政强制权力，而且具有预防、制止、打击刑事犯罪的刑事强制权力，同时就行政管理方面的权力来讲，也只有警察机关有权实施行政拘留。

（三）警察行为具有国家意志表示的单方面性

与民事法律行为不同，警察机关与警察人员只要是在其法定权限范围内，就可以单方面决定警察行为的实施，无须征得公民、法人和其他组织的同意，而且大多数警察行为都是警察机关及其警察人员根据警察职权主动采取的，如日常的治安管理行为、为预防犯罪而实施的犯罪预防行为等。有人认为，国家意志单方面表示的特点也有例外，如警察许可的行为，则需要相对一方当事人的申请，否则警察机关不能主动实施。我们认为，警察机关及其警察人员虽然不能主动实施警察许可行为，但并不能就此否认警察行为的单方面性。因为警察许可虽然以相对一方当事人的申请为前提，但是其申请行为并不一定被许可，许可还应当符合一定的法定条件，履行一定的法律程序，在这方面，仍然体现了国家意志的单方性，只不过是警察机关及其警察人员不能主动实施而已。

## 三、警察行为的内容

根据警察行为对当事人权利、义务的影响，警察行为的内容包括以下几个方面：

（一）权利方面的内容

1. 设定权利

即赋予警察行为对象的某种权利和利益，如警察机关颁发驾驶执照、出国护照、特种行业营业执照的警察许可行为。以设定权利为内容的警察行为是相对一方当事人获得相应权利和利益的前提，没有相应的警察行为设立权利，当事人就不能从事相关的活动，否则就是违法。

2. 废止权利

即废止警察行为对象的某种权利和利益。废止权利包括废止权利能力、废止行为能力和废止赋予的特定身份，如警察机关注销过期未办理年检手续的机动车司机的驾驶执照、注销出入境证件等。废止权利与撤销权利不同，废止权利是自废止之日起，向后失去法律效力，废止以前的行为仍然有效。而撤销则不同，撤销以前的行为应属无效。

3. 限制权利

即对警察行为对象的某种权利和利益加以限制。如对醉酒的人实行的保护性约束行为，对犯罪嫌疑人或者犯罪分子采取某种形式的强制措施，如拘传、取保候审、监视居住等。实施以限制权利为内容的警察行为，其原因在于行为的对象实施了违法或犯罪行为，或者有实施违法犯罪行为以及其他危险行为的可能性。《治安管理处罚法》第15条第2款规定，醉酒的人在醉酒状态中，对本人有危险或者对他人人身、财产或者公共安全有威胁的，应当对其采取保护措施约束至酒醒。

4. 剥夺权利

即剥夺警察行为对象的某种权利和利益。剥夺有短期、长期剥夺之分。短期剥夺如治安拘留行为，期限为 1 日以上 15 日以下，长期剥夺如执行无期或者期限较长徒刑的行为，罚款、没收的行为等。以剥夺权利为内容的警察行为是以行为对象实施了犯法犯罪行为为前提，所以剥夺权利的警察行为属于制裁性的警察行为。

（二）义务方面的内容

1. 设定义务

即警察行为的内容是要求相对人作为一定行为或者不为一定行为。以设定义务为内容的警察行为的形式，常常为命令、禁止、取缔等。如交通民警指挥交通的行为，行进中的公民都必须听从指挥，遵守交通规则。

2. 免除义务

即免除行为对象所承担的作为或不作为的义务。免除义务常常与设定的权利联系在一起，也就是说，某种权利的设定也就意味着相应义务的免除。例如，许可佩带枪支、减免符合法定条件人应当交纳的费用等，对某种一般禁止行为的许可同时也意味着相应禁止义务的解除。

（三）确认法律事实

确认法律事实，是指认定或者证明某种法律状态或法律事实的存在及其真伪。例如，警察机关实施的公民出生登记的行为、警察机关颁发居民身份证的行为等。以确认法律事实为内容的警察行为并不像以权利、义务为内容的警察行为那样，直接体现为行为对象的权利或者义务，但它却与权利、义务密切相连，是行为对象享有权利和履行义务的前提。

## 第二节　警察行为的对象

### 一、作为警察行为对象的人

作为警察行为对象的人，不仅针对自然人，也包括法人和其他非法人组织。具体来讲，有以下几种情况：

（一）义务性的警察行为对象

它是指依法自觉接受警察行为，服从警察管理的人。如遵守交通管理、服从交通警察指挥的行人和机动车驾驶人员，接受并配合消防警察实施消防监督的单位和个人。作为义务性的警察行为对象，一般都能自觉地合作，听从指挥，守规矩，不存在强制性，当事人也不会产生个人自由受到限制的感觉。作为警察行为对象的人大部分为义务性的警察行为对象。

（二）无责任能力的警察行为对象

它是指没有责任能力而又实施违反警察法行为的人。根据我国有关法律的规定，无责任能力的警察行为对象包括两种人：一种是精神病患者，另一种是离家出走的智力缺陷者。例如，《人民警察法》第 14 条规定："公安机关的人民警察对严重危害公共安全或者他人人身安全的精神病人，可以采取保护性约束措施。需要送往指定的单位、场所加以监护的，应当报请县级以上人民政府公安机关批准，并及时通知其监护人。"对无责任能力的人实施警察行为的目的，不仅是为了维护社会治安秩序和公共安全，而且是为了保护他们自身的安全，所以将无责任能力的人作为警察行为的对象，常常带有保护的性质，行为的方式也常常表现为强制治疗、管束等。

（三）违法性的警察行为对象

它是指因违反了警察法律规范但尚未构成犯罪而受到警察法制裁的人。违法性的警察行为对象除实施了违反《治安管理处罚法》中对规定的四大类违法行为外，根据我国现行的有关法律、法规的规定，还应包括实施了违反消防、道路交通、出入境管理、边防检查等法律、法规规定的违法行为人。对违法性的警察行为对象实施警察行为，其目的是处罚和教育实施违法行为的人，使其今后不再违法并自觉履行其法律义务。

（四）犯罪性的警察行为对象

它是指因实施了违法犯罪行为而受到警察行为制约的人。这种情况的警察行为对象包括犯罪分子和犯罪嫌疑人，大致有以下几种情况：一是因实施了违反犯罪行为而受到警察机关立案侦查或者刑事强制措施制约的人。二是实施了违法犯罪行为之后逃避警察立案侦查而受到警察机关通缉的人。三是因犯罪行为已被法院判决交由警察机关执行刑罚的罪犯。

除上述分类外，作为警察行为对象的人还可以分为两大类：一是保卫、保护对象，主要包括重要首长和重要外宾、重大案件的重要证人。二是制约对象，主要包括犯罪分子和犯罪嫌疑人、违法行为人、无行为能力人。

## 二、作为警察行为对象的物

国家根据物品可能危及社会秩序和国家安全的性质、程度、依法赋予警察机关以及警察人员实施相应的警察行为，从而使相应的物品成为警察行为的对象。

作为警察行为对象的物品有下列几种：

（一）违禁物品

违禁物品是指危害公民身体健康，败坏社会风气，诱发犯罪，扰乱社会治安秩序和国家安全，为国家法律所禁止的物品。

根据有关法律的规定，违禁物品主要有：

1. 毒品，如鸦片、吗啡、冰毒、海洛因等。

2. 淫秽物品，如淫秽的书、画、照片、录音录像制品等。

3. 赌具，如骨牌等。

违禁物品不容许任何单位、个人非法生产、复制、销售、传播和使用，警察机关一旦发现违禁物品，立即没收予以销毁，对违禁物品持有者和相关人员依法处理。

（二）管制物品

管制物品是指因本身具有燃烧、爆炸、剧毒和放射等危险属性而为国家法律所控制的物品。作为警察行为对象的物品主要有：

1. 枪支、弹药

国家对枪支和弹药的生产、销售、运输、购买、持有、使用和存储等，实行严格的控制。任何人未经许可，不得非法进行上述活动，否则警察机关有权依法追究其法律责任。

2. 管制刀具

根据国家有关法律规定，管制刀具的制作、销售、购买和持有，都应经警察机关的许可，并且应当办理法定手续，遵守法律规定，警察机关对违法的个人和单位有权给予治安行政处罚直至追究刑事责任。

3. 易燃易爆物品

易燃易爆物品的生产、销售、购买、运输、使用等各个环节，除应当履行其他法律手续外，还应当向所在地的警察机关办理相应的许可手续，如民用爆炸物品安全生产许可证等。此外，警察有权对民用爆炸物品的生产等各个环节的安全进行监督和管理，违反法律规定的，警察机关有权给予相应的治安处罚，构成犯罪的，移送有关机关追究刑事责任。

4. 危险化学品和放射性物品

具有毒害、腐蚀、燃烧、助燃等性质，对人体、设施、环境具有危害的剧毒化学品和其他化学品由公安机关负责危险化学品的公共安全管理，核发剧毒化学品购买许可证、剧毒化学品道路运输通行证，并负责危险化学品运输车辆的道路安全管理。含有放射性核素，并且其活度和电活度均高于国家规定的豁免值的放射性物品的邮寄、运输必须接受公安机关的管理。

（三）与违法犯罪相关的物品

与违法犯罪相关的物品主要有两种：

1. 进行违法犯罪活动所使用的工具和资金。

2. 违法犯罪活动所得的赃款赃物。

凡属于违法犯罪活动所使用的工具和所得的赃款赃物，均为警察行为的对象，对此类物品，警察机关可视不同情况予以没收或退还所有人。

（四）不明所有者的物品

不明所有者的物品，大致可以分为两种：一是遗失或丢失的物品，由其他无关人员拾到后交给警察机关。二是无主物品，如无人继承的遗产，或者发现、拾得的无主财物。对遗失或者丢失的物品，警察机关负责在法定期限内招领；对不能久存的时鲜物品，警察机关有权按照国家规定的价格拍卖；逾期无人认领的物品，由警察机关上缴国库；对无主的物品，由警察机关直接上缴国库，归国家所有。

作为警察行为对象的物品除上述四种外，一些学者提出将证据中的物证、书证以及警察机关的罚没款等，也作为警察行为对象的物品。笔者认为，证据以及罚没款，并不仅仅涉及警察机关，其他国家机关在自己的职权范围内，也可以实施相应的行为，如国家工商管理机关，对罚没款也应上缴国家。

## 三、作为警察行为对象的场所

一些场所，如对维护社会秩序和公共安全有重要意义的地区、交通线、建筑物等，国家将其作为特定场所，由警察机关采取相应的行为，从而使其成为警察行为的对象。根据《人民警察法》《集会游行示威法》等法律的有关规定，作为警察行为对象的场所主要有：

（一）禁区

禁区主要是指国家尖端科研单位、重要军事设施所在地以及其他具有战略意义的地区。对于禁区，国家赋予警察机关可依法采取相应的措施的权力，如警察机关对禁区进行警卫行为，未经批准，无关人员不得进入、通过，违者将依法处理。

（二）警卫区

警卫区主要是指党、政、军重要机关以及重要外宾工作或休息场所的所在地。对于警卫区，国家赋予警察机关依法采取警卫措施的权力，以保障警卫区的安全。

（三）隔离区

隔离区主要是指因发生火灾、恶性传染病等重大灾害，由警察机关会同有关部门划定与外界隔离的地区。对隔离区，警察机关可会同有关部门采取相应的措施，如实行局部封锁、进行交通管制等，以防灾害的扩大，确保救灾和抢险工作的顺利进行。

（四）戒严区

戒严区主要是指在发生严重危及国家统一、安全或者社会公共安全的动乱、暴乱或者严重骚乱的情况下，为保护人民的生命和财产安全，国家依法实施非常措施和特殊办法的区域。在戒严区，执行戒严任务的人民警察、人民武装警察和人民解放军是戒严执勤人员，可以依法采取戒严措施，如有权对戒严地区公共道路上或者其他公共场所内的人员的证件、车辆、物品进行检查，有权对违反宵禁规定的人员予以拘留，直至清晨宵禁结束，并有权对被拘留者的人身进行搜查，对其携带的物品进行检查等。

（五）勘验和搜查的场所

勘验和搜查的场所主要是指为了发现、提取具有证据意义的各种物品特征、痕迹的现场，或者为了查明案件事实真相，收集犯罪证据，查获违法犯罪嫌疑人，警察机关及其警察人员依法实施勘验和搜查行为的区域。按照《刑事诉讼法》的有关规定，人民警察在实施勘验、搜查行为时，应当履行相应的法律手段，如实施搜查行为时，应当由县一级公安机关办理搜查证。

## 第三节　警察行为的分类

由于警察职能的特殊性，决定了警察行为的具体表现形式较多，为了很好地把握警察行为，理论界常常将警察行为分为不同的种类。采用的标准不同，所作的分类也不同，主要有：

### 一、抽象的警察行为和具体的警察行为

根据警察行为所涉及的对象是否为特定的人，警察行为可以分为抽象的警察行为和具体的警察行为。

（一）抽象的警察行为

所谓抽象的警察行为，是指警察机关针对不特定的人和事制定普遍性行为规则的行为。抽象的警察行为包括立法行为和制定其他规范性文件的行为。例如，根据《立法法》的规定，公安部在自己的职权范围内依法可以制定部门规章，其制定部门规章的行为就属于抽象行为。又如，各级公安机关在其职权范围内制

定的针对不特定人的规范性文件就属于抽象行为。无论是警察机关的立法行为，还是警察机关制定其他规范性文件的行为，都具有以下两个特征：

1. 具有普遍的效力

抽象的警察行为是针对一类事和一类人的，因而具有普遍效力。例如，公安部颁发的《暂住证申领办法》（已废止），其针对的对象为离开常住户口所在地，拟在暂住地居住 1 个月以上，年满 16 周岁的符合法定条件的公民。北京市公安局公安交通管理局颁布的《北京市道路交通事故当事人责任确定标准》（其他规范性文件），其针对的是在北京市辖区内发生交通事故的当事人。

2. 具有往后的效力

即只适用规范制定后的行为和事件，但规范规定有溯及力的除外。

（二）具体的警察行为

所谓具体的警察行为，是指警察机关以特定的人和事为对象所实施的行为。具体的警察行为在警察行为中占大多数，表现形式也比抽象的警察行为多得多，如警察行政处罚、警察强制措施、立案侦查等。具体的警察行为也有两个特征：

1. 与抽象的警察行为不同，它只对特定的人和事有效，不具有普遍的约束力。例如，行政拘留，只能限制或者暂时剥夺被拘留人的人身自由。

2. 只对它所针对的人和事具有约束力，对以后发生的同类事件没有效力。区分抽象的警察行为与具体的警察行为不仅对警察法学理论具有意义，而且对于警察法的实践，特别是警察治安行政诉讼也有意义。目前，我国的治安行政诉讼是以具体的警察行政行为为诉讼标的，对抽象的警察行政行为不予受理。

## 二、羁束的警察行为和自由裁量的警察行为

根据警察行为受法律约束的程度，可以将警察行为分为羁束的警察行为和自由裁量的警察行为。

（一）羁束的警察行为

所谓羁束的警察行为，是指法律对行为的内容、形式、范围、条件和程序等作了具体、明确的规定，警察机关只需严格依法实施，不能以自己的意志参与其间的警察行为。羁束的警察行为在一些有数量、期限的警察法律规范中较为常见。例如，警察机关办理居民身份证时，只能严格遵守《居民身份证法》规定的范围、条件、有限期限，不能自由裁量。羁束的警察行为具有下列特征：

1. 羁束的警察行为是警察机关的具体警察行为。也就是说，它是针对某一具体的事件和特定的人实施的。

2. 羁束的警察行为在法律上必须有明确具体的规定。法律对羁束的警察行为规定了明确的范围、方式和程序，警察机关在实施相应的行为时，不能扩大或

者缩小，也不能随意变更。

3. 警察机关在实施羁束的警察行为时，必须严格受法律的拘束，介入自由意志的羁束行为为违法，一旦涉讼，人民法院应当依法撤销。对羁束的警察行为，人民法院无权变更。

（二）自由裁量的警察行为

所谓自由裁量的警察行为，是指法律对行为的内容、方式等规定了一定的范围和幅度，或者只有原则性规定，警察机关针对具体情况，在符合公正合理的原则下，作出决定的警察行为。例如，《治安管理处罚法》有关条文规定，一般违反治安管理行为，罚款可以从 200 元以下、500 元以下、1000 元以下到 2000 元以下，拘留可以从 1 ~ 15 日，对于几种特殊的违反治安管理的行为，如赌博、卖淫、嫖宿、暗娼、违反政府规定种植罂粟的行为，可以分别处 3000 元以上、5000 元以下的罚款。在上述法律规定的幅度内，警察机关可以根据违法情节的轻重，具体予以适用。

自由裁量的警察行为与依法行使警察职权并不矛盾。第一，自由裁量权是法律赋予警察机关的，并且法律对自由裁量权的行使规定了范围、程度和原则，并不是说，警察机关可以背离法律的要求，完全自主行事。第二，警察管理的范围十分广泛，特别是警察行政管理的范围。这些复杂的管理事务，仅靠若干条法律、法规很难概括无遗。所以，赋予警察机关一定的自由裁量权可以弥补法律、法规的不足。第三，警察管理的对象常处于频繁的变动之中，在这种情况下，赋予警察机关一定的自由裁量权，以适应客观变化，既符合事务发展的规律，也能更好地适用警察法律、法规。

## 三、例行性的警察行为和对策性的警察行为

根据警察行为的表现形式，警察行为可以分为例行性的警察行为和对策性的警察行为。

（一）例行性的警察行为

例行性的警察行为，是指警察机关依法进行的日常管理行为。例如，交通警察进行的交通管理和指挥行为，消防管理上的宣传、监督和检查行为，户口管理上的登记、核对，出入境管理上的接受申请和办理护照等。例行性警察行为的最大特点是，行为的实施者和行为的对象都能自觉地遵守警察法律和法规，没有违法行为的发生。

（二）对策性的警察行为

对策性的警察行为，是指发生了违法犯罪或者特殊紧急情况，警察机关依法采取的行为。对策性警察行为与例行性警察行为的最大区别在于，对策性警察行

为的前提是发生了违法犯罪或者特殊紧急情况。对策性警察行为包括以下几种：

1. 处罚性的警察行为

是指对违反有关警察管理行为依法律应当予以制裁的行为，如对违反治安管理行为予以警告、罚款、拘留等。

2. 强制性的警察行为

是指对不履行警察法律义务，拒不服从警察管理的人所采取的强制手段和措施。强制性的警察行为包括行政和刑事两个方面。行政性的强制行为，如约束、强制传唤、带离现场、强制戒毒等；刑事性的强制行为，如监视居住和取保候审等。

3. 应急性的警察行为

是指在发生了突发治安事件的紧急情况下，警察机关依法实施的特殊手段和特殊办法。例如，根据《人民警察法》第 10 条和《人民警察使用警械和武器条例》第二、三章的规定，遇有拒捕、暴乱、越狱、抢夺枪支或者其他暴力行为的紧急情况，公安机关的人民警察可以使用武器和警械。

### 四、警察行政行为、警察刑事行为和紧急状态处置行为

根据警察行为的性质和内容，警察行为可以分为警察行政行为、警察刑事行为和紧急状态处置行为，大多数警察法学研究人员采取的是这种分类。

## 典型案例评析

个体工商户王某经营某街口一家店铺，为了拓展业务，增加收入，自 2008 年起开始对外销售烟花爆竹，2009 年 2 月 8 日上午 11 时 30 分，店铺里局部发生爆炸，导致三位行人受伤，当日下午开始，某公安局消防科组织人员对火灾事故进行了调查。经过现场勘查，消防科于 2 月 14 日作出火灾原因认定书，认定这起火灾是由于店主王某烟花爆竹储存不当，导致烟花爆竹爆炸引起火灾。消防科将火灾原因认定书送达给王某，2009 年 3 月 13 日作出了消防管理处罚裁定书，依据相关法律规定，对王某店铺内堆放的烟花爆竹予以没收，并决定给予责任人王某罚款 1000 元的处罚。

**评析意见：**本案中，作为警察行为对象的人为个体工商户王某，作为警察对象的物为烟花爆竹，作为警察行为对象的场所为储存烟花爆竹的店铺。

# 第六章

# 警 务 保 障

## 第一节　警务保障概述

### 一、警务保障的概念

（一）警务的概念

警务，即警察业务活动的简称。它是指警察为依法履行职责、行使国家赋予的警察权力而进行的活动。警务主要包括三个方面内容：警务行为的主体是警察机关和人民警察；警察机关和人民警察履行的是国家法定的任务；警察机关和人民警察是在法律、法规规定的范围内行使职权。这三个方面在警务工作中的关系是密不可分的，它们充分反映了我国警务的本质、范围和目的。

《人民警察法》第2条规定人民警察的多重任务，决定了警务活动具有多重属性：对社会治安的行政管理是其行政属性；依法揭露、打击刑事犯罪活动和对一些犯罪分子实行监督考察和教育改造，是其刑事司法属性；采取武装斗争手段制服暴力犯罪和警卫重要目标是其武装属性。

警务是警察工作的集中反映，警察机关要切实担负起政治和社会责任，各级警察机关和人民警察必须不断增强大局意识、政治意识、忧患意识、群众意识和法治意识，坚持改革创新，充分履行职责，在应对新情况上要有新思路，在解决新问题上要有新对策，在攻克难点、热点问题上要有新突破，不断开创警察工作新局面，这是警察工作打击敌人、保护人民、惩治犯罪、服务群众、维护国家安全和社会稳定的重要使命，是改革开放和社会主义现代化建设顺利进行的重要保障。

（二）警务保障的概念

警务保障是指国家和政府根据警察机关和警察人员开展警务活动的实际需

要，从立法、行政、社会等方面所提供的先决条件，是我国警察法律体系中的一个重要组成部分。警务保障的主要内容是有关警务实施保障的主体、保障的内容和方法以及保障的原则、标准与规格的规定。警务保障是调整警务与保障的关系，增强警务效能、保障警务顺利实施的法律规范。

警务保障的对象是代表国家依法行使警察权的警察机关和人民警察；警务保障的主体是指与人民警察警务活动有关的组织和个人；警务保障的客体是警察机关和人民警察依法执行职务；警务保障的目的是保障警察机关和人民警察依法有效发挥职能作用；警务保障在于保障警察机关和人民警察更好地实现国家机器的职能与作用，顺利而又正确地依法行使职权，全心全意为人民服务；警务保障的内容是全面具体的。

《人民警察法》设专章规定了警务保障，这一章（第 5 章共 10 条）较全面地规定了警务保障的具体内容，为切实保障人民警察依法履行职责、行使职权、维护国家安全和社会秩序提供了法律依据。

## 二、警务保障的类别

### （一）按照警务保障的形式划分

按照警务保障的形式划分，可分为以下三个方面的保障内容：

1. 法律保障

法律保障是指人民警察依法行使权力、履行职责，受国家法律法规的保障。《人民警察法》第 32 条、第 33 条、第 35 条予以明确规定。

2. 社会保障

社会保障是指社会各界和广大人民群众对人民警察依法执行职务的行为所给予的支持和协助。《人民警察法》第 34 条予以明确规定。

3. 物质保障

物质保障是指人民警察在执行警务活动中，国家对警察物质、经费装备、基础设施技术方面的保障以及工资福利抚恤优待保障。《人民警察法》第 36 条、第 37 条、第 38 条、第 39 条、第 40 条、第 41 条予以明确规定。

### （二）按照警务保障的主体划分

按照警务保障的主体划分，可以分为两个方面的保障内容：

1. 国家保障

国家保障是指人民警察警务保障的主体由国家机构承担，包括立法部门、政府行政、财政、后勤保障、民政部门。

2. 社会保障

社会保障是指人民警察警务保障的主体由社会承担，包括社会组织、机构、团体和公民个人。

（三）按照警务保障的产生形式划分

按照警务保障的产生形式划分，可以分为两个方面的保障内容：

1. 主动式保障

主动式保障是指警务保障由提供保障主体依照法律规定主动提供，包括警务物质保障、执行职务保障、社会提供警务协助等。

2. 被动式保障

被动式保障是指警务保障的提供主体依照法律规定，在发生法定事由或具备相关条件下才提供保障。包括拒绝执行错误命令、处罚阻碍警察执行公务的行为等。

## 三、警务保障的意义

（一）有利于保证人民警察完成国家赋予的各项任务

人民警察的性质、特点和任务，决定了国家必须从各个方面保证人民警察顺利地完成各项任务。警察是国家政权的重要组成部分，是人民民主专政的重要工具之一。人民警察是国家意志的忠实执行者，警察必须根据国家的法律法规，代表国家行使警察权力，维护国家安全，维护社会秩序和保障人民合法权益不受侵犯。因此，国家必须以强大的力量去维持和保护人民警察依法执行职务，有效地保证人民警察顺利地完成国家赋予的各项任务。

（二）有利于推动人民警察顺利地开展各项警务工作

警务活动的开展同任何事物一样，一方面，要有其内在的根据，即警察机关和警察人员的自身具有完成法定任务与职责的素质和能力；另一方面，要使警务能够正常地开展和取得应有的成效，必须要有外部条件的支持和保障。要深刻认识警务保障与警务活动的关系。只有将两者结合起来，内在根据和外在条件互相为用，才能促成和推动警务工作的开展。所以，警务与保障的关系是彼此依存、缺一不可的。

（三）有利于提高人民警察依法行政的思想认识

《人民警察法》从思想上、法律上、组织上以及物质上等各方面明确规定了“警务保障”，保证了人民警察依法履行职责，有利于人民警察树立“依法行政、严格执法”的观念，提高依法办案的自觉性，敢于、善于运用法律武器同违法犯罪作斗争。

（四）有利于排除人民警察执法过程中的各种干扰

《人民警察法》中关于警用物资专用性、人民警察工资、待遇、优抚等方面的规定，有利于排除各方面对人民警察执法的干扰，为人民警察依法行政、严格执法创造一个良好的法制环境。

（五）有利于保护人民群众的各种合法权益

国家采取各种保障措施，从经费、装备上切实加强人民警察队伍的建设，提高人民警察队伍的战斗力，保证人民警察在执法中，能更好地保护公民的人身权利、民主权利，保护公民财产的合法权益。

（六）有利于推动法治社会的建设

人民警察警务保障由过去的松散、无序、单一发展为统一、有序、双向互动的规范化建设，是现代化建设不可或缺的重要组成部分，也是社会管理创新的一次尝试，加强警务保障的建设将为推动社会进步和法治发展贡献新的力量。

## 第二节　警务立法保障

立法保障是作为一种手段来保障警务活动的。它是指国家通过立法活动，用明确的法律规定对人民警察的各项工作给予保障。任何组织或个人如果违反法律规定，妨碍警务活动的正常进行，都会依法受到制裁。用法律手段保障警务活动主要是指人民警察依法执行职务时，受法律保护；对于阻碍、拒绝人民警察依法执行职务的，要追究法律责任。

从实践经验来看，警务保障必须纳入法制轨道，才能有效保证人民警察依法执行职务，顺利地完成国家赋予的各项使命。人民警察等同于一般国家行政机关的工作人员，在机构设置、编制定额、人事管理等方面，基本上照搬行政机关的制度和办法。这与人民警察所面临的社会治安状况和担负的繁重艰巨任务很不适应，给警察工作的开展和人民警察队伍的建设带来了很多困难和弊端。警务保障主体的明细化、内容的法律化、操作的规范化，对于进一步全面加强保障工作、落实警务保障资源，增强和提高警务的活力和效能，将有着极其重大而又深远的作用和意义。

### 一、保障合法的警务活动

人民警察执行公务时，最基本的警务保障之一，就是法律保护。这一点在各国的警察法律、法规中都不例外。各国都以不同的表述方式作了详细规定。总体来说，执行警务的主体、警务行为和警务内容三者都是合法的，必然要受到法律保护。同样，人民警察的警务活动，也应具备这三个条件，才是合法的。具体体现在以下三个方面：

第一，执行警务的主体必须是法定的人民警察。一切替代、假冒的所谓警务活动，不受法律保护，相反应受到法律制裁。

第二，人民警察的警务行为，必须符合实体法律规定和程序法律规定。只要人民警察是严格执法，认真执行职务，任何个人或组织不能进行非法干扰，更不能利用特殊关系和特权非法阻挠。如发生此类情况，人民警察不仅拥有财产处罚权，而且拥有人身处罚权。对于拒绝、阻碍人民警察执行职务，已构成犯罪的，还有权直接采取刑事强制措施。

第三，人民警察的警务活动必须在职权范围内进行。超出法定的权限范围开展警务活动，是越权、违法的执法行为，不受法律的保护。

## 二、影响警务活动的责任

《人民警察法》第 35 条规定，拒绝或阻碍人民警察依法执行职务，有下列情形之一的，给予治安管理处罚：（1）公然侮辱正在执行职务的人民警察的；（2）阻碍人民警察调查取证的；（3）拒绝或阻碍人民警察执行追捕、搜查、救险等任务进入有关住所、场所的；（4）对执行救人、救险、追捕、警卫等紧急任务的警车故意设置障碍的；（5）有拒绝或者阻碍人民警察执行职务的其他行为的。以暴力、威胁方法实施前款规定的行为，构成犯罪的，依法追究刑事责任。根据情节、性质的不同，对于此类行为造成的后果分别给予不同处罚。如《刑法》第 277 条、第 291 条、第 311 条、第 314 条、第 315 条、第 316 条、第 318 条第 5 款，《反间谍法》第 30 条的规定等，都是对上述行为实施惩罚的依据。对此类行为必须坚决予以制止。

## 三、警用物品专用权保护

《人民警察法》第 36 条规定，人民警察的警用标志、制式服装和警械，由国务院公安部门统一监制，会同其他有关国家机关管理，其他个人和组织不得非法制造、贩卖。人民警察的警用标志、制式服装、警械、证件为人民警察专用，其他个人和组织不得持有和使用。违反前两款规定的，没收非法制造、贩卖、持有、使用的人民警察警用标志、制式服装、警械、证件，由公安机关处 15 日以下拘留或者警告，可以并处违法所得五倍以下的罚款；构成犯罪的，依法追究刑事责任。

禁止任何其他组织和个人，制造使用人民警察专用物品的规定，是人民警察依法执行职务权威性的法律保证。对此类情况的处罚不仅《人民警察法》中有规定，而且还可以根据《刑法》第 281 条、第 283 条、第 284 条等规定追究其刑事责任，更主要的还在于人民警察各警种机关、部门内部要依法加强专用物品管理，制定详细、严格的管理细则，并认真监督执行。目的在于让每一位人民警察主观上重视起来，从自身做起，堵塞漏洞，防患于未然，对专用物品实行保管、库存、领发、登记制度，对发生丢失的，要追究刑事责任，视情节轻重，予以处理。

## 四、警令执行的规定

警令是指上级人民警察机关对下级人民警察机关，上级人民警察对下级人民警察发出的执行警务的指令。警令的范围较广，主要包括决定和命令。一般来说，警令属于由上而下的下行沟通类型，但实际执行中需要配合协调一致。

人民警察的性质、任务和工作特点决定了对人民警察执行警令有特殊要求，既要严格执行警令，又要各警种多方配合、全力以赴。特别是遇到紧急、重大行动时，在纵横交叉的关系基础上，不但要迅速反应，而且要警令畅通。人民警察在执行职务时，有时难免会出现上下级关系，权限不明晰，平级之间共同合作处理紧急情况的事情，为了避免事权矛盾或出现扯皮现象，要按《警衔条例》的规定理顺关系：警衔高的人民警察对警衔较低的人民警察，警衔高的为上级；当警衔高的人民警察在职务上隶属警衔低的人民警察时，职务高的为上级。

执行警令并保证警令畅通，包括以下三个方面的内容：

### （一）执行警令

人民警察必须执行上级的决定和命令，这是对执行警令所作的原则规定。它包含以下要点：上级人民警察机关、人民警察，有权对下级机关、下级人民警察作出决定、发布命令，人民警察对上级已发出的决定和命令，必须遵照执行，不得违背、拒绝或擅自中止或不执行。当然，在如实执行上级发布的决定和命令时，若情况发生了变化，如果上级已授予临时处置的权力，那么就可以根据客观实际，采用与命令的基本精神不违背的措施实施活动；如果上级据以作出决定和命令的客观条件发生了根本变化，如被执行逮捕的被告或某服刑罪犯突然死亡，此时决定和命令已失去了原有意义，人民警察可以停止执行原有命令和决定，并迅速汇报，请求新的命令和决定。这一点体现了执行警令的坚定的原则性、特殊情况下的灵活性，也是对执行警令的法律保证。

### （二）警令执行中的异议

警令执行中的异议，是警令执行中出现的特殊情况。一般情况下，下级机关和下级人民警察必须认真执行，以保证有效发挥其职能作用。但是，当人民警察认为上级的决定和命令有错误时，要按《人民警察法》及有关条例规定，按程序提出异议，但不得中止或改变决定和命令的执行，提出意见不被采纳时，必须服从命令和决定。由此造成的后果，由作出决定和命令的上级负责。

执行警令过程中出现异议，要视情况采取不同的处理方法，一般有以下几种：

1. 人民警察认为上级的决定和命令有错误或不妥当时，有权利也有义务按照法定程序提出异议，这种行为是一种有良知的行为。相反，那种麻木不仁、不认真思考、知错不讲的做法，自然会造成不良影响和不应有的损失。

2. 提出异议期间不得擅自中断或改变命令的执行。因为人民警察针对上级决定或命令提出意见，可能是对上级决定理解不全面，甚至是理解错误，另外，下级人民警察对决定和命令提出异议，但是决定或命令的对错，还需要一定的时间来检验或审查。所以，在警务活动时间要求紧急的情况下，为保证有力打击各种犯罪，维护人民生命财产安全，不能中止或改变对上级决定和命令的执行。

3. 人民警察提出异议或意见不被采纳时，必须服从上级的决定和命令，这是原则问题，是警令畅通的必要保证，是人民警察忠于职守、遵守纪律的表现。任何违抗都是违法，对造成的后果要承担法律责任。

4. 执行决定和命令的后果由作出决定和命令的上级负责。前面讲的三点是用法律形式规定的纪律，这一点则是用法律明确了责任界限。

（三）人民警察有权拒绝执行上级超越职责范围、违背法律的指示、命令

社会环境和警务活动是十分复杂的，近年来在人民警察依法执行职务时，往往受到一些人的非法干扰，如有的要求人民警察插手经济合同一类的纠纷案件，甚至要求违法采取强制措施助人逼债；有的要求人民警察超越法定职权乱收费，乱处罚；有的通过关系说情或通过某些领导施压，要求人民警察徇私枉法，放纵违法犯罪人员等。这些非法干涉严重干扰了人民警察的警务活动，为保证人民警察依法执行职务，《人民警察法》第 33 条规定：人民警察对超越法律、法规规定的人民警察职责范围的指令，有权拒绝执行，并同时向上级机关报告。这是一条排除对人民警察执法干扰的规定。

## 第三节　警务行政保障

警务行政保障主要指警察在物质上的保障，包括经费、设施、装备、科技成果应用生活等行政方面以配合警务需要的保障。物质保障能否适应现代化的需要，直接影响着警务活动的效果，所以有必要进行深入分析和探讨。

## 一、警务行政保障的必要性

（一）确立警务行政保障制度是新时期警务发展的需要

新的社会转型期来自各种敌对势力的干扰破坏及突出的人民内部矛盾，社会矛盾增加，社会犯罪率上升，犯罪手段新型化、智能化、现代化等新特点不断出现，这对人民警察的技术装备、基础设施发展提出了新的要求。保障人民警察装备现代化，基础设施优先化，公务经费足额化，以便为人民警察迅速有力地打击违法犯罪行为、侦破案件、缉拿罪犯创造条件，是新时期警务发展的需要。

（二）加强警务行政保障有利于提高人民警察的整体战斗力

从人民警察警务活动的性质和特点看，警察必须装备精良，才能保障有力。如果经费缺乏，技术装备落后，一方面，在打击违法犯罪行为方面，不可能有效地对付一些使用现代化装备武装起来的违法犯罪分子；另一方面，由于经费欠缺，技术装备落后，监管设施陈旧等，大大加大了人民警察的工作压力和难度，也使人民警察自身处于不安全境地。所以，加强人民警察的行政保障，是人民警察警务活动现代化、正规化的基础，更是提高人民警察整体战斗力的需要。

（三）加强警务行政保障有利于与现代化警察队伍建设接轨

建设现代化警察队伍是中国乃至世界其他国家警务发展的共同目标。《人民警察法》规定，国家保障人民警察的经费和警务工作所必需的通信和训练设施建设；加强人民警察装备的现代化建设，努力推广应用先进的科技成果；以及对人民警察工资、津贴、福利待遇的规定及相应的配套法规的制定落实，都将有力地促进人民警察队伍与现代化警察队伍建设接轨。2011 年第四届中国（北京）国际警用装备及反恐技术装备展览会暨学术研讨会就提出中国的警务装备已步入世界先进国家行列，但是在基层警察队伍建设中仍有上升的空间。

## 二、警务行政保障的主要内容

（一）人民警察的武器装备保障

人民警察的武器装备主要包括武器、警械、服装、交通设备、通信设备、专门技术设备、资料档案设备、电子计算机系统、闭路安检监控系统等。

近几年，我国逐步与国际警务装备接轨，不断更新装备，充分利用最新的军事、武器装备发展成果。

（二）人民警察工作的基础设施保障

《人民警察法》第 38 条规定，人民警察工作所必需的通信、训练设施和交通、消防以及派出所、监管场所等设施建设，各级人民政府应当列入基本建设规划和城乡建设总体规划。《监狱法》第 8 条也对此作了相应规定。

基础设施是各警种开展警务工作必需的物质保障，也是必备的基本条件之一。各级人民政府应当列入基本建设规划和城乡建设总体规划，通过规范、有序、持续的发展促进基础设施建设的发展。

（三）人民警察的科技成果应用保障

《人民警察法》第39条规定：国家加强人民警察装备的现代化建设，努力推广、应用先进的科技成果。为了适应形势发展的需要，必须不断改进人民警察的装备，努力应用、推广先进的科技成果，用最新的材料、装备、设备，充实、武装人民警察队伍，其办法有两条：一是人民警察系统自身加强科学研究，不断推出先进的科技成果；二是密切注意国内外科技动态，尽可能较快地将有关的先进科技成果推广，应用到人民警察装备现代化上来，以缩短技术上的差距。

（四）人民警察的经费保障

《人民警察法》第37条规定："国家保障人民警察的经费。人民警察的经费，按照事权划分的原则，分别列入中央和地方的财政预算。"这一规定表现出国家对人民警察执行职务的经费开支给予保障。人民警察的经费，是指政府向人民警察提供各种物质技术装备和费用支出的货币表现形式。

人民警察的经费按事权划分的原则，分别列入中央和地方的财政预算。事权划分是指靠国家经费开支的机关，按机构权限划分层次，哪一级政府承担的事项，经费就由哪一级政府财政开支。依照这一原则，中央事权就是指承担国家警务活动的经费，由中央政府财政部拨付。地方事权就是指承担地方各级政府规定的警务活动经费，由地方政府财政部门拨付。

（五）人民警察的生活保障

《人民警察法》第40条规定："人民警察实行国家公务员的工资制度，并享受国家规定的警衔津贴和其他津贴、补贴以及保险福利待遇。"生活保障，是指国家给予人民警察物质待遇方面的保证，主要包括工资、津贴、补贴、奖金、保险、福利、抚恤等内容。

1. 人民警察的工资

工资具有社会保障、经济激励、调节收入的功能。人民警察和其他国家工作人员一样，其工资都是根据人们的劳动贡献而获得的，是他们以货币形式表现的物质收入。根据我国目前的经济发展水平和人民警察工作的特殊性，人民警察实行公务员工资待遇。按照《公务员法》的要求，公务员工资制度贯彻按劳分配的原则，体现工作职责、工作能力、工作实绩、资历等因素，保持不同职务、级别之间的合理工资差距。同时公务员工资包括基本工资、津贴、补贴和奖金。

《公务员法》规定了公务员工资制度的基本形式，公务员工资由四个方面构成，其中基本工资将由两块组成：一块反映职务，为职务工资；一块反映级别，为级别工资。职务工资主要是按照公务员的职务高低、责任大小、工作难易程度确定，是公务员工资制度中体现按劳分配的主要内容。级别工资即根据公务员的级别确定的工资。公务员的级别根据所任职务及其德才表现、工作实绩和资历确定。其中，资历包括公务员的学历状况、工作年限和任职年限等因素。级别工资也是体现按劳分配的重要内容。

2. 人民警察的津贴、补贴、奖金

（1）人民警察的津贴

津贴是根据不同公务员的不同情况给予的补贴。公务员津贴是公务员工资的一种补充形式，是工资制度的重要组成部分。公务员按照国家规定享受地区附加津贴和艰苦边远地区津贴、岗位津贴等。

我国人民警察的津贴，主要包括警衔津贴、特岗津贴和其他补贴。警衔津贴是依据人民警察警衔级别确定的津贴。警衔津贴是法定津贴，各级人民政府必须像工资一样，予以保障；特岗津贴属于各地自筹经费，专门拿出的给人民警察发特殊岗位津贴的费用，这属于地方党委、政府对人民警察的关怀和鼓励；其他津贴和补贴的金额，按各地经济状况而定，多少不等。

（2）人民警察的补贴

国家有关部门相继颁布了《关于人民警察法定工作日之外加班发放补贴的通知》等一系列增加人民警察补贴的通知，以促进人民警察津贴发放的规范化、及时化、全面化。

（3）人民警察的奖金

除按照一般公务员规定的奖金制度外，针对人民警察行业的特殊性，还有2003年9月1日公安部施行的《公安机关人民警察奖励条令》等制定了明确的奖励及奖金标准，如集体嘉奖五千元，集体三等功一万元，集体二等功两万元，集体一等功三万元，集体荣誉称号五万元；个人嘉奖一千元，个人三等功两千元，个人二等功五千元，个人一等功一万元，全国公安系统二级英雄模范三万元，全国公安系统一级英雄模范五万元。

3. 人民警察的保险

《人民警察法》第40条规定，人民警察实行国家公务员的工资制度，并享受国家规定的警衔津贴和其他津贴、补贴以及保险福利待遇。人民警察的保险，主要是在养老、疾病保险、伤残保险与死亡保险等方面，对从事人民警察工作的人员进行保障，由于人民警察工作的特殊性，建立人民警察保险制度有重要意义。

人民警察保险问题，公安部与中国人民保险公司联合发出通知，决定在全国展开“公安干警人身平安保险”业务。之后其他警种也参照办理，如监狱、强制隔离戒毒所，在有一定支付能力的单位，为一线干警办理人身保险或其他险种保险。但是，从目前来看，人民警察保险在我国还处在起步阶段，险种较单一，费率不统一，未能起到应有效果，今后需要逐步加以规范。

4. 人民警察的福利

福利是国家为了提高人们物质文化生活水平，而采取的一些措施或提供的物质待遇。福利与工资不同，它是根据需要和可能而提供的，工资则必须遵照按劳分配原则执行，福利有货币、实物或是方便措施等多种形式，而工资制采取货币形式。

人民警察的福利有十分丰富的内容，主要可分为三大类：一是集体类福利设施，用以方便人民警察的生活，比如公共食堂、浴室、理发室、托儿所等。二是文体类福利设施，用以活跃人民警察的业余文化生活，比如建立图书馆、体育活动场所、娱乐室、游泳池等。三是鼓励类福利，为满足人民警察的不同方面的需要，减轻个人生活负担，而设立的各种鼓励性质的福利补贴。如生活困难补助、病假待遇、产假待遇、住房待遇、公费医疗等。

从现实情况看，人民警察的福利制度都是散见于各个部门规定，缺乏统一的规范性文件，同时，也存在制度不统一，各行其是，来源无保障，来源不合理等方面的问题。今后，应该尽快规范福利制度的统一规定，使人民警察的福利待遇极大地发挥积极作用。

5. 人民警察的抚恤

《人民警察法》第 41 条第 1 款规定："人民警察因公致残的，与因公致残的现役军人享受国家同样的抚恤和优待。"

人民警察因公致残的等级一般分为：特等伤残，一等伤残，二等甲级伤残，二等乙级伤残，三等甲级伤残与三等乙级伤残。凡符合伤残条件的，经县级以上主管部门核准，报送同级民政部门，经县级以上人民政府批准，发给《人民警察伤残抚恤证》。如人民警察因公牺牲或病故者，需要申报烈士、申报抚恤优待的，要经县以上主管机关核准，汇总有关证明材料，报送同级民政部门，同时上报上一级主管机关，经县级人民政府批准，向革命烈士家属颁发《革命烈士证明书》，发放一次性或定期抚恤金。凡是正式编制的人民警察均可享受以上抚恤待遇。

2005 年 10 月 26 日颁布实施的《人民警察优抚对象及其子女教育优待暂行办法》规定，对公安机关、国家安全机关、监狱、强制隔离戒毒机关的人民警察，人民法院、人民检察院的司法警察，铁道、交通、民航、林业系统人民警察和海关缉私警察的优抚对象为残疾人民警察、烈士子女、因公牺牲人民警察子女、一级至四级残疾人民警察子女，并对优抚对象的教育优待政策进行了明确规定。

# 第四节　警务社会保障

## 一、警务社会保障的含义

警务社会保障也称警务群众保障，它是指公民及社会组织要积极协助、支持人民警察依法执行职务，并且这种行为受法律保护。

警务社会保障也是警务保障的重要内容之一。《人民警察法》第 34 条规定："人民警察依法执行职务，公民和组织应当给予支持和协助。公民和组织协助人民警察依法执行职务的行为受法律保护。对协助人民警察执行职务有显著成绩的，给予表彰和奖励。公民和组织因协助人民警察执行职务，造成人身伤亡或者财产损失的，应当按照国家有关规定给予抚恤或补偿。"《监狱法》第 44 条规定："监区、作业区周围的机关、团体、企业事业单位和基层组织，应当协助监狱做好安全警戒工作。"第 68 条规定："国家机关、社会团体、部队、企业事业单位和社会各界人士以及罪犯的亲属，应当协助监狱做好对罪犯的教育改造工作。"

## 二、警务社会保障的意义

### （一）能够密切加强人民警察与社会群众之间的联系

警察来自人民，是人民群众中的成员之一，人民警察源于人民、属于人民。从人民警察的录用看，一个人首先必须是合格的公民，才有进入这一队伍的资格。从对人民警察的基本要求看，必须热爱党，热爱人民，热爱社会主义祖国；要密切联系群众，关心群众疾苦，倾听群众意见，积极参加爱民活动，善于团结和依靠群众完成任务。

### （二）能够激发人民群众爱国家、爱社会、爱人民的荣誉感和正义感

在对抗危害社会和人民的一切罪恶活动过程中，没有群众的监督举报，协助破案，人民警察力量难以发挥全部的作用。在抓捕犯罪分子、在逃犯、越狱犯、流窜犯、间谍、特务方面等，人民群众的积极配合能够激发人民群众热爱国家、热爱社会、热爱人民的荣誉感，只要全社会广大人民群众的积极性充分发挥出来，他们就会在各种危急时刻，在人民警察人身受到威胁时、执行职务遇到困难时，挺身而出，全力相助。

### （三）能够多渠道维护国家安全和社会稳定

长期以来，我国的警务活动都坚持了党的群众路线，也坚持了"专门机关

与广大群众相结合”的方针，因而我们取得了辉煌成就。人民警察在党和政府的领导下，宣传、组织、依靠广大人民群众，同一切犯罪分子作斗争，而人民群众在维护社会秩序、社会治安、监督改造罪犯、肃清敌特等方面也同样发挥了极大作用，实现多渠道的维护社会治安秩序，保证国家的稳定和安全。

（四）能够实现国家利益与人民群众利益的有机统一

人民群众既是社会发展的基本力量，又是警务活动的重要保障。人民群众协助警察执行职务，既是自身的要求，又是社会的责任。这是因为人民警察的各种活动，与人民群众的根本利益是一致的，所以人民群众在这方面表现出了极大热情和积极性；这一力量是我们开展警务活动时取之不尽的财富。实践证明他们都会在人民警察工作出现失误时，热情地站出来，提出善意的批评和建议。

（五）能够促进警务活动的进步和发展

人民警察的装备、设施及生活保障等都需要全社会、全体民众的支持。公民纳税、政府拨款都是保障警务活动的必然因素，加强警务活动的社会保障能够促进各项警务活动的快速发展。人民警察则必须不断增加自身能力素质的修养。在执行职务时，执法严明，目标明确，热情为群众排忧解难，注意在群众中树立良好、文明的形象，争取群众的信任、理解、支持、配合，真正建立起牢不可破的警民鱼水关系，这样警务保障才更具威力。

## 三、警务社会保障的主要内容

（一）协助人民警察执行职务是公民和组织的法定义务

《人民警察法》及《监狱法》都把支持和协助人民警察执行职务、做好工作作为一项义务加以规定，这是十分必要的。一方面，它有利于增强人民群众的主人翁意识，使其责任感进一步加强，从而将警务保障工作建立在坚固的群众基础之上，使警务活动得以顺利进行。另一方面，还可按照法规，对不积极支持、不积极协助人民警察执行职务的公民或组织，起到约束和规范作用。

（二）公民和组织协助人民警察执行职务的行为受法律保护

《人民警察法》不仅规定了公民和组织有支持、协助人民警察依法执行职务的义务，还确定了公民和组织履行义务的行为受法律保护。基本意义就在于协助人民警察执行职务不仅是公民和组织应尽的义务，还是一种受法律保护的权利。有了这样的法律规定，既有利于调动人民群众参与、协助、支持、配合人民警察警务活动的积极性，又有利于人民维护法律，保护其合法利益的积极性。人民群众对警务活动的协助和支持不仅不能追究任何责任，而且要对实施这种行为而造成的损失，给予必要的补偿。

（三）公民和组织协助人民警察执行职务的行为应当给予表彰和奖励

《人民警察法》明确规定，对公民和组织协助人民警察执行职务的行为应当给予表彰和奖励。随着《人民警察法》的颁布实施，相应的、具体的奖励、抚恤、补偿的办法也将陆续出台。如各地区依据自身的特点相继出台了相关的《见义勇为人员奖励和保护条例》《见义勇为条例》，各级政府也应该对在维护社会治安，与违法犯罪作斗争，协助改造教育罪犯、强制戒毒人员，抢险救灾等项活动中，协助人民警察执行职务，作出突出贡献的单位和个人，也应给予表彰和奖励。对于英勇牺牲或致伤残疾者，则应按国家有关规定，按不同情况，发给抚恤金或残废金和生活补助。

## 实训设计

# 调查询问能力训练

**一、实训项目——调查询问**

警务保障中，人民群众协助警察机关是人民警察正确履行职能的重要保障之一。作为人民警察，面对群众提供的复杂、多样的线索，从中进行甄别、分析、判断是获取有价值线索、破获案件的重要途径。

调查询问是刑事侦查机关为查明案件基本情况，发现侦查线索，获取证人证言，向有关人员了解、查证、咨询与案件有关问题的一项侦查措施。它贯穿于整个刑事侦查过程的始终，是每个人民警察，特别是刑事警察必须掌握的一项基本功和专业技能。通过实训，使学生领会调查询问的概念、作用、要求、原则和程序，掌握调查询问的方式，询问的内容以及针对不同询问对象所采取的不同询问方法，使学生学会制作调查询问的工作记录及笔录，并能对调查询问结果进行审查评断。

**二、实训内容**

1. 询问知情群众、举报人员并制作询问笔录。

2. 对询问笔录进行审查评断。

**三、实训步骤**

（一）实训前的准备

1. 准备模拟案例。

2. 选择若干名学生充当“线索举报人”及“知情群众”。并且在实训前向“线索举报人”和“知情群众”介绍案情，指导他们正确应对参训学生的调查询问。

3. 准备调查询问笔录。

（二）实训的具体步骤与方法

1. 根据模拟案例将参训学生分成若干个小组，每个小组需有一名小组长，二至四名“侦查人员”。其余学生扮演“知情群众”或“线索举报人”。

2. 小组长组织本组的“侦查人员”进行案情分析，确定调查询问的范围，拟定调查询问的提纲。

3. 各小组“侦查人员”对“知情群众”或“线索举报人”进行询问，并做好笔录。

4. 小组长组织组员对询问笔录进行审查评析。

5. 各小组交换审查询问笔录并进行评议。

# 第七章

# 警　察　权

## 第一节　警察权概述

### 一、警察权的定义

#### （一）关于警察权的不同观点

警察权，也称警察权力，或称警察职权，是警察法中的核心概念。警察法所涉及的警察机关、警察人员、警察行为等诸多内容都与警察权密不可分。为了达到维护国家安全和社会秩序的目的，国家必须设立警察机关并通过法律赋予警察机关相应的职责和权限，这种权力就是警察权。警察人员则代表警察机关依法行使警察权。这种警察人员代表警察机关依法行使警察权的行为就是所谓的警察行为。警察法的要义归根结底就是规范、制约警察权。从一定意义上说，警察法就是规范警察行为、制约警察权力的法律。但对于什么是警察权，却有不同的观点，有广义、狭义之分。狭义观点认为，警察权是国家行政权力的组成部分，是国家赋予警察机关进行治安行政管理过程中所运用的权力，即警察行政权。广义观点认为，警察权是国家公共权力的组成部分，是国家赋予警察机关的一切权力，既包括行政权力，也包括刑事权力，甚至包括立法权力（制规权力）。但也有一种观点认为，警察权只包括行政权力和刑事权力，可以称为中义观点。另外，还有观点认为，行政权一般限于与立法权和司法权相对应的权力，因此警察刑事权力也应当属于行政权。

#### （二）警察权的定义

鉴于我国警察法律制度的特点，我们认为，警察权应取其广义，即指国家法律赋予警察机关履行警察职责的一切权力，包括制规权、行政权、刑事权。这是因为：首先，按照我国现行法律规定，公安机关、国家安全机关在进行刑事案件的侦查时往往统称为司法机关，负责侦查的人员被统称为司法工作人员；其次，传统和主流舆论认为，刑事案件的侦查、刑事强制措施的采取和刑罚的执行是刑事诉讼的程序，与行政管理具有不同的性质，不应完全等同于行政权；最后，警察机关制定具有普遍约束力规范性文件的行为，也不仅限于行政管理领域，与行政权也有区别。

对于警察权的内涵，也应从两方面完整理解。一方面，警察权是指警察职责，即国家依法规定的警察的工作管辖范围及其应承担的责任义务，如《人民警察法》规定了公安机关人民警察的14项职责。另一方面，警察权是指警察权限，即国家法律赋予警察机关依法采取的权威性措施和手段的范围，如《人民警察法》以11个条文规定了公安机关人民警察的权限。警察职责是设定警察权限的前提和基础，而警察权限是履行警察职责的基本保证。两方面内容相辅相成，缺一不可，共同构成了警察权的内涵。

## 二、警察权的特征

警察权力作为国家权力的一种，一般具有以下几个特征：

### （一）法定性

警察权力的法定性是指警察权力是法定权力，它由法律设定，只能依法实施，并且受法律监督。警察权力的法定性表现：（1）警察权力的内容由法律明确加以规定，例如，《人民警察法》第二章明确规定了人民警察的职权；（2）警察权的行使必须遵守法定的程序；（3）超越或滥用警察权力、违反法定程序的警察行为无效，并应承担相应的法律责任。

### （二）特别强制性

警察权力是指警察机关代表国家为保障国家安全、维护社会秩序而行使的一种国家权力，这种权力的行使是以国家强制力为后盾的，相对一方有服从的义务，有关组织、人员也有协助的职责。警察权力特别强制性表现为其经常以强制方法和手段实现其权力内容，而且警察权力特别强制性还表现为一种直接强制，即不需要借助其他国家机关的力量，而由警察机关直接施加于相对人的一种特殊强制，也是一种具有最高强制力的权力。

### （三）内容广泛性

由于警察机关承担着维护国家安全和社会秩序、保护公民权益的重大职责，且队伍庞大、人员众多，因而国家法律赋予了其广泛的国家权力，涉及社会生活的各个方面，甚至每一个公民个人。任何社会组织和个人难免都会成为警察行为的相对人。

（四）不可处分性

警察权力的不可处分性是指警察权力的实施者不得自由转让、放弃警察职权，必须依法实施职权，否则就应承担相应的法律责任。警察权力的不可处分性在警察行政复议、警察行政诉讼中常表现为复议、诉讼不适用调解原则。

（五）单方面性

警察权力的单方面性是指警察机关及其警察人员行使警察权力具有国家意志单方面表现的性质，可以单方面决定警察行为的实施，不以相对人的同意为前提。当然，警察行政许可的行为需要相对人的申请，但许可与否，仍由警察机关及其警察人员审查决定。

### 三、警察权的类型

根据不同的标准，警察权可以分为不同的类别。

根据警察权的内容，可将警察权分为制规权、行政权和刑事权；

根据行使警察权的机关不同，可将警察权分为公安机关的警察权、国家安全机关的警察权、人民武装警察机关的警察权、监狱机关的警察权、强制隔离戒毒机关的警察权以及法院、检察院司法警察机关的警察权等；

根据警察权的行使方式不同，可将警察权分为制规权、命令权、禁止权、指挥权、执行权、裁决权、处罚权、强制权等。

目前警察权内容非常丰富，种类繁杂，在分类方面标准众多，只有根据分类目的才能确定分类标准进而进行科学分类。

## 第二节　警察权的基本内容

### 一、制规权

制规权即制定警察法律规范方面的权力。制定警察法律规范也称警察立法权，主要是指警察机关依法制定和发布具有普遍约束力的规范性文件的权力。大多数警察法律规范是由国家权力机关制定的，但是，国家权力机关制定的警察法律规范一般较为原则，不够具体。警察机关作为警察法律的执行者，在执行中则需要将警察法律、法规规定的原则具体化，使之成为具体标准、具体规定，具有可操作性，因此由一定级别的警察机关制定相应的警察法律规范就成为警察立法的重要组成部分。具体主要包括以下两个层次的规定：

（一）中央警察机关规章

作为国务院组成部门，公安部等中央警察机关依法具有制定部门规章的权力。即根据法律和行政法规在本部门职权范围内制定规范性文件，如规定、办法、实施细则等。尽管法律效力低于法律、行政法规，但仍具有普遍的约束力。部门规章也可以通过中央警察机关与其他国务院部委联合制定、发布的方式进行。这是警察机关行使制规权的主要方式。随着警察法制建设的逐步加强，公安部等中央警察机关已经制定了大量规范性文件：

1. 组织管理方面：《公安机关人民警察纪律条令》《公安机关督察条例实施办法》。

2. 治安行政管理方面：《典当管理办法》《娱乐场所治安管理办法》《消防监督检查规定》《临时居民身份证管理办法》《公安机关实施保安服务管理条例办法》《道路交通事故处理程序规定》《道路交通安全违法行为处理程序规定》《公安机关海上执法工作规定》《外国人在中国永久居留审批管理办法》。

3. 刑事诉讼方面：《看守所留所执行刑罚罪犯管理办法》《公安机关适用刑事羁押期限规定》《公安机关办理刑事案件程序规定》。

4. 行政救济方面：《公安机关办理行政案件程序规定》《公安机关办理行政复议案件程序规定》。

与此同时，各地警察机关积极配合地方立法机构和地方政府，参与制定了一大批地方性警察法规和地方性警察规章。

（二）法律解释

公安部等中央警察机关在具体适用法律的过程中，对于法律条文的含义可以作出阐述和说明，此即法律的解释。这种法律解释不同于立法和司法解释，不能产生普通的约束力，但它对于本系统能够产生指导作用，其下级警察机关应予遵守。中央警察机关的法律解释往往通过解释、规定、批复、通知等形式出现。这种解释包括《公安机关执行〈中华人民共和国治安管理处罚法〉有关问题的解释（二）》《公安部关于办理赌博违法案件适用法律若干问题的通知》《最高人民检察院、公安部关于公安机关办理经济犯罪案件的若干规定》《公安机关办理伤害案件规定》等。

当中央警察机关会同最高人民法院、最高人民检察院联合作出司法解释时，则能产生普遍的约束力。例如，公安部会同最高人民法院、最高人民检察院作出《关于办理制毒物品犯罪案件适用法律若干问题的意见》，公安部会同最高人民检察院作出《关于公安机关管辖的刑事案件立案追诉标准的规定（一）》《关于公安机关管辖的刑事案件立案追诉标准的规定（二）》等。

## 二、行政权

警察行政权是指国家依法赋予警察机关及其警察人员在进行警察行政管理过程中，为履行警察职责行使的权力。警察行政权是警察权力的重要组成部分，是国家安全、社会秩序和公民权利的重要保障。根据《人民警察法》的有关规定，人民警察包括公安机关、国家安全机关、监狱、强制隔离戒毒机关的人民警察和人民法院、人民检察院的司法警察。这些机关的人民警察为了维护国家安全，维护社会治安秩序，保护公民的人身安全、人身自由和合法财产，保护公共财产，预防、制止和惩治违法犯罪活动等所拥有的警察行政管理权力均属于警察行政权的内容。具体包括以下内容：

（一）公安机关警察行政权内容

根据《人民警察法》第 7 ~ 17 条的规定，公安机关人民警察拥有的权力包括：

1. 对违反治安管理或者其他公安行政管理法律、法规的个人或者组织，依法可以实施行政强制措施、行政处罚。

2. 对严重危害社会治安秩序或者威胁公共安全的人员，可以强行带离现场、依法予以拘留或者采取法律规定的其他措施。

3. 为维护社会治安秩序，对有违法犯罪嫌疑的人员，经出示相应证件，可以当场盘问、检查；经盘问、检查，有下述情形之一的，即被指控有犯罪行为的、有现场作案嫌疑的、有作案嫌疑身份不明的、携带的物品有可能是赃物的，可以将其带至公安机关，经该公安机关批准，对其继续盘问。

4. 遇有拒捕、暴乱、越狱、抢夺枪支或者其他暴力行为的紧急情况，依照国家有关规定可以使用武器。

5. 为制止严重违法犯罪活动的需要，依照国家有关规定可以使用警械。

6. 因履行职责的紧急需要，经出示相应证件，可以优先乘坐公共交通工具、遇交通阻碍时，优先通行。公共机关因侦查犯罪的需要，必要时，按照国家有关规定，可以优先使用机关、团体、企业事业组织和个人的交通工具、通信工具、场地和建筑物，用后应当及时归还，并支付适当费用；造成损失的，应当赔偿。

7. 对严重危害公共安全或者他人人身安全的精神病人，可以采取保护性约束措施。

8. 县级以上人民政府公安机关，为预防和制止严重危害社会治安秩序的行为，可以在一定的区域和时间，限制人员、车辆的通行或者停留，必要时可以实行交通管制，可以采取相应的交通管制措施。

9. 县级以上人民政府公安机关，经上级公安机关和同级人民政府批准，对严重危害社会治安秩序的突发事件，可以根据情况实行现场管制，可以采取必要手段强行驱散，并对拒不服从的人员强行带离现场或者立即予以拘留。

（二）国家安全机关警察行政权内容

国家安全机关是我国人民警察的一个分支，其享有国家安全方面的行政管理权，对违反《反间谍法》的行为有权实施行政处罚和采取行政强制措施。处罚的具体方式包括：警告、拘留、罚款等一般行政处罚措施，还包括训诫、责令具结悔过等特殊措施。对财产的行政强制措施包括查封、扣押、冻结等。

（三）监狱机关警察行政权内容

根据《监狱法》和其他法律、法规的规定，我国监狱警察享有的行政权主要包括：

1. 警戒权。警戒权，是指监狱警察可以设立警戒设施，在监狱周围设置隔离带，可对在押罪犯予以监管，对逃犯予以追捕。

2. 使用武器、警械权。使用武器、警械权，是指监狱警察在法定情形下，可以按照法定程序使用械具、武器，以确保监狱的正常管理秩序。

3. 通信、会见的审查权。通信、会见的审查权，是指监狱警察可以依法审查罪犯与外界的通信，发现有碍改造的信件，可以依法扣留，并可对罪犯的会见要求进行审批和监督。

4. 奖惩权。监狱警察可以建立罪犯的日常考核制度，对有积极表现者可以给予表扬、物质奖励和记功，对破坏监管秩序者可以给予警告、记过或者禁闭。

5. 教育改造权。教育改造权，是指监狱警察可以对罪犯进行法制、道德、形势、政策、技能等各方面的教育和改造，并为此提供必要的教育、体育、文化娱乐设施。

（四）强制隔离戒毒机关警察行政权内容

依照现行有关法律、法规的规定，强制隔离戒毒机关享有的行政权主要包括：

1. 强制隔离戒毒执行权。

2. 强制隔离戒毒场所管理权。

3. 强制戒毒人员教育权。

（五）人民法院、人民检察院司法警察行政权内容

司法警察，是指审判、检察机关为保证审判、检察活动顺利进行，执行司法警察任务的警察人员。根据《人民法院组织法》和《人民检察院组织法》的规定，人民法院的司法警察负责法庭警戒、人员押解和看管等警务事项。人民检察院的司法警察负责办案场所警戒、人员押解和看管等警务事项。

根据《人民法院司法警察条例》第 7 条的规定，人民法院司法警察的职责包括：

（1）维护审判秩序；

（2）对进入审判区域的人员进行安全检查；

（3）刑事审判中押解、看管被告人或罪犯，传带证人、鉴定人和传递证据；

（4）在生效法律文书的强制执行中，配合实施执行措施，必要时依法采取强制措施；

（5）执行死刑；

（6）协助机关安全和涉诉信访应急处置工作；

（7）执行拘传、拘留等强制措施；

（8）法律、法规规定的其他职责。

根据《人民检察院司法警察条例》第 7 条的规定，人民检察院司法警察的职责包括：

（1）保护人民检察院直接立案侦查案件的犯罪现场；

（2）执行传唤、拘传；

（3）协助执行监视居住、拘留、逮捕，协助追捕在逃或者脱逃的犯罪嫌疑人；

（4）参与搜查；

（5）提押、看管犯罪嫌疑人、被告人和罪犯；

（6）送达有关法律文件；

（7）保护出席法庭、执行死刑临场监督检察人员的安全；

（8）协助维护检察机关接待群众来访场所的秩序和安全，参与处置突发事件；

（9）法律、法规规定的其他职责。

（六）人民武装警察行政权内容

人民武装警察是我国的一支特殊警种，是国家武装力量的组成部分，担负着国家赋予的担负执勤、处置突发社会安全事件、防范和处置恐怖活动、海上维权执法、抢险救援和防卫作战以及中央军事委员会赋予的其他任务。

根据《人民武装警察法》等的规定，和平时期人民武装警察部队享有的行政权，包括以下几项：（1）执勤权；（2）处置突发社会安全事件权；（3）防范和处置恐怖活动权；（4）海上维权执法权；（5）抢险救援和防卫作战权。

（七）其他专门公安机关警察行政权内容

包括林业、铁路、民航、交通、海关等部门公安机关的警察行政权。

以上警察行政权从理论上可以概括为警察行政处置权、警察行政处罚权、警察行政强制措施权、警察紧急状态处置权。

### 三、刑事权

所谓警察刑事职权，是指国家通过法律规定的，警察机关及其警务人员在履行警察刑事职能过程中所享有的相关权力。具体包括：

（一）刑事立案权

刑事立案权是指警察机关和其他机关对认为有犯罪事实，需要追究刑事责任，符合刑事案件标准，享有管辖权的案件，依法定程序确定为刑事案件的权力。

（二）刑事侦查权

刑事侦查权是指公安机关、人民检察院在办理刑事案件过程中，依照法律采取的专门调查工作和有关强制性措施，以收集犯罪证据、揭露和证实犯罪、查获犯罪嫌疑人的一种权力，如现场勘查、讯问犯罪嫌疑人、询问证人、搜查、进行侦查实验、采取技术侦察措施等。

（三）刑事强制权

刑事强制权是指为了保证刑事诉讼的顺利进行，由公安机关和其他机关依法采取限制或者剥夺犯罪嫌疑人、被告人人身自由的强制权力。例如，依法有权对犯罪嫌疑人采取拘传、取保候审、监视居住；依法有权对犯罪嫌疑人、被告人实行拘留、提请逮捕和执行逮捕。

（四）刑罚执行权

刑罚执行权是指警察机关根据人民法院的生效裁判，依法执行刑罚的权力。根据《刑事诉讼法》和《监狱法》的规定，我国刑事裁判的执行机关包括人民法院、监狱、未成年犯管教所、公安机关和社区矫正机关。

## 第三节　警察权的行使

### 一、警察权行使的原则

法律原则是法律的基础性真理、原理，或是为其他法律要素提供基础或本原的综合性原理或出发点。法律原则通常反映出立法者所选择确定的基本价值，体现了法律的主旨和精神实质。在许多法律部门中都有法律原则，如刑法中的罪刑法定原则、刑事诉讼法中的无罪推定原则等。法律原则主要有三个方面的功能：

一是指导功能，就是为法律规则和概念提供基础或出发点，作为法律解释和推理的依据，为法律规则的正确适用提供指导。二是评价功能，就是法律原则可以对法律规则甚至整个实在法的效力进行实质的评判，说明实在法及其规则是否公正、有效的理由，纠正实在法可能带来的不公。三是裁判功能，就是法律原则直接作为规范标准用于案件的裁判过程。法律原则在这种情形下，可以起到弥补法律漏洞的作用。

正是由于法律原则的重要性，应当在有关警察法律法规中明确规定警察权力行使的基本原则，以统领整个警察权力行使的法律规范，促进警察权力行使的规范有序，强化警察权力行使的权限意识和责任意识。我们认为，警察权力的行使应当体现出五项原则的要求，即警察公共原则、警察责任原则、警察比例原则、警察程序原则和司法控制原则。

### （一）警察公共原则

警察公共原则，是指警察权的行使必须以维护公共秩序为必要，严格限制介入私人领域。按照法治理念，任何权力的行使均有一定的界限，警察权力自然也不例外。警察公共原则包括三项原则，即不可侵犯私人生活原则、不可侵犯私人住所原则以及不可干涉民事原则。在这一领域，正如一句英国民谚所说，“风能进，雨能进，国王不能进”。只有出于公共需要，才能行使警察权，而对于私人领域，警察权不得介入。警察公共原则是警察权力行使的首要原则。在理解警察公共原则的时候，关键在于如何区分公共领域与私人领域。尽管公共领域与私人领域的区分是相对的，但仍然是可以区分的，这种区分应当由法律加以规定。警察权存在的目的之一就是保护公民的自由与权利，因而，警察权力的行使也应当严格地以法律规定为界限。

### （二）警察责任原则

警察责任原则有两重含义：一是警察机关权力只对负有违法责任者本人行使，就是为维护法律实施和维持公共秩序，只有对于从事违法犯罪活动的责任者，才能行使警察权力。否则就是警察权的滥用。二是按照“权责相一致”的现代法治要求，警察机关及其警察人员的权力行使都必须有法律责任相对应，就是有权就有责，权责相适应。警察责任原则是由警察权力的性质所决定的。警察责任原则实质是通过对警察权力主体的约束来达到约束警察权力的目的。坚持警察责任原则，明确警察机关及其警务人员违法行为所必须承担的法律后果，有助于形成对警察权力的制约，保证警察权力的合法、适度、谨慎地行使。

### （三）警察比例原则

警察比例原则，是指警察机关及其警察人员实施警察行为应当兼顾警务目标实现和相对人权益的保护，如果为了实现警务目标可能对相对人权益造成某种不利影响时，应使这种不利影响限制在尽可能小的范围和限度，使二者处于适度的比例。比例原则又称“禁止过度”或“最小侵害”原则，是行政法中一个非常重要的基本原则。比例原则源于德国19世纪的警察法学，是为限制警察权力而提出的。随着民主法治的发展，比例原则后来超越了警察法领域，被德国联邦法院赋予宪法地位，适用于各个行政机构和立法机构。但其核心内容仍是行政成本应与行政效果之间保持合理的比例关系。有学者认为，比例原则是拘束行政权力违法最有效的原则，可谓行政法中之“帝王条款”。

比例原则包含三个下位原则：（1）适当性（妥当性）原则，是指警察机关及其警务人员采取的措施及方法应适合于实现行政目的和目标，其约束的对象是警察的自由裁量行为。（2）必要性（最小侵害）原则，又称最小侵害原则，是指警察机关及其警务人员行使权力不能超过必要的限度，应尽可能使相对人权益遭受最小损害。“必要”指的是不可避免的侵害，行政机关只能选择最小，为达到目的已无可避免的侵害手段，即最温和的手段。正如弗莱纳所言“警察不可用大炮打麻雀”。（3）狭义比例原则，又称衡量性原则，是指行政行为的实施应对其目的达到的利益与对相对人的利益造成的损害进行利益衡量，只有前者重于后者，其行为才具有合理性，行政行为在任何时候均不应给予相对人权益以超过行政目的、目标本身价值的损害。简单来讲，就是不能“杀鸡取卵”。

（四）警察程序原则

警察程序原则，是指警察权力的行使应当严格按照法定的程序。警察权力的行使，不仅涉及对公民个人自由与权利的限制，而且涉及对法人和其他组织经营自由的限制。因此，只有经过法定程序才能保证警察权力行使的正当性。行使具体警察职权，应符合与其相应的程序要求，除了应当遵守警察机关内部行使权力的程序制度外，如审批制度、证明文件制度等，还必须遵循行使权力时的法定程序，如调查、取证、告诫、询问、裁决、执行等程序的规定，并且对警察权力的行使实行监督、申诉、复议、诉讼等制约制度。这不仅有利于保障相对人的合法权益，也有助于警察机关正确地行使权力。可以说，法定程序是对警察权力行使的一种限制，可防止警察权滥用与扩张，从另一方面而言，法定程序也是对警察权力行使的一种保护，有利于保护警察权益。

（五）司法控制原则

行政权都应接受司法权的监督和控制。在现代国家，最常见的司法权对行政权的控制方式就是行政诉讼，当事人可以在行政行为作出之后向司法机关提出请求，由司法机关对行政机关行为的合法性等予以审查并作出处理。这种控制模式对警察权也同样适用。除了这种事后监督模式的行政诉讼之外，另一种较常见的司法权控制行政权的方式是许可制度，行政机关在作出某些涉及公民基本权益的行政行为之前，必须首先向司法机关申请，经过司法机关审查同意之后取得实施行政行为的许可证时，才允许实施相应的行政行为。即如果遇到限制和剥夺公民人身自由或者需要进行搜查、扣押等行为时，警察无权直接决定和实施，而必须先向法院提出申请，经批准后实施。对紧急情况下的无证逮捕、搜查、扣押等强制处分行为，由司法权事后予以审查以确认是否合法。以司法权控制警察权是权力分工和制约的需要。司法权对行政权的这种控制模式一般是适用于那些涉及公民基本权利的行为领域。警察权一般是以行政权的特性运作的，在履行职能过程中其主观积极性非常强烈。同时，警察权又具有单向性和强制性，而行政相对人、犯罪嫌疑人等则处于被管理和追诉的地位，其权利容易受到具有强制特性的警察权的侵害。司法权作为社会正义的最后一道防线，对社会纠纷和争议享有最终的裁决权。因此，以司法权来控制警察权，符合现代法治理念和原则，也有利于保障公民权利。

## 二、警察权行使的要件

警察机关是人民民主专政的重要工具，是武装性质的国家治安行政力量和刑事司法力量。警察权是国家统治权的重要内容。这种权力的行使就像一把“双刃剑”，它对维护国家安全、社会秩序、公民权利等无疑起着十分重要的作用；但如果强大的警察权失去了控制，则势必会肆意践踏人们的自由和权利。事实上，警察机关超越职权、滥用职权、放弃职权、程序违法的现象也时有发生。因此，必须以社会主义法治理念为指导，制约警察权的配置和运行。警察权的行使应当切实实现以下要求：

### （一）正确履行职责和行使权力，必须牢固树立尊重和保障人权的宪法理念

我国宪法确立了“国家尊重和保障人权”的原则。《治安管理处罚法》也明确规定，实施治安管理处罚，应当公开、公正，尊重和保障人权，保护公民的人格尊严。人权保障既是立法导向，也是执法理念。警察权的行使必须服务于、服从于人权保障的终极目的。警察机关和警察要在依法行政原则的背景下，树立以人为本、执法为民的社会主义法治理念，确立公民权利本位和管理就是服务的思想，摒弃“重打击、轻保护”“重管理、轻服务”“重实体、轻程序”等错误观念。即便对于违法犯罪行为人也应尊重其人格尊严和基本权利不受侵害，实现惩治不法行为与保障公民权利的平衡。当警察权的行使与保护公民权利发生冲突时，要对采取的措施、手段与所要达到的执法目的进行价值考量，务求合乎比例，严禁为达目的不择手段。

（二）正确履行职责和行使权力，必须在执法过程中做到合法、准确、及时、适度

1. 合法

合法是对人民警察履行职责和行使权力在法律上的要求。由于人民警察的职责和权力具有法律的严肃性和主体的特定性，因此，在实际履行职责和行使权力时，必须严格依法办事，做到主体合法、依据合法、程序合法，做到有法必依、执法必严，不允许凭自己的主观好恶随意履行职责和行使权力，不允许不作为、乱作为。

2. 准确

准确是对人民警察履行职责和行使权力在精度上的要求，准确地认定法律事实是人民警察在执法过程中，事实认定要准确、打击对象要准确、适用法律要准确。

3. 及时

及时是对人民警察履行职责和行使权力在时间上的要求。一般而言，法律对警察机关及其警察人员在依法办理户口、出入境、边防检查、车辆证照、消防监督检查和治安案件、刑事案件及其他有关执法行为有时限上的要求。如《人民警察法》明确规定，公安机关对被盘问人的留置时间自带至公安机关之时不得超过24小时，在特殊情况下，经县级以上公安机关批准，可以延长至48小时。《监狱法》规定，公安机关应当自收到执行通知书、判决书之日起一个月内将该罪犯送交监狱执行刑罚等。因此，这既是及时履行职责和行使权力，及时惩治违法犯罪的需要，也是人民警察依法办事的需要。

4. 适度

适度是人民警察履行职责或行使权力在力度上的要求。人民警察在行使权力时，坚持以事实为根据、以法律为准绳，坚持法律面前人人平等，必须针对违法犯罪行为的具体事实、性质等情况具体对待，实施的处罚和强制措施要与违法行为人和犯罪嫌疑人的法律责任相一致。

（三）要保证人民警察正确履行职责和行使权力，必须建立相应的控制监督系统

由于人民警察的执法活动影响面广，并且与人民群众的利益密切相关，因此，如果人民警察权力行使不当，则不仅是无效力的问题，而且可能给公民、社会带来损害。特别是当使用那些涉及公民人身权利、财产权利的手段，那些具有杀伤性的手段时，一旦出差错，就会产生无法弥补的后果。所以，对人民警察履行职责和行使权力，必须有全面的、可靠的控制监督系统。一般而言，对人民警察的控制监督系统，主要由以下四个方面构成：

1. 思想控制

思想控制是指以正确的思想指导人民警察开展工作，使他们树立起正确的职权观，在思想上筑起一道抵御金钱、权力、美色腐蚀的坚固防线，以达到自我的自觉控制。

2. 规范控制

规范控制是指以政策、法律、制度、纪律、道德等社会规范调整人民警察履行职责和行使权力的行为。

3. 组织控制

组织控制是指发挥党组织、政府司法机关、社会团体、警察机关的组织、监督的力量，配合、制约、监督其正确履行职责和行使权力。

4. 群众控制

群众控制是指依靠广大人民群众的力量对警察履行职责和行使权力予以监督。

以上四个方面要结合起来发挥作用，并应把事前控制、事后控制、同步控制结合起来，以保证人民警察正确履行职责和行使权力。

## 实训设计

### 警察行使武器使用权训练

**一、实训项目**

警察武器使用权的行使。

**二、实训目的**

掌握警察武器使用权的法定条件和程序。

**三、实训方法和步骤**

1. 收集警察使用武器的相关案例。
2. 模拟相关场景。
3. 再现案发过程。
4. 对照相关法律法规。
5. 展开讨论。
6. 提出分析意见。
7. 教师点评。

# 第八章

# 警察刑事职权

## 第一节　警察刑事职权概述

### 一、警察刑事职权的含义

职权，是指职务范围以内的权力。所谓警察刑事职权，是指国家通过法律规定的，警察机关及其警察人员在履行警察刑事职能过程中所享有的相关权力，如侦查权、刑事强制权、刑罚执行权等。对警察刑事职权应当从以下几个方面理解和把握：

第一，警察刑事职权是警察实施有关刑事犯罪对策的资格和权能，是国家和人民意志的体现，具有国家权力的性质，是国家权力的重要组成部分。

第二，警察刑事职权的主体是警察机关和警察人员。警察机关是国家为实现警察职能而设立的行使警察权的专门组织。警察人员基于任职而与国家警察机关形成权利义务关系，警察人员实施警察刑事行为所产生的后果归于其所在的警察机关，并最终归属于国家。

第三，警察刑事职权包括：警察机关及其警察人员进行预防、制止、揭露、打击刑事犯罪的刑事追诉职能；执行刑罚的职能；维护刑事诉讼活动，保障刑事判决执行的职能等。

第四，警察刑事职权具有法律的规定性，是国家通过法律规定和授予的，警察刑事职权必须在法定范围内行使，法律没有规定的职权，不得逾越。警察机关及其警察人员行使刑事职权不受其他机关、团体、个人的干涉。未经法律许可，警察机关及其警察人员无权擅自变更、转让或者放弃刑事职权。

第五，警察刑事职权的任务，就是按照刑事程序设计的轨道规范警察刑事行为，完成刑事诉讼的四大任务：准确、及时地查明犯罪事实，正确地运用法律，惩罚犯罪分子；保障无罪的人不受法律追究；依法保障犯罪嫌疑人在刑事诉讼中的合法权益；教育公民自觉遵守法律，积极同犯罪行为作斗争。

## 二、警察刑事职权的功能

功能，是指事物或方法所发挥的有利的作用。警察刑事职权功能，是指国家赋予警察机关及其警察人员刑事职权以及警察机关及其警察人员依法行使刑事职权所直接产生的社会效应，如预防犯罪功能、惩治犯罪功能等。这些社会效应，可以分为对犯罪人的效应和对社会其他成员的效应。

警察刑事职权的功能主要包括以下几个方面：

（一）预防犯罪功能

随着社会的发展和进步，犯罪在范围、程度和复杂性、组织化和智能化方面都有所增加。因此，预防和减少犯罪，成为社会公共安全管理中的一个重要问题。特别是一些新的违法犯罪，如高智能犯罪、网络犯罪、跨国有组织犯罪、黑社会性质组织犯罪、恐怖活动组织犯罪等严重犯罪，给经济发展和社会稳定造成了巨大的威胁，严重损害公民、法人和其他组织的合法权益。对此，警察机关通过行使侦查权、技术侦查权、预审权、强制权、刑罚执行权等刑事职权，发现犯罪迹象、查获和控制犯罪嫌疑人、教育改造犯罪分子，以预防有犯罪迹象的人实施犯罪，防止已经犯罪的人重新犯罪或者实施更严重的犯罪。

（二）惩治犯罪功能

警察机关通过行使刑事职权，发现、证实、揭露违法犯罪行为，惩治、打击危害国家和社会公共利益、破坏社会秩序、侵犯公民合法权益的犯罪人，使其受到应有的法律制裁。同时，通过惩治犯罪人，可以警戒社会上的不稳定分子，防止他们走上犯罪的道路。

（三）教育感化功能

警察刑事职权通过国家的设定和警察机关的行使，能够使犯罪人从中受到教育（如侦查预审过程的教育、执行刑罚过程的教育等），养成良好的规范意识，消除违法犯罪的思想根源，自觉地把自己改造成为去恶从善、遵纪守法、自食其力的公民。

（四）法益保障功能

一方面，警察机关依法行使刑事职权，打击敌人、惩治犯罪、执行刑罚、维护治安，是为了保护人民生命财产的安全，保障广大人民群众人权的实现。另一方面，警察机关在法定的范围内正确行使刑事职权，以便保障违法犯罪人免受不恰当的追究和处罚。

上述四个方面的功能，有着紧密的内在联系。全面发挥这四种功能，就能够保护国家利益、社会公共利益和公民合法权益，维护社会秩序，实现社会长治久安，促进社会经济和各项事业的进步和发展。当然，警察刑事职权上述四种功能的全面发挥，要求警察机关及其警察人员必须遵循基本行为准则。根据《刑事诉讼法》和《人民警察法》等法律的规定，警察机关行使刑事职权应遵循的基本原则主要有：依靠群众的原则；以事实为根据，以法律为准绳的原则；适用法律一律平等的原则；分工负责，互相配合，互相制约的原则；应当接受监督的原则；重证据、重调查研究的原则；保障诉讼参与人的诉讼权利的原则；保障犯罪嫌疑人行使辩护权的原则；尊重各族公民用本民族语言文字进行诉讼的权利的原则；加强协作和配合的原则；开展刑事司法协助的原则。

## 三、警察刑事职权的类型

对警察刑事职权可以按照不同的标准进行不同的分类。在我国，警察刑事职权主要有以下两种分类：

（一）按照警察刑事职权行使主体的不同进行分类

按照警察刑事职权行使主体的不同，可以分为下列各警察机关的刑事职权：

1. 公安机关的刑事职权

公安机关的刑事职权，是指公安机关在履行刑事职能过程中依法享有的侦查权、刑事强制权、刑事活动的保障权等刑事职权。《刑事诉讼法》第19条第1款规定："刑事案件的侦查由公安机关进行，法律另有规定的除外。"第3条第1款规定："对刑事案件的侦查、拘留、执行逮捕、预审，由公安机关负责。检察、批准逮捕、检察机关直接受理的案件的侦查、提起公诉，由人民检察院负责。审判由人民法院负责。除法律特别规定的以外，其他任何机关、团体和个人都无权行使这些权力。"《人民警察法》第12条规定："为侦查犯罪活动的需要，公安机关的人民警察可以依法执行拘留、搜查、逮捕或者其他强制措施。"从有关法律规定看，公安机关的刑事职权具有涉及范围广泛、内容丰富、方法多样等特征，如对犯罪行为的侦查、预审、提请人民检察院起诉，对犯罪嫌疑人的盘问检查、监视居住、拘留、逮捕、搜查，以及为保障刑事活动开展而使用武器、警械和优先使用、优先通行等警察刑事行为。与其他警察机关的刑事职权相比，公安机关的刑事职权无论在内容或形式上都较为全面，最具代表性，在警察刑事职权中占据重要地位。

2. 国家安全机关的刑事职权

国家安全机关的刑事职权，是指国家安全机关在履行刑事职能过程中依法享有的有关刑事职权。国家安全机关是与公安机关同性质的国家机关，负责办理反间谍案件的刑事案件。根据《反间谍法》第6条的规定，境外机构、组织、个人实施或者指使、资助他人实施的，或者境内机构、组织、个人与境外机构、组织、个人相勾结实施的危害中华人民共和国国家安全的间谍行为，都必须受到法律追究。《反间谍法》第 8 条规定："国家安全机关在反间谍工作中依法行使侦查、拘留、预审和执行逮捕以及法律规定的其他职权。"《刑事诉讼法》第 4 条规定："国家安全机关依照法律规定，办理危害国家安全的刑事案件，行使与公安机关相同的职权。"由此可见，我国的国家安全机关办理危害国家安全的刑事案件，除职能管辖与公安机关分工不同外，行使与公安机关相同的权力，诉讼地位也等同于公安机关。

3. 监狱警察机关的刑事职权

监狱警察机关的刑事职权，是指监狱警察机关在管理监狱、执行刑罚、对罪犯进行教育改造等活动中依法享有的有关刑事职权。《刑事诉讼法》第 308 条规定：对罪犯在监狱内犯罪的案件由监狱进行侦查。军队保卫部门、监狱办理刑事案件，适用本法的有关规定。根据《监狱法》的规定，监狱是国家的刑罚执行机关，依法管理监狱、执行刑罚、对罪犯进行教育改造等。从上述规定可以看出，监狱管理机关的刑事职权主要包括（狱内）侦查权、刑罚执行权、武器使用权等。

4. 司法警察机关的刑事职权

司法警察机关的刑事职权，是指人民法院、人民检察院的司法警察组织依照相关警察法的规定，在刑事诉讼中实施相关司法警务活动的权力。《刑事诉讼法》《人民法院司法警察条例》《人民检察院司法警察条例》对司法警察机关的职权作出了规定。

（二）按照警察刑事职权具体内容和实施阶段的不同进行分类

按照警察刑事职权的具体内容和实施阶段的不同，可以将警察刑事职权分为刑事判决前的刑事职权、刑事判决后的刑事职权和其他刑事职权。刑事判决前的刑事职权，是警察机关在人民法院对犯罪嫌疑人、被告人作出判决前依法实施的刑事职权，如侦查、预审、拘留、逮捕、搜查、提请起诉等职权。刑事判决后的刑事职权，是警察机关在人民法院对被告人作出有罪判决并裁量刑罚后依法实施的刑事职权，主要是指执行刑罚。其他刑事职权，是指警察机关在整个刑事司法活动中都可以实施的刑事职权，如武器使用权、押解权、优先权等。

## 第二节　警察刑事职权的基本内容

### 一、刑事立案权

刑事立案权，是指警察机关等特定国家机关对认为有犯罪事实、需要追究刑事责任、符合刑事案件立案标准的享有管辖权的案件，依法定程序确定为刑事案件的权力。对刑事立案权应当从以下方面进行理解和把握：

第一，刑事立案权是一项刑事司法职权。在我国，享有刑事立案权的主体是特定的国家机关，主要是指公安机关、国家安全机关、人民检察院、人民法院。

第二，立案是刑事诉讼中的一个独立的诉讼阶段，有其特定的任务，即接受并审查报案、控告、举报或自首材料，确定有无犯罪事实，依法是否需要追究刑事责任，从而作出立案或者不予立案的决定。具体来说，警察机关受理案件后，经过审查，对依法不应当追究刑事责任的不予立案；认为有犯罪事实发生，需要追究刑事责任，且属于自己管辖的，决定立案侦查。

第三，立案是有条件的。《刑事诉讼法》第 112 条规定："人民法院、人民检察院或者公安机关对于报案、控告、举报和自首的材料，应当按照管辖范围，迅速进行审查，认为有犯罪事实需要追究刑事责任的时候，应当立案；认为没有犯罪事实，或者犯罪事实显著轻微，不需要追究刑事责任的时候，不予立案，并且将不立案的原因通知控告人。控告人如果不服，可以申请复议。"根据这一规定，立案必须同时具备两个条件：一是有犯罪事实，二是需要追究刑事责任。

第四，刑事立案权主要指立案决定权。立案决定是立案程序的一部分，立案决定的目的在于确定刑事案件成立，对犯罪行为开始进行追究，进行侦查或者审判。

第五，立案是刑事诉讼开始的必经程序。司法机关对任何犯罪行为进行追究，都必须首先依法立案。只有经过立案这一法定程序，案件才能纳入刑事诉讼轨道，侦查、起诉和审判才具有合法的依据。

### 二、侦查权

侦查权，是指警察机关等特定国家机关依法享有的对刑事案件实施专门调查工作和采取有关强制性措施，以收集犯罪证据、揭露和证实犯罪、查获犯罪嫌疑人的一种权力。如有权搜查、检查，进行侦查实验、技术侦察，采取拘留、逮捕措施等。这个定义包括以下几层含义：

第一，在我国，行使侦查权的主体是特定的国家机关，包括公安机关、国家安全机关、人民检察院、军队保卫部门、中国海警局和监狱。根据《刑事诉讼法》的规定，上述侦查机关行使侦查职权均有法律规定的侦查管辖范围，即公安机关是行使国家侦查权的专门机关，刑事案件的侦查由公安机关进行，法律另有规定的除外；国家安全机关依照法律规定，负责侦查危害国家安全的刑事案件；人民检察院对诉讼活动实行法律监督中发现的司法工作人员利用职权实施的非法拘禁、刑讯逼供、非法搜查等侵犯公民人身权利、损害司法公正的犯罪行使侦查权；军队保卫部门对军队内部发生的刑事案件行使侦查权；中国海警局对海上发生的刑事案件行使侦查权；罪犯在监狱内犯罪的案件由监狱进行侦查。

第二，侦查权是依法收集犯罪证据，揭露和证实犯罪，查获犯罪嫌疑人，并采取必要的强制性措施的权力。它与审判权和检察权同属于司法权，是国家权力的重要组成部分。

第三，行使侦查权是一种诉讼活动，具有严格的法律性质。它只适用于同犯罪作斗争，且必须严格依照《刑事诉讼法》《公安机关办理刑事案件程序规定》《关于适用刑事强制措施有关问题的规定》等法律法规。

第四，侦查也是一种调查，但它不同于一般的调查，而是侦查机关针对犯罪事实，为揭露和证实犯罪，查获犯罪嫌疑人所进行的一系列专门调查工作，如现场勘查、询问证人、侦查讯问、鉴定等。

第五，侦查权的内容就是依照法律进行专门调查工作和采取有关的强制性措施。这里的有关强制性措施，根据《刑事诉讼法》的规定，包括拘传、取保候审、监视居住、拘留和逮捕。这五种强制性措施将在刑事强制权中介绍。

为了实施侦查权，法律规定警察机关及其警务人员有权采用的具体侦查方法和措施主要包括：

### （一）传唤

警察刑事职权中的传唤，是指警察机关在侦查阶段通知犯罪嫌疑人于指定的时间自行到达指定地点或到其住处接受讯问的权力。传唤是一种通知性质的行为，不具有直接的强制力，这是传唤的突出特征。传唤的适用对象是不需要逮捕、拘留的犯罪嫌疑人。

### （二）讯问犯罪嫌疑人

讯问犯罪嫌疑人，是指为了查明案件事实和其他有关情况，依照法定程序，以言词方式对犯罪嫌疑人进行讯问的一种侦查行为。讯问犯罪嫌疑人的目的，一方面是为了揭露和证实犯罪嫌疑人的犯罪行为，查清犯罪的情节，判明犯罪的性质，追查同案犯，发现其他犯罪线索；另一方面是为了听取犯罪嫌疑人的辩解，保护犯罪嫌疑人的合法权益，保障无罪的人不受刑事追究。

讯问犯罪嫌疑人时，应当注意保护其合法权益，为此，必须遵守以下规定：（1）讯问犯罪嫌疑人必须由侦查人员负责进行，讯问的时候侦查人员不得少于2人。（2）一次传唤、拘传持续的时间最长不得超过12小时；案情特别重大、复杂，需要采取拘留、逮捕措施的，传唤、拘传持续的时间不得超过24小时；不得以连续传唤、拘传的形式变相拘禁犯罪嫌疑人。（3）讯问聋、哑的犯罪嫌疑人，应当有通晓聋、哑手势的人参加，并且将这种情况记明笔录。（4）讯问不通晓当地语言文字的犯罪嫌疑人，应当配备翻译人员。（5）在对犯罪嫌疑人依法进行第一次讯问后或者采取强制措施之日起，应当告知犯罪嫌疑人有权聘请律师为其提供法律咨询、代理申诉、控告，并记录在案。（6）律师提出会见犯罪嫌疑人的，公安机关应当在48小时内安排会见；对于组织、领导、参加黑社会性质组织罪、组织、领导、参加恐怖活动组织罪或者走私犯罪、毒品犯罪、贪污贿赂犯罪等重大复杂的共同犯罪案件，律师提出会见犯罪嫌疑人的，应当经侦查机关许可。（7）讯问的时候，应当认真听取犯罪嫌疑人的供述和辩解；严禁刑讯逼供或者使用威胁、引诱、欺骗以及其他非法的方法获取供述。

（三）询问证人、被害人

询问证人，是侦查人员依照法定程序，以言词的方式向证人了解案件情况的一种侦查行为。

询问被害人，是侦查人员依照法定程序，以言词方式向直接遭受犯罪行为侵害的人就其遭受侵害以及犯罪嫌疑人的有关情况进行调查询问的一种侦查行为。

询问证人、被害人是一种重要的侦查方法，是侦查机关及时查明案件事实，准确地揭露和证实犯罪的必要手段。询问证人、被害人的目的在于收集证人证言、被害人陈述这种证据材料，通过证人证言、被害人陈述发现案件线索，查找犯罪嫌疑人，正确认定案件事实。

为了保证证人证言、被害人陈述的客观真实和保护证人、被害人的合法权益，在询问证人、被害人时应当注意：（1）询问证人、被害人应当个别进行。（2）询问证人、被害人，应当告知他应当如实地提供证据、证言和有意作伪证或者隐匿罪证要负的法律责任。

（四）勘验、检查

勘验、检查，是侦查人员对于与犯罪有关的场所、物品、人身、尸体亲临查看、了解与利用各种技术手段进行检验，以发现、提取和固定与案件有关的痕迹、物证的一种侦查行为。勘验、检查是一种重要的侦查行为，是侦查破案的首要环节，只能由侦查人员进行。在必要的时候，可以指派或者聘请具有专门知识的人，在侦查人员的主持下进行。勘验、检查的任务是：发现和搜集犯罪的痕迹、物证，研究分析案情，判断案件性质，确定侦查方向和范围，揭露、证实犯罪人。

勘验、检查，可以分为现场勘查、物证检验、尸体检验、人身检查和侦查实验。

1. 现场勘查

现场勘查，是指侦查人员对犯罪现场进行观察、摄像、拍照，利用各种技术手段，对现场遗留的与犯罪有关的物品进行提取、保全的活动。勘查现场的任务，是查明犯罪现场的情况，发现和收集证据，研究分析案情，判断案件性质，确定侦查方向和范围，为破案提供线索和证据。现场勘查，只能由专门机构负责，如公安机关的现场勘查，只能由县级以上公安机关侦查部门负责。

2. 物证检验

物证检验，是指侦查人员对收集到的物证进行检验、核对，确定其特征，进而确定该物证与案件事实的关系以及在刑事诉讼中作用的活动。

3. 尸体检验

尸体检验，是指通过尸表和尸体解剖的检验，以确定或判断死亡时间和原因、致死工具和方法等，以分析案情、获取证据的侦查活动。尸体检验包括尸表检验和尸体解剖，其主要目的在于确定死因。《刑事诉讼法》第131条规定："对于死因不明的尸体，公安机关有权决定解剖，并且通知死者家属到场。"

4. 人身检查

人身检查，是指为了确定被害人、犯罪嫌疑人的某些特征、伤害情况、生理状态及病理状态，侦查机关依法对其身体进行检查的侦查活动。《刑事诉讼法》第132条规定："为了确定被害人、犯罪嫌疑人的某些特征、伤害情况或者生理状态，可以对人身进行检查，可以提取指纹信息，采集血液、尿液等生物样本。犯罪嫌疑人如果拒绝检查，侦查人员认为必要的时候，可以强制检查。检查妇女的身体，应当由女工作人员或者医师进行。"

5. 侦查实验

侦查实验，是指为了案件中的某一特定行为或者事件在某种情况下能否发生或者怎样发生，而按照原有情况和条件，将该行为或者事件加以重演或者进行试验的侦查活动。《刑事诉讼法》第135条第1款规定："为了查明案情，在必要的时候，经公安机关负责人批准，可以进行侦查实验。"侦查实验的任务是：确定在一定条件下能否听到或者看到；确定在一定时间内能否完成某一行为；确定在什么条件下能够发生某种现象；确定在某种条件下某种行为和某种痕迹是否吻合一致；确定在某种条件下使用某种工具可能或者不可能留下某种痕迹；确定某种痕迹在什么条件下会发生变异；确定某种事件是怎样发生的。

（五）搜查

搜查，是指侦查人员为了收集犯罪证据、查获犯罪人，对犯罪嫌疑人以及可能隐藏罪犯或者犯罪证据的人的身体、物品、住处和其他有关地方，依法进行搜索、检查的一种侦查行为。根据《刑事诉讼法》第134条的规定，搜查的主要目的是收集犯罪证据、查获犯罪人。对人身搜查，首先要注意发现被搜查的人身有无携带武器、凶器、毒药或其他行凶用具。

（六）查封、扣押物证、书证

查封、扣押物证、书证，是指侦查机关依法强制收取和扣留与案件有关的物品、文件的一种侦查方法和侦查行为。《刑事诉讼法》第141条第1款规定：

“在侦查活动中发现的可用以证明犯罪嫌疑人有罪或者无罪的各种财物、文件，应当查封、扣押；与案件无关的财物、文件，不得查封、扣押。”查封、扣押物证、书证，其目的是取得和保全证据，防止证据被毁损或被隐匿，因此必须依照法定程序及时主动进行。

（七）查询、冻结财产

查询、冻结财产，是指侦查机关根据侦查犯罪的需要，依照规定查询、冻结犯罪嫌疑人的财产的一种具有强制性的侦查措施。《刑事诉讼法》第144条规定：“人民检察院、公安机关根据侦查犯罪的需要，可以依照规定查询、冻结犯罪嫌疑人的存款、汇款、债券、股票、基金份额等财产。有关单位和个人应当予以配合。犯罪嫌疑人的存款、汇款、债券、股票、基金份额等财产已被冻结的，不得重复冻结。”

（八）鉴定

鉴定，是指侦查机关为了查明案情，指派或聘请有专门知识的人对案件中的某些专门性问题进行鉴别、判断，并作出鉴定意见的一种侦查行为。鉴定的范围，包括刑事技术鉴定、人身伤害的医学鉴定、精神病的医学鉴定、扣押物品的价格鉴定、文物鉴定、珍稀动植物及其制品鉴定、违禁品和危险品鉴定、电子数据鉴定等。

（九）辨认

辨认，是指侦查机关为了查明案情，必要时让被害人、犯罪嫌疑人或者证人对与犯罪有关的物品、文件、尸体、场所或者犯罪嫌疑人进行辨别，并作出判断的一种侦查行为。根据有关规定，对犯罪嫌疑人的辨认，辨认人不愿意公开进行时，可以在不暴露辨认人的情况下进行，侦查人员应当为其保守秘密。因此，辨认分为公开辨认和秘密辨认。

（十）通缉

通缉，是指公安机关在侦查过程中，对依法应当逮捕而在逃的犯罪嫌疑人通令缉拿归案的一种侦查行为。《刑事诉讼法》第155条第1款规定：“应当逮捕的犯罪嫌疑人如果在逃，公安机关可以发布通缉令，采取有效措施，追捕归案。”可见，通缉的对象必须是依法应当逮捕而在逃的犯罪嫌疑人。在实践中，需要通缉的一般都是重大刑事案件的犯罪嫌疑人。通缉对公安机关通力协作，协同配合，动员和依靠广大群众捕获犯罪嫌疑人，打击和制止犯罪，保证侦查和审判工作的顺利进行，具有重要的作用。

### 三、技术侦查权

技术侦查，简称“技侦”，是指侦查机关为了侦查犯罪的需要，根据法律规定，对特殊案件情况运用现代技术和设备，调查犯罪嫌疑人和获取犯罪证据的一种特殊的、秘密的侦查手段，具体包括电子监控、秘密拍照、秘密录像、秘密获取某些物证以及邮件检查等秘密专门技术手段。《人民警察法》第 16 条规定："公安机关因侦查犯罪的需要，根据国家有关规定，经过严格的批准手续，可以采取技术侦察措施。"《反间谍法》第 12 条规定："国家安全机关因侦察间谍行为的需要，根据国家有关规定，经过严格的批准手续，可以采取技术侦察措施。"

侦查是侦查机关在办理刑事案件过程中，从立案到侦查终结依据刑事诉讼法进行的诉讼活动。技术侦查一般指公安机关、国家安全机关、人民检察院为发现、揭露和证实犯罪而秘密进行的专门调查工作，是侦查活动的一种必要补充。技术侦查具有以下特点：（1）技术侦察主体的特定性。根据《刑事诉讼法》、《人民警察法》和《反间谍法》的规定，拥有技术侦查权的机关仅限于公安机关（含国家安全机关）和人民检察院。而侦查权的主体范围更广。（2）技术侦查对象的相对广泛性。技术侦查的对象既可以是特定性的，也可以是不特定的，一般是为预防犯罪或者在发现犯罪迹象的情况下，即犯罪嫌疑人并不明显的情况，进行的调查活动。而侦查的对象一般是特定的犯罪嫌疑人或特定的刑事案件。（3）技术侦查手段的秘密性。技术侦查一般是秘密进行的，具有隐蔽性，并且技术侦查的手段、方法较为先进。所以技术侦查又被称为秘密侦查措施。而侦查通常是公开进行的活动。（4）特定的技术性。技术侦查通常要借助于专门的、先进的技术设备和技术器材，如麦克风侦听、手机侦听、密拍密录、密搜密取、邮件检查、外线跟踪等。（5）技术侦查程序的严格性。由于技术侦查手段极容易侵犯他人的某些权利，因此只能由专门技术工作人员进行这项工作，而且必须经过严格的批准程序。批准手续、办案程序及工作方法必须按照国家有关规定进行。

侦查机关实施技术侦查必须符合实体要件和程序要件，包括：一是因侦查犯罪的需要，采用一般侦查方法不足以查明犯罪事实、查缉犯罪嫌疑人；二是必须依照国家有关规定，即必须具备符合使用技术侦查措施规定的案情条件；三是必须经过严格的批准程序，不得自作主张，越权行事。这三个条件必须同时具备，才能采用技术侦察措施。

需要指出的是，根据《刑事诉讼法》第 152 条规定的精神，在实务中，《人民警察法》和《反间谍法》所指的技术侦察措施已改称为技术侦查措施。

### 四、预审权

预审权，是侦查机关为了审查核实证据，查明案件事实真相，依法进行讯问和查证，并对案件作出终结处理的一项侦查权力。《刑事诉讼法》第 3 条规定，对刑事案件的侦查、拘留、执行逮捕、预审，由公安机关负责。第 116 条规定，公安机关经过侦查，对有证据证明有犯罪事实的案件，应当进行预审，对收集、调取的证据材料予以核实。根据这些规定，预审权是侦查机关依法享有的权力。预审是为提请起诉作准备，通常是在侦查的基础上进行的，是侦查工作的继续。

预审权包括两项内容：其一，依法进行讯问和查证，核实证据，查明事实真相。预审阶段的讯问犯罪嫌疑人，不同于侦查时的讯问。侦查过程中的讯问犯罪嫌疑人，是要求在短时间内查清和掌握主要事实和证据。而预审阶段的讯问，则是比较全面地收集和核实证据，以确定能否追究其刑事责任。其二，对案件作出终结处理。

## 五、刑事强制权

刑事强制权，是指警察机关等特定的国家机关为保证刑事诉讼活动的正常进行，依法采取限制或者剥夺犯罪嫌疑人、被告人的人身自由或者财产的强制权力。对刑事强制权应当从以下方面进行理解和把握：

第一，刑事强制权是一项刑事司法职权。根据《刑事诉讼法》的规定，享有刑事强制权的主体是特定的国家机关，主要是指警察机关（包括公安机关、国家安全机关等）、人民检察院和人民法院。《人民警察法》第 12 条规定："为侦查犯罪活动的需要，公安机关的人民警察可以依法执行拘留、搜查、逮捕或者其他强制措施。"其他任何机关、团体或个人都无权采取强制措施，否则即构成对公民人身权利的侵犯，情节严重的，构成犯罪。

第二，刑事强制权的实施对象只限于犯罪嫌疑人和被告人。

第三，刑事强制权的内容是限制或者剥夺犯罪嫌疑人、被告人的人身自由或财产，而不是强制处分。

第四，实施刑事强制权，目的是立足于防范，即只是为了防止犯罪嫌疑人、被告人逃避或者妨碍侦查、起诉和审判，保证刑事诉讼活动的顺利进行，其本身不具有惩罚或制裁性质。

第五，刑事强制权的基本种类包括拘传、取保候审、监视居住、拘留、逮捕。拘传、取保候审、监视居住、拘留和逮捕，既是刑事强制措施，也是警察机关和其他专门机关依法享有的刑事强制权力。从某种意义上讲，前面侦查权中介绍到的搜查、人身检查、扣押、通缉等，也具有刑事强制权的性质。

### （一）拘传权

拘传权，是指警察机关等特定国家机关对未羁押的犯罪嫌疑人、被告人强制其到案接受讯问的一种权力和强制方法。公安机关等警察机关、人民检察院和人民法院在刑事诉讼过程中，都有权根据案件情况决定适用拘传，将犯罪嫌疑人、被告人拘传到其所在市、县内的指定地点进行讯问。拘传的对象主要是未被逮捕、拘留，经合法传唤，无正当理由而拒不到案的或是根据案件情况需要拘传的犯罪嫌疑人、被告人。也就是说，在必要时，不经传唤也可以直接拘传。

在刑事诉讼中，传唤和拘传虽然都是要求犯罪嫌疑人、被告人到案接受讯问，但它们是不同性质的诉讼行为。传唤是以传票的形式通知犯罪嫌疑人、被告人接到传票以后，自动到案接受讯问，其性质等同于通知，不具有强制性质，属于侦查过程中的专门调查工作。而拘传则具有一定的强制性，属于刑事强制措施，是对不愿到案接受讯问的犯罪嫌疑人、被告人强制其到案接受讯问，如犯罪嫌疑人、被告人抗拒拘传，警察机关等特定国家机关可以使用械具。因此，拘传权是传唤权实现的保障。

（二）取保候审权

取保候审权，是指警察机关等特定国家机关对符合一定条件的犯罪嫌疑人、被告人依法责令其提供保证人或者交纳保证金，保证其不逃避或不妨碍侦查、起诉和审判，并随传随到的一种权力和强制方法。公安机关等警察机关、人民检察院和人民法院在刑事诉讼过程中，都有权根据案件情况决定适用取保候审。取保候审包括保证人担保和保证金担保两种形式，不能要求同时提供保证人并交纳保证金。

适用取保候审，必须符合法定的条件。根据《刑事诉讼法》第 67 条的规定，对有下列情形之一的犯罪嫌疑人、被告人可以取保候审：（1）可能判处管制、拘役或者独立适用附加刑的；（2）可能判处有期徒刑以上刑罚，采取取保候审不致发生社会危险性的；（3）患有严重疾病、生活不能自理，怀孕或者正在哺乳自己婴儿的妇女，采取取保候审不致发生社会危险性的；（4）羁押期限届满，案件尚未办结，需要采取取保候审的。

（三）监视居住权

监视居住权，是指警察机关等特定国家机关对符合一定条件的犯罪嫌疑人、被告人依法责令其不得擅自离开指定住处或者居所，并对其活动加以监视和控制的一种权力和强制方法。公安机关等警察机关、人民检察院和人民法院在刑事诉讼过程中，都有权根据案件情况决定监视居住。

适用监视居住，必须符合法定的条件。根据《刑事诉讼法》第 74 条的规定，对符合逮捕条件，有下列情形之一的犯罪嫌疑人、被告人可以监视居住：（1）患有严重疾病、生活不能自理的；（2）怀孕或者正在哺乳自己婴儿的妇女；（3）系生活不能自理的人的唯一扶养人；（4）因为案件的特殊情况或者办理案件的需要，采取监视居住措施更为适宜的；（5）羁押期限届满，案件尚未办结，需要采取监视居住措施的。对符合取保候审条件，但犯罪嫌疑人、被告人不能提出保证人，也不交纳保证金的，可以监视居住。

（四）拘留权

拘留权，即刑事拘留权，是指警察机关等特定国家机关在法定的紧急情况下，对现行犯或重大嫌疑分子采取的临时剥夺其人身自由的一种权力和强制方法。它不同于行政拘留权和司法拘留权。刑事拘留权包括拘留决定权和拘留执行权。公安机关等警察机关和人民检察院享有拘留决定权，拘留执行权则由公安机关等警察机关依法行使。

决定拘留，必须符合法定的条件，包括：刑事拘留的对象只能是现行犯或者重大嫌疑分子；刑事拘留只能在紧急情况下采取。《刑事诉讼法》第 82 条规定，公安机关对于现行犯或者重大嫌疑分子，如果有下列情形之一的，可以先行拘留：（1）正在预备犯罪、实行犯罪或者在犯罪后即时被发觉的；（2）被害人或者在场亲眼看见的人指认他犯罪的；（3）在身边或者住处发现有犯罪证据的；（4）犯罪后企图自杀、逃跑或者在逃的；（5）有毁灭、伪造证据或者串供可能的；（6）不讲真实姓名、住址，身份不明的；（7）有流窜作案、多次作案、结伙作案重大嫌疑的。

（五）逮捕权

逮捕权，是指警察机关等特定国家机关为防止犯罪嫌疑人、被告人逃避侦查、起诉和审判，防止其发生社会危险性，依法采取的暂时剥夺其人身自由予以羁押的一种权力和强制方法。在逮捕程序中，批准、决定逮捕的权力属于人民检察院和人民法院，公安机关等警察机关主要负责提请批准逮捕和执行工作，而没有决定逮捕的权力。

根据《刑事诉讼法》第 81 条的规定，对有证据证明有犯罪事实，可能判处徒刑以上刑罚的犯罪嫌疑人、被告人，采取取保候审尚不足以防止发生社会危险，应当予以逮捕。对有证据证明有犯罪事实，可能判处十年以上有期徒刑以上刑罚的，或者有证据证明有犯罪事实，可能判处徒刑以上刑罚，曾经故意犯罪或者身份不明的，应当予以逮捕。被取保候审、监视居住的犯罪嫌疑人、被告人违反取保候审、监视居住规定，情节严重的，可以予以逮捕。

## 六、侦查终结权

侦查终结权，是指侦查机关对于自己立案侦查的案件，经过一系列的侦查活动，根据已经查明的事实、证据和有关的法律规定，足以认定犯罪嫌疑人是否有罪和应否对其追究刑事责任而决定结束侦查，依法对案件作出处理或提出处理意见的一项权力。具体包括移送审查起诉权和撤销案件权。

移送审查起诉，就是侦查机关经过侦查后认为犯罪事实清楚，证据确实、充分，写出起诉意见，将案件移送人民检察院审查决定是否起诉。《刑事诉讼法》第162条规定："公安机关侦查终结的案件，应当做到犯罪事实清楚，证据确实、充分，并且写出起诉意见书，连同案卷材料、证据一并移送同级人民检察院审查决定；同时将案件移送情况告知犯罪嫌疑人及其辩护律师。"

撤销案件，即销案，就是侦查机关经立案侦查，发现不应对犯罪嫌疑人追究刑事责任的，按规定将案件予以撤销的活动。

## 七、刑罚执行权

刑罚执行权，简称行刑权，是指警察机关等法定执行机关依法将已经发生法律效力的刑事判决、裁定所确定的内容付诸实施的权力。根据《刑事诉讼法》和《刑法》等法律的规定，享有刑罚执行权的机关包括人民法院、人民检察院、公安机关、司法行政机关（包括监狱机关和社区矫正部门）。以下仅就警察机关的刑罚执行权加以介绍。

### （一）监狱警察机关的刑罚执行权

监狱是国家的刑罚执行机关，执行刑罚是监狱的一项重要职能。依照刑法和刑事诉讼法的规定，被判处死刑缓期二年执行、无期徒刑、有期徒刑的罪犯，在监狱内执行刑罚。对未成年犯应当在未成年犯管教所执行刑罚。监狱警察机关的刑罚执行权内容广泛，涉及从收监、罪犯的申诉、检举和控告以及监狱执行减刑、假释和刑满释放等刑罚执行的全过程。其具体内容包括：

1. 收监权

收监权是监狱警察机关独有的权力，是监狱警察机关对人民法院交付执行的、符合法定条件和法律手续的罪犯予以收进监狱内开始执行刑罚的权力。监狱在接受罪犯时，应当进行收押审查，以决定是否予以收监。收监的条件包括：（1）刑事判决或裁定已经发生法律效力；（2）交付执行的法律文件应当齐全，包括起诉书副本、人民法院的判决书、执行通知书、结案登记表，且记载无误；（3）罪犯身体状况一般应适宜在监狱内服刑。

2. 对罪犯身体健康的检查权

对罪犯身体健康的检查权，是指监狱警察机关对交付执行刑罚的罪犯的身体健康进行检查，确认其是否具备收监条件，验证其是否符合法定收监身体健康状况的一项权力。《监狱法》第17条第1款规定，监狱应当对交付执行刑罚予以收监的罪犯进行身体检查。经检查，对于具有暂予监外执行情形的，监狱可以提出书面意见，报省级以上监狱管理机关批准。

3. 人身、物品检查权和违禁品没收权

人身、物品检查权和违禁品没收权，是指监狱警察机关在对罪犯收监时，对其人身和所携带的物品进行严格检查以及没收违禁品的权力。罪犯收监时，监狱警察机关应当严格检查其人身和所携带的物品，并按法律规定作相应的处理。如对于罪犯的非生活必需品，应当由监狱代为保管或者征得罪犯的同意后退回其家属；对于违禁品一律依法予以没收。女犯由女性人民警察检查。监狱警察机关行使对罪犯的人身、物品检查权和违禁品没收权，其目的是防止罪犯将违禁品带入监狱，造成逃跑、暴乱、破坏、行凶、自杀等恶性事故的发生。

4. 对罪犯申诉、控告、检举材料的处理权

对罪犯申诉、控告、检举材料的处理权，是指监狱警察机关对罪犯的申诉、控告、检举材料有及时处理和转递的权力。《监狱法》规定，对罪犯提出的控告、检举材料，监狱应当及时处理或者转送公安机关或者人民检察院处理，公安机关或者人民检察院应当将处理结果通知监狱。罪犯的申诉、控告、检举材料，监狱应当及时转递，不得扣压。监狱在执行刑罚过程中，根据罪犯的申诉，认为判决可能有错误的，应当提请人民检察院或者人民法院处理，人民检察院或者人民法院应当自收到监狱提请处理意见书之日起六个月内将处理结果通知监狱。

5. 暂予监外执行批准权

暂予监外执行批准权，是指监狱管理机关对被判处有期徒刑、拘役并交付执行的罪犯，在其出现某些法定情形时，批准其可以暂时不在监狱执行刑罚的权力。根据《刑事诉讼法》第265条的规定，对于被判处有期徒刑或者拘役的罪犯，有下列情形之一的，可以暂予监外执行：（1）有严重疾病需要保外就医的；（2）怀孕或者正在哺乳自己婴儿的妇女；（3）生活不能自理，适用暂予监外执行不致危害社会的。对适用保外就医可能有社会危险性的罪犯，或者自伤自残的罪犯，不得保外就医。对于被判处无期徒刑、又属怀孕或者正在哺乳自己婴儿的妇女的罪犯，可以暂予监外执行。

6. 减刑、假释建议权

减刑、假释建议权，是指监狱机关对被判处无期徒刑、有期徒刑的罪犯，根据考核结果和法律规定，认为其符合减刑或假释条件的，依照法定程序向人民法院提出减刑或假释建议的权力。

7. 释放权

释放权，是指监狱对符合法定释放条件的罪犯，依法定程序终结刑罚执行，恢复其人身自由和公民权利的一项权力。释放权既是监狱人民警察的一项职权，也是其应尽的职责。

8. 戒具和武器使用权

为了保证监狱刑罚执行工作的正常进行，《监狱法》规定监狱机关可以使用戒具和武器。《监狱法》第45条规定，监狱遇有下列情形之一的，可以使用戒具：（1）罪犯有脱逃行为的；（2）罪犯有使用暴力行为的；（3）罪犯正在押解途中的；（4）罪犯有其他危险行为需要采取防范措施的。前款所列情形消失后，应当停止使用戒具。《监狱法》第46条规定，人民警察和人民武装警察部队的执勤人员遇有下列情形之一，非使用武器不能制止的，按照国家有关规定，可以使用武器：（1）罪犯聚众骚乱、暴乱的；（2）罪犯脱逃或者拒捕的；（3）罪犯持有凶器或者其他危险物，正在行凶或者破坏，危及他人生命、财产安全的；（4）劫夺罪犯的；（5）罪犯抢夺武器的。使用武器的人员，应当按照国家有关规定报告情况。

监狱机关在执行刑罚过程中，还享有狱政管理、教育改造等权力，这也属于警察机关执行刑罚的内容。狱政管理的内容包括分押分管、警戒、通信会见、生活卫生管理、考核与奖惩等。教育改造的内容包括思想教育、文化教育、技术教育、生产劳动等。

（二）公安机关的刑罚执行权

根据《刑事诉讼法》的规定，对于被判处拘役的罪犯，由公安机关负责执行刑罚。对于被判处有期徒刑的罪犯，在被交付执行刑罚前，剩余刑期在三个月以下的，由看守所代为执行。之前，由公安机关一家负责执行的刑罚还包括：被判处管制的罪犯；被判处剥夺政治权利的罪犯；暂予监外执行的罪犯；对被宣告缓刑、假释的罪犯实行监督、考察。《刑事诉讼法》第269条明确规定，对判处管制、宣告缓刑、假释或者暂予监外执行的罪犯，依法实行社区矫正，由社区矫正机构负责执行。最高人民法院、最高人民检察院、公安部、司法部于2011年4月28日印发的《关于对判处管制、宣告缓刑的犯罪分子适用禁止令有关问题的规定（试行）》第9条规定："禁止令由司法行政机关指导管理的社区矫正机构负责执行。"当然，这并不意味着社区矫正的执行机关简单地从公安机关移交给司法行政机关，更不是说公安机关将来不再承担对被管制、缓刑、假释的罪犯的监督管理职责了。公安机关作为主要的社会治安管理部门，始终会在社区矫正工作中承担相应的职责，发挥重要作用。

公安机关对被判处拘役、有期徒刑的罪犯执行刑罚权，主要包括收监权、身体检查权、物品检查权、暂予监外执行批准权、减刑建议权、释放权等。执行内容包括监管、教育、生产劳动。

（三）司法警察机关的刑罚执行权

根据《刑事诉讼法》的规定，死刑立即执行的判决、罚金和没收财产的判决，由人民法院执行。没收财产的判决，人民法院在必要的时候可以会同公安机关执行。因此，人民法院司法警察机关的刑罚执行权，主要是执行死刑，参与对判决、裁定的财产查封、扣押、冻结或没收活动。

根据《宪法》和《刑事诉讼法》的规定，人民检察院是我国的法律监督机关，行使国家检察权，依法对刑事诉讼实行法律监督，包括对刑罚执行活动进行监督。《刑事诉讼法》第 263 条第 1 款规定："人民法院在交付执行死刑前，应当通知同级人民检察院派员临场监督。"根据这一规定，人民检察院司法警察组织的职责之一是参与执行死刑临场监督活动。

## 八、其他刑事职权

警察机关的其他刑事职权，主要是指警察机关及其警务人员在依法执行职务过程中，根据《人民警察法》《监狱法》等法律的规定所行使的刑事职权。具体可分为两类：一类是其他刑事侦查权，包括摸底调查权、控制销赃权、追缉堵截权、通报权、追捕权、优先使用权、押解权等；另一类是既具有刑事职权属性又具有行政职权属性的职权，如当场盘问权、当场检查权、留置盘问权、警械使用权、武器使用权、紧急优先权（包括优先乘坐权、优先通行权）、交通管制权、现场管制权等。这里主要介绍以下几种职权，至于警察机关的其他职权则在第九章中加以介绍。

### （一）摸底调查权

摸底调查权，是指侦查机关对已发生的案件，在现场勘查、案情分析的基础上，在确定的侦查范围内，发动群众，对有作案迹象和作案可能的人逐个调查了解，查证核实和甄别，从中确定犯罪嫌疑人的一项权力和侦查措施。

### （二）控制销赃权

控制销赃权，是指侦查机关在侦查破案中，组织专门力量或依靠群众，对犯罪嫌疑人可能进行销赃活动的有关场所进行监视控制，进而发现赃物、查获犯罪嫌疑人的一项权力和侦查措施。控制销赃是侦破侵犯财产犯罪案件的一项基本措施。

### （三）追缉堵截权

追缉堵截权，是对逃跑不久的犯罪嫌疑人，利用其体貌特征和携带物特征，根据其逃跑方向和路线，组织力量进行跟踪缉捕和设卡堵截的一项权力和侦查措施。所谓追缉，就是沿着犯罪嫌疑人可能逃跑的方向和路线进行追捕。所谓堵截，就是在犯罪嫌疑人逃跑时可能行经的关卡道口进行拦捕。由于这两种方法常同时使用，所以被人们称为追缉堵截。实施追缉堵截措施时要做到：明确案情，全面了解追堵目标；快速部署，实行高度集中统一指挥；沿途调查，随时掌握犯罪嫌疑人的逃跑方向和犯罪动态；及时调整部署，机动灵活地采取缉捕、控制措施；公、秘结合，不留死角空档，讲究缉捕策略。

（四）通报权

通报是公安机关为了发现犯罪线索，查获赃款赃物，查明身份不明的犯罪分子，查找碎尸或无名尸体身源等，向有关公安机关和单位通告犯罪情况或要求协助调查案情的一项权力和侦查措施。通报，是公安机关刑事侦查中常用的一种手段，它比通缉的内容和作用广泛一些，一般只在公安机关内部使用，是公安机关之间落实整体作战原则的具体工作手段。接到通报的公安机关，应根据本地区的情况，积极布置查控。

（五）追捕权

追捕权，即追捕逃犯权，是指公安机关采取相应措施，将逃跑的犯罪嫌疑人和脱逃犯缉捕归案，使其接受诉讼处理或法律制裁的一项权力和侦查措施。追捕与追缉实质上是同一措施，但追缉措施是对作案后临时逃跑的犯罪嫌疑人实施的紧急措施，而追捕措施则是对久逃未缉获的犯罪嫌疑人和脱逃的罪犯实施的查缉措施。

（六）优先使用权

根据《人民警察法》第 13 条第 2 款的规定，优先使用权是指公安机关因侦查犯罪的需要，必要时，按照国家有关规定，可以优先使用机关、团体、企业事业组织和个人的交通工具、通信工具、场地和建筑物的权力。由于这项权力是在侦查犯罪过程中实施的，因此属于警察刑事职权的范畴。该项权力的行使必须具备“因侦查犯罪的需要”和“必要时”两个条件。所谓“必要时”，是指遇有除此别无其他方法的特殊情况。根据规定，公安机关使用其他单位和个人的交通工具、通信工具、场地、建筑物之后，应当及时归还，并支付适当费用；造成损失的，应当赔偿。

（七）押解权

押解权，是指警察机关将已被拘留、逮捕的犯罪嫌疑人、被告人和判刑的罪犯强行解往羁押场所，以及司法警察组织依照法律规定将犯罪嫌疑人、被告人或罪犯从看守所强制带到指定地点的一项强制权力。

（八）当场盘问权、当场检查权和留置盘问权

当场盘问权、当场检查权和留置盘问权，是指公安机关的人民警察为维护社会治安秩序，对有违法犯罪嫌疑的人员，可以在嫌疑人发现地当场进行盘问、检查或者将其带至公安机关继续盘问的权力。由于这三项权力适用的对象是有违法犯罪嫌疑的人员，因此，既有行政职权的性质又具有刑事职权的性质。根据《人民警察法》第 9 条的规定，行使上述三项权力必须符合必要的条件和程序。

当场盘问权和当场检查权的要件是：（1）主体是公安机关的人民警察；（2）目

的是维护社会治安秩序；（3）对象是违法犯罪嫌疑人员，包括犯罪嫌疑人、违反治安管理的违法嫌疑人和其他危害社会治安秩序的违法嫌疑人；（4）程序是应当出示相应证件，即能够证明人民警察身份或执行警务的相应的合法证件。这两项权限既可以择一使用，也可以合并使用。

留置盘问权，除了具备上述要件外，还须具备以下要件：（1）留置盘问的对象包括：被指控有犯罪行为的人；有现场作案嫌疑的人；有作案嫌疑身份不明的人；携带的物品有可能是赃物的。（2）必须经过了当场盘问、检查。（3）必须经所在地公安机关批准。（4）在法定时间内行使盘问权，对被盘问人的留置时间自带至公安机关之时起不超过 24 小时，在特殊情况下，经县级以上公安机关批准，可以延长至 48 小时，并应当留有盘问记录。对于批准继续盘问的，应当立即通知其家属或者其所在单位。对于不批准继续盘问的，应当立即释放被盘问人。经继续盘问，公安机关认为对被盘问人需要依法采取拘留或者其他强制措施的，应当在规定的期间作出决定；在规定的期间不能作出上述决定的，应当立即释放被盘问人。

## 第三节　警察刑事职权的行使程序

### 一、立案程序

根据《刑事诉讼法》的规定，立案包括三方面的内容：发现立案材料或对立案材料的接受；对立案材料的审查和处理；人民检察院对不立案的监督。以上三个方面的内容互相衔接，互相联系，构成了立案程序的完整体系。

（一）对立案材料的接受

依据《刑事诉讼法》第 110 条的规定，公安机关、人民检察院或者人民法院对于报案、控告、举报，都应当接受。也就是说，依法受理其他社会主体的扭送、报案、控告、举报以及犯罪人嫌疑人的自首，是警察机关等享有刑事立案权的机关的法定职责，应当立即接受，不得拒绝或拖延；对公民的报警材料，应当及时查处。对于不属于自己管辖的，应当移送主管机关处理，并且通知报案人、控告人、举报人和自首的犯罪嫌疑人。受理公民扭送、报案、控告、举报或者犯罪人嫌疑人自首的，应当制作接受刑事案件登记表，同时要问明情况，并制作笔录，经宣读无误后，由扭送人、报案人、控告人、举报人签名或者盖章。接受控告、举报的工作人员，应当向控告人、举报人说明诬告应负的法律责任。

（二）对立案材料的审查

对立案材料的审查，是警察机关等享有刑事立案权的机关对立案材料在决定立案前按照刑事案件的管辖范围所进行的鉴别和判断。享有刑事立案权的机关对于接受的案件或者发现的犯罪线索，应当迅速进行审查。审查的任务是正确认定有无犯罪事实发生，依法是否需要追究行为人的刑事责任，为正确决定立案或者不立案奠定基础。依据《刑事诉讼法》第 112 条的规定，人民法院、人民检察院或者公安机关对于报案、控告、举报和自首的材料，应当按照管辖范围，迅速进行审查。审查，并不要求查清全部犯罪事实和查获犯罪嫌疑人。查清全部犯罪事实和查获犯罪嫌疑人是侦查阶段的工作任务。

（三）对立案材料的处理

对立案材料进行审查后，应当作出相应的处理决定，包括立案决定和不立案决定两种。也就是说，对立案材料进行审查后，认为有犯罪事实需要追究刑事责任，且属于自己管辖的，应当制作刑事案件立案报告书，经侦查机关负责人批准，予以立案。认为没有犯罪事实，或者犯罪事实显著轻微不需要追究刑事责任，或者具有其他依法不追究刑事责任情形的，应当制作呈请不予立案报告书，经负责人批准，不予立案。

对于有控告人的案件，决定不予立案的，应当制作不予立案通知书，送达控告人。控告人如果不服，可以申请复议。

## 二、侦查程序

根据《刑事诉讼法》、《公安机关办理刑事案件程序规定》和最高人民检察院、公安部《关于适用刑事强制措施有关问题的规定》等，在侦查阶段应遵守以下程序规定：

（一）传唤的程序

警察机关传唤犯罪嫌疑人，必须经侦查机关负责人批准。未经批准，不得擅自传唤犯罪嫌疑人。传唤犯罪嫌疑人的地点，可以是犯罪嫌疑人所在市、县内的指定地点，也可以是犯罪嫌疑人的住处。

传唤犯罪嫌疑人，应出示侦查机关的证明文件，即应当出示传唤通知书和侦查人员的工作证件，并责令其在传唤通知书上签名（盖章）、捺指印。犯罪嫌疑人到案后，应当由其在传唤通知书上填写到案时间。讯问结束时，应当由其在传唤通知书上填写讯问结束时间。拒绝填写的，侦查人员应当在传唤通知书上注明。

警察机关对犯罪嫌疑人行使传唤权，必须在法定期限内进行，不得以连续传唤的形式变相拘禁犯罪嫌疑人。需要对被传唤人采取强制措施的，应当在传唤期间内作出批准或者不批准的决定；对于不批准的，应当立即结束传唤。

（二）讯问犯罪嫌疑人的程序

警察机关讯问犯罪嫌疑人，大致为两种情况：一是经立案侦查，已经依法拘留、逮捕归案的犯罪嫌疑人；二是立案侦查中不需要、逮捕、拘留的犯罪嫌疑人，包括正在取保候审或者监视居住的。对于已经送交看守所羁押的犯罪嫌疑人，应当在看守所进行讯问。提讯在押的犯罪嫌疑人，应当填写提讯证。通过讯问，发现不应当拘留、逮捕的，必须立即释放，发给释放证明。

讯问前，侦查人员应当了解案件情况和证据材料，制订讯问计划，列出讯问提纲。第一次讯问时，应当首先问明犯罪嫌疑人的身份情况，包括犯罪嫌疑人的姓名、别名、曾用名、出生年月日、户籍所在地、暂住地、籍贯、出生地、民族、职业、文化程度、家庭情况、社会经历、是否受过刑事处罚或者行政处理等情况，避免错捕错拘。同时要告知其权利和义务。

侦查人员在讯问犯罪嫌疑人的时候，应当首先讯问犯罪嫌疑人是否有犯罪行为，让他陈述有罪的情节或者无罪的辩解，然后向他提出问题。由于在侦查阶段犯罪嫌疑人是否犯罪尚在调查之中，案件仍然存在罪与非罪的两种可能。因此，讯问犯罪嫌疑人的时候，应当首先讯问他是否有犯罪行为。这样做可以避免侦查人员的主观片面性。

侦查人员在讯问中对犯罪嫌疑人的犯罪事实、动机、目的、手段，与犯罪有关的时间、地点，涉及的人、事、物，都应当讯问清楚。对犯罪嫌疑人供述的犯罪事实、申辩和反证，侦查机关都应当认真核查，依法处理。犯罪嫌疑人对侦查人员的提问，应当如实回答。但是对与本案无关的问题，有拒绝回答的权利。

讯问时应当制作讯问笔录，将侦查人员的问话和犯罪嫌疑人的供述或者辩解如实地记录清楚。在文字记录的同时，可以根据需要录音、录像。讯问笔录应当交犯罪嫌疑人核对，对于没有阅读能力的，应当向他宣读。如果记载有遗漏或者差错，犯罪嫌疑人可以提出补充或者改正，并捺指印。犯罪嫌疑人承认笔录没有错误后，应当签名（盖章）、捺指印，并在末页写明“以上笔录我看过（或向我宣读过），和我说的相符”。拒绝签名（盖章）、捺指印的，侦查人员应当在笔录上注明。侦查人员、翻译人员也应当在笔录上签名或者盖章。

犯罪嫌疑人请求自行书写供述的，应当准许。必要的时候，侦查人员也可以要求犯罪嫌疑人亲笔书写供词。犯罪嫌疑人应当在亲笔供词的末页签名（盖章）、捺指印。侦查人员收到后，应当在首页右上方写明“于某年某月某日收到”，并签名。

（三）询问证人、被害人的程序

1. 询问证人的程序

侦查人员询问证人，可以到证人的所在单位或者住处或者证人提出的地点进行。在必要的时候，可以通知证人到侦查机关提供证言。询问证人时，应当向证人出示侦查机关的证明文件或者侦查人员的工作证件。询问前，应当了解证人的身份，证人、犯罪嫌疑人、被害人之间的关系。询问证人，应当采用适当的方式，既要严肃地讲清法律责任，又要不使证人产生不必要的紧张情绪。一般的做法应当是，先让证人就其所知道的有关情况进行连续陈述，然后针对陈述不清的重要问题或矛盾之处进行提问，并让其说明来源和根据。询问少年儿童证人时，应当注意少年儿童的特点。

询问证人，应当制作笔录。询问笔录要如实、完整准确地记载证人的陈述。询问笔录应当交证人核对或者向他宣读。如果记载有遗漏或者有差错，证人可以提出补充或者改正，并捺指印。证人承认笔录没有错误后，应当签名（盖章）、捺指印，并在末页写明“以上笔录我看过（或向我宣读过），和我说的相符”。侦查人员也应当在笔录上签名或者盖章。证人请求自行书写证言的，应当准许。必要的时候，侦查人员也可以要求证人亲笔书写证词。证人应当在亲笔证词的末页签名（盖章）、捺指印。侦查人员收到后，应当在首页右上方写明“于某年某月某日收到”，并签名。

2. 询问被害人的程序

由于在侦查中询问被害人与询问证人的目的相同，所以，《刑事诉讼法》第127条规定，询问被害人，适用本法询问证人的各条规定。也就是说，询问被害人的程序，与询问证人的程序相同。但是，询问被害人时，应当充分注意被害人是受犯罪行为直接侵害的人、与案件有直接利害关系这种特点。

（四）勘验、检查的程序

《刑事诉讼法》第130条规定：“侦查人员执行勘验、检查，必须持有人民检察院或者公安机关的证明文件。”第133条规定：“勘验、检查的情况应当写成笔录，由参加勘验、检查的人和见证人签名或者盖章。”第134条规定：“人民检察院审查案件的时候，对公安机关的勘验、检查，认为需要复验、复查时，可以要求公安机关复验、复查，并且可以派检察人员参加。”这是总的要求，适用于现场勘查、物证检验、尸体检验、人身检查和侦查实验。

1. 现场勘查的程序

执行勘查的侦查人员接到通知后，应当立即赶赴现场；勘查现场，应当持有刑事犯罪现场勘查证。

一般案件的现场勘查，由侦查部门负责人指定的人员现场指挥；重大、特别重大案件的现场勘查由侦查部门负责人现场指挥。必要时，发案地警察机关负责人应当亲自到现场指挥。

勘查现场，应当按照现场勘查规则的要求拍摄现场照片，制作现场勘查笔录和现场图。对重大、特别重大案件的现场，应当录像。

计算机犯罪案件的现场勘查，应当立即停止应用，保护计算机及相关设备，并复制电子数据。

现场勘查时，认为需要迅速采取搜索、追踪、堵截、鉴别、控制销赃等紧急措施的，应当立即报告负责本案侦查的指挥人员批准或者决定，采取相应紧急措施。

2. 物证检验的程序

物证检验应当仔细，要特别注意查验其与案件有关的重要特征，如单据上涂改的痕迹、鞋底的花纹等。如果对物证的特征非经有专门知识的人进行鉴定不能了解时，则应指派或聘请具有专门知识的人，在侦查人员主持下进行检验。物证检验应当制作检验笔录。参加检验的人和见证人应当在物证检验笔录上签名或者盖章。

3. 尸体检验的程序

侦查机关进行尸体检验，首先应当进行尸表检验。如对死因有怀疑或仍不能确定死因，需要解剖尸体或者开棺检验的，必须经县级以上公安机关负责人批准，并且通知死者家属到场，并让其在解剖尸体通知书上签名或者盖章。死者家属无正当理由拒不到场或者拒绝签名、盖章的，不影响解剖或者开棺检验，但是应当在解剖尸体通知书上注明。对于身份不明的尸体，无法通知死者家属的应当在笔录中注明。尸体检验的情况应当详细制作笔录，并有侦查人员和检验的法医或者医师签名或者盖章。

对于已查明死因、没有继续保存必要的尸体，应当通知家属领回处理，对无法通知或者通知后家属拒绝领回的，经县级以上公安机关负责人批准，可以及时处理。

4. 人身检查的程序

人身检查涉及公民的合法权益，因此，必须严格依法进行。进行人身检查，必须由侦查人员进行，必要时邀请法医或医师参加。检查妇女的身体，应当由女工作人员或者医师进行。犯罪嫌疑人如果拒绝检查，侦查人员认为必要的时候，可以强制检查。检查的情况应当制作笔录，由参加检查的侦查人员、检查人员和见证人签名或者盖章。

5. 侦查实验的程序

（1）侦查实验的准备。在侦查实验前应当根据实验所要解决的问题进行充分的准备，包括根据实验的目的，研究案件的有关材料，询问事主或有关证人，向有关专业人员请教，确定参加实验的人员，准备实验所需要的材料和工具等。

（2）侦查实验的批准。侦查实验并不是每个案件必须进行的程序，只有在必要时才可以进行，且须县级以上公安机关负责人批准。

(3) 侦查实验不公开进行，对实验结果应当保密。进行侦查实验，禁止一切足以造成危险、侮辱人格或者有伤风化的行为。

(4) 侦查实验的经过和结果，应当制作侦查实验笔录，由参加实验的侦查人员签名或者盖章。实验所拍摄的照片、绘图等应当附入侦查实验笔录。

(五) 搜查的程序

搜查直接关系到公民的人身自由和住宅不受侵犯的权利，因此，搜查应严格按照法定程序进行。

实施搜查必须经县级以上公安机关负责人批准。进行搜查，必须向被搜查人出示搜查证。执行搜查的侦查人员不得少于2人。搜查妇女的身体，应当由女侦查人员进行。在搜查的时候，应当有被搜查人或者他的家属、邻居或者其他见证人在场。搜查的情况应当制作搜查笔录，由侦查人员和被搜查人或者他的家属，邻居或者其他见证人签名或者盖章。如果被搜查人或者他的家属在逃或者拒绝签名、盖章，侦查人员应当在笔录上注明。

执行拘留、逮捕的时候，遇有紧急情况，不另用搜查证也可以进行搜查。紧急情况，是指具有下列情形之一的情况：(1) 可能随身携带凶器的；(2) 可能隐藏爆炸、剧毒等危险物品的；(3) 可能隐匿、毁弃、转移犯罪证据的；(4) 可能隐匿其他犯罪嫌疑人的；(5) 其他突然发生的紧急情况。

(六) 查封、扣押物证、书证的程序

在现场勘查或者搜查中需要查封、扣押物品、文件的，由现场指挥人员决定。执行查封、扣押物品、文件的侦查人员不得少于2人，并持有有关法律文书或者侦查人员工作证件。

对于查封、扣押的物品和文件，应当会同在场证人和被查封、扣押物品、文件的持有人查点清楚，当场开列查封、扣押物品、文件清单一式三份，写明物品或者文件的名称、编号、规格、数量、重量、质量、特征及其来源，由侦查人员、见证人和持有人签名或者盖章后，一份交给持有人，一份交给侦查机关保管人员，一份附卷备查。对于应当查封、扣押但是不便提取的物品、文件，经拍照或者录像后，可以交被查封、扣押物品持有人保管或者封存，并且单独开具查封、扣押物品、文件清单一式二份，在清单上注明已经拍照或者录像，物品、文件持有人应当妥善保管，不得转移、变卖、毁损，由侦查人员、见证人和持有人签名或者盖章，一份交给物品、文件持有人，另一份连同照片或者录像带附卷备查。

侦查人员认为需要查封、扣押犯罪嫌疑人的邮件、电报的时候，经警察机关批准，签发查封、扣押通知书，通知邮电部门或者网络服务单位检交扣押。不需要继续查封、扣押的时候，应当经侦查机关负责人批准，签发解除查封、扣押通知书，立即通知邮电部门或者网络服务单位。

对于查封、扣押的物品、文件、邮件、电子邮件、电报，应当妥善保管或者封存，不得使用、调换、损毁或者自行处理。经查明确实与案件无关的，应当在3日以内解除查封、扣押，退还原主或者原邮电部门、网络服务单位。

对犯罪嫌疑人违法所得的财物及其孳息，应当依法追缴。对查封、扣押的犯罪嫌疑人的财物及其孳息，应当妥善保管，以供核查。任何单位和个人不得挪用、损毁或者自行处理。

（七）查询、冻结存款、汇款等财产的程序

侦查机关向银行或者其他金融机构、邮电部门查询犯罪嫌疑人的存款、汇款等财产，应当经侦查机关负责人批准，制作查询存款、汇款等财产通知书，通知银行或者其他金融机构、邮电部门执行。需要冻结犯罪嫌疑人在银行或者其他金融机构、邮电部门的存款、汇款等财产的，应当经侦查机关负责人批准，制作冻结存款、汇款等财产通知书，通知银行或者其他金融机构、邮电部门执行。不需要继续冻结犯罪嫌疑人存款、汇款等财产时，应当制作解除冻结存款、汇款等财产通知书，通知银行或者其他金融机构、邮电部门执行。

对于冻结的存款、汇款等财产经查明确实与案件无关的，应当在3日以内通知原银行、其他金融机构、邮电部门解除冻结，并通知被冻结存款、汇款等财产的所有人。

（八）鉴定的程序

刑事技术鉴定，由侦查机关刑事技术部门或者其他专职人员负责进行。需要聘请有专门知识的人进行鉴定的，由侦查机关发给聘请书。侦查机关应当为鉴定人进行鉴定提供必要的条件，及时向鉴定人送交有关检材和对比样本等原始材料，介绍与鉴定有关的情况，并且明确提出要求鉴定解决的问题，但是不得暗示或者强迫鉴定人作出某种鉴定意见。鉴定人应当按照鉴定规则，运用科学方法，客观地作出鉴定意见。鉴定后，应当写出鉴定意见，由两名以上具有鉴定资格的鉴定人签名或者盖章。刑事技术鉴定的鉴定意见，需要送上级公安机关刑事技术部门复核时，应当送鉴定物和对比样本、原鉴定书或者检验报告，并说明提请复核的原因和要求。

对人身伤害的医学鉴定有争议需要重新鉴定或者对精神病的医学鉴定，由省级人民政府指定的医院进行。鉴定人进行鉴定后，应当写出鉴定意见，并且由鉴定人签名，医院加盖公章。

办案部门或者侦查人员认为鉴定意见不确切或者有错误，经侦查机关负责人批准，可以补充鉴定或者重新鉴定。

侦查机关应当将用作证据的鉴定意见告知犯罪嫌疑人、被害人。如果犯罪嫌疑人、被害人对鉴定意见有异议提出申请，经侦查机关负责人批准后，可以补充鉴定或者重新鉴定。重新鉴定，应当另行指派或者聘请鉴定人。

（九）辨认的程序

侦查机关在各自管辖案件的侦查过程中，需要辨认犯罪嫌疑人的，应当分别经办案部门负责人批准。辨认应当在侦查人员的主持下进行。主持辨认的侦查人员不得少于 2 人。组织辨认前，应当向辨认人详细询问辨认对象的具体特征，避免辨认人见到辨认对象。

辨认的基本规则包括：

1. 个别辨认

个别辨认有两层含义：其一，几名辨认人对同一辨认对象进行辨认时，应当由辨认人个别进行，以免辨认人之间互相影响而失去辨认的客观性；其二，当案件中有两个以上辨认对象要同一辨认人进行辨认时，也应让该辨认人分别进行，以免辨认对象之间互相干扰而影响辨认的专一性。按照有关规定，辨认犯罪嫌疑人时，被辨认的人数不得少于 7 人；对犯罪嫌疑人照片进行辨认的，不得少于 10 人的照片。

2. 混杂辨认

也就是说，在组织辨认时，应当将辨认对象混杂在其他对象中，不能把辨认对象单独提供给辨认人进行辨认，以保证辨认的客观性。在选择混杂辨认客体时，应以辨认对象的特征为依据。

3. 自由辨认

任何辨认都应当保证辨认人独立自由地进行，侦查人员不得给辨认人任何暗示，或者诱使辨认人按其意图进行辨认。

辨认经过和结果，应当制作辨认笔录，由侦查人员签名，辨认人、见证人签字或者盖章。

辨认是一种认识活动。由于多种因素的制约，辨认人对客体的认识不可能百分之百的准确，因此在使用辨认结果时，必须认真评判，要全面考察可能影响辨认结果的各种因素，以便正确判断其可靠程度。

（十）通缉的程序

通缉犯罪嫌疑人，应当发布通缉令。通缉令只能由公安机关发布。通缉令发送范围，由签发通缉令的公安机关负责人决定。县级以上公安机关在自己管辖的地区以内，可以直接发布通缉令；超出自己管辖的地区，应当报请有权决定的上级机关发布。地方公安机关需要通过国际刑警组织缉捕罪犯或者犯罪嫌疑人、查询资料、调查取证的，应当提出申请层报公安部审批。人民检察院直接立案侦查的案件，需要通缉犯罪嫌疑人的，应当作出逮捕决定，并将逮捕决定书、通缉通知书和犯罪嫌疑人的照片、身份、特征等情况及简要案情，送达同级公安机关，由公安机关按照规定发布通缉令，人民检察院应当予以协助。

通缉令中应当尽可能写明被通缉人的姓名、别名、曾用名、绰号、性别、年龄、民族、籍贯、出生地、户籍所在地、居住地、职业、身份证号码、衣着和体貌特征并附被通缉人近期照片，可以附指纹及其他物证的照片。除了必须保密的事项以外，应当写明发案的时间、地点和简要案情。通缉令发出后，如果发现新的重要情况可以补发通报。通报必须注明原通缉令的编号和日期。

有关公安机关接到通缉令后，应当及时布置查缉。抓获犯罪嫌疑人后，应当迅速通知通缉令发布机关，并报经抓获地县级以上公安机关负责人批准后，凭通缉令羁押。原通缉令发布机关应当立即进行核实，并及时依法处理。对通缉在案的犯罪嫌疑人，任何公民都有权扭送司法机关处理。

为防止犯罪嫌疑人逃往境外，需要在边防口岸采取边控措施的，应当按照有关规定制作边控对象通知书，经县级以上公安机关负责人审核后，层报省级公安机关批准，办理边控手续。需要在全国范围采取边控措施的，应当层报公安部批准。对需要边防检查站限制犯罪嫌疑人人身自由的，需同时出具有关法律文书。紧急情况下，县级以上公安机关可以出具公函，先向当地边防检查站交控，但应当在7日内补办交控手续。

（十一）拘传的程序

就公安机关来说，实施拘传应遵守以下程序和要求：（1）需要拘传的，应当填写呈请拘传报告书，并附有关材料，报县级以上公安机关负责人批准。（2）拘传犯罪嫌疑人应当出示拘传证，并责令其在拘传证上签名（盖章）、捺指印。（3）犯罪嫌疑人到案后，应当责令其在拘传证上填写到案时间。讯问结束后，应当由其在拘传证上填写讯问结束时间。犯罪嫌疑人拒绝填写的，侦查人员应当在拘传证上注明。（4）拘传持续的时间最长不得超过12小时，案情特别重大、复杂，需要采取拘留、逮捕措施的，传唤、拘传持续的时间不得超过24小时。不得以连续拘传的形式变相拘禁犯罪嫌疑人。（5）需要对被拘传人变更为其他强制措施的，应当在拘传期间内作出批准或者不批准的决定；对于不批准的，应当立即结束拘传。

其他警察机关对犯罪嫌疑人实施拘传的，可参照上述程序进行。

（十二）取保候审的程序

就公安机关来说，决定和实施取保候审应遵守以下程序和要求：

1. 取保候审的申请

被羁押的犯罪嫌疑人及其法定代理人、近亲属、被逮捕的犯罪嫌疑人聘请的律师，可以提出取保候审的申请，但应当书面提出。公安机关接到申请后应当在7日内作出同意或者不同意的答复。同意取保候审的，依法办理取保候审手续；不同意取保候审的，应当书面通知申请人，并说明理由。

2. 取保候审的决定

需要对犯罪嫌疑人取保候审的，应当制作呈请取保候审报告书，说明取保候审的理由及采取的保证方式，经县级以上公安机关负责人批准，并签发取保候审决定书。取保候审决定书应当向犯罪嫌疑人宣读，由犯罪嫌疑人签名（盖章）、捺指印。

3. 责令犯罪嫌疑人提出保证人或者交纳保证金

采用保证人担保方式的，保证人应当填写保证书，并在保证书上签名或者盖章。采用保证金担保，即责令犯罪嫌疑人交纳保证金的，应当经过严格审核后，报县级以上公安机关负责人批准。责令犯罪嫌疑人交纳较高数额保证金的，应当经地（市）级以上公安机关负责人批准。公安机关在通知犯罪嫌疑人交纳保证金时，应当告知其必须遵守的规定以及违反规定应当承担的后果。

4. 取保候审的执行

取保候审的执行机关为公安机关。公安机关决定取保候审的，应当及时通知犯罪嫌疑人居住地派出所执行。人民法院、人民检察院决定取保候审的，负责执行的县级公安机关应当在收到法律文书和有关材料后，及时指定犯罪嫌疑人、被告人居住地派出所执行。执行取保候审的派出所应当责令被取保候审的犯罪嫌疑人、被告人定期报告有关情况并制作笔录。

被保证人违反应当遵守的规定，保证人未及时报告的，公安机关查证属实后，经县级以上公安机关负责人批准，签发对保证人罚款决定书，对保证人处以罚款；构成犯罪的，依法追究刑事责任。

犯罪嫌疑人在取保候审期间违反有关规定的，公安机关应当根据其违法行为的情节，决定没收部分或者全部保证金。没收保证金的，应当经过严格审核后，报县级以上公安机关负责人批准，签发没收保证金决定书。决定没收较高数额保证金的，应当经地（市）级以上公安机关负责人批准。没收保证金的决定，公安机关应当在7日以内向犯罪嫌疑人宣读，并责令其在没收保证金决定书上签名（盖章）、捺指印。

被取保候审人、保证人违反应当遵守的规定的，由县级以上公安机关决定没收保证金或者对保证人罚款，并将执行情况及时通知原决定取保候审的机关。

5. 取保候审的期限

取保候审最长不得超过12个月。在取保候审期间，不得中断对案件的侦查、起诉和审理。取保候审期限届满10日前，执行取保候审的派出所应当通知原决定机关。

6. 取保候审的解除

对于发现不应当追究刑事责任或者取保候审期限届满的，应当及时解除取保候审，即应当由原决定机关制作解除取保候审决定书、通知书，送达执行机关。执行机关应当及时通知被取保候审人、保证人和有关单位，并应当将保证金如数退还给犯罪嫌疑人、被告人，或者告知保证人解除担保义务。

另外，犯罪嫌疑人、被告人及其法定代理人、近亲属或者犯罪嫌疑人、被告人委托的律师及其他辩护人，对取保候审超过法定期限的，有权要求解除取保候审。有关机关经审查属实的，应当作出解除的决定，并通知执行机关。

（十三）监视居住的程序

就公安机关来说，决定和实施监视居住应遵守以下程序和要求：

1. 监视居住的决定

对犯罪嫌疑人监视居住，应当制作呈请监视居住报告书，经县级以上公安机关负责人批准，签发监视居住决定书。

2. 监视居住的执行

监视居住由公安机关执行。公安机关决定监视居住的，由犯罪嫌疑人住处或者指定居所所在地的派出所执行。人民法院、人民检察院决定监视居住的，负责执行的县级公安机关应当在收到法律文书和有关材料，核实被监视居住人后，及时指定被监视居住人住处或者居所所在地派出所执行。

公安机关对犯罪嫌疑人执行监视居住的，应当向犯罪嫌疑人、被告人宣读监视居住决定书或执行监视居住决定书，由其签名（盖章）、捺指印，并通知负责执行的派出所。同时应告知犯罪嫌疑人在监视居住期间应当遵守的规定。在监视居住期间，公安机关根据案情需要，可以暂扣被执行人的身份证件、机动车（船）驾驶证件。

犯罪嫌疑人、被告人违反应当遵守的规定的，执行监视居住的县级公安机关应当及时告知原决定监视居住的机关。对情节严重的犯罪嫌疑人，原决定机关应予以逮捕。

3. 监视居住的期限

监视居住最长不得超过 6 个月。在监视居住期间，不得中断对案件的侦查、起诉和审理。监视居住期限届满 10 日前，执行机关应当通知原决定机关。

4. 监视居住的解除

对于发现不应当追究刑事责任或者监视居住期限届满的，应当及时解除监视居住。人民法院、人民检察院作出解除、变更监视居住决定的，公安机关应当根据原决定机关的决定书解除监视居住。需要解除监视居住的，经县级以上公安机关负责人批准，签发解除监视居住决定书。解除监视居住应当及时通知执行机关、被监视居住人和有关单位。

另外，犯罪嫌疑人、被告人及其法定代理人、近亲属或者犯罪嫌疑人、被告人委托的律师及其他辩护人，对监视居住超过法定期限的，有权要求解除监视居住。经审查情况属实的，应当作出解除的决定，并通知执行机关。

（十四）拘留的程序

公安机关拘留犯罪嫌疑人，应当填写呈请拘留报告书，经县级以上公安机关负责人批准，签发拘留证。对符合《刑事诉讼法》第 84 条所列情形之一，因情况紧急来不及办理拘留手续的，应当在将犯罪嫌疑人带至公安机关后立即办理法律手续。

人民检察院决定拘留犯罪嫌疑人的，由县级以上公安机关凭人民检察院送达的决定拘留的法律文书签发拘留证并立即执行。必要时，可以请人民检察院协助。拘留后，应当及时通知人民检察院进行讯问，并由人民检察院通知被拘留人的家属或者他的所在单位。

公安机关、人民检察院拘留的对象是县级以上各级人民代表大会的代表，如果因为是现行犯被拘留，执行拘留的机关应当立即向该级人民代表大会主席团或者人民代表大会常务委员会报告，即可以“先拘留，后报告”；如果是因为其他情形需要拘留的，应当经该级人民代表大会主席团或者人民代表大会常务委员会许可，即必须“先许可，再拘留”。

对不享有外交特权和豁免权的外国人、无国籍人，依法应当刑事拘留的，应报经省、自治区、直辖市公安厅、局审批。执行拘留后，应当及时向当地外事办公室和有关的外国人主管部门通报情况，并报公安部备案，按有关规定，及时通知有关国家驻华使、领馆。

执行拘留时，必须出示拘留证，宣布拘留，并责令被拘留人在拘留证上签名（盖章）、捺指印，其拒绝签名（盖章）、捺指印的，侦查人员应当注明。

对被拘留的犯罪嫌疑人应当在 24 小时以内送看守所羁押。看守所应当凭公安机关签发的拘留证收押被拘留的犯罪嫌疑人。

对于被拘留人，决定机关应当在拘留后 24 小时内进行讯问。在发现不应当拘留的时候，必须立即释放，发给释放证明。对需要逮捕而证据还不充足的，可以取保候审或者监视居住。

犯罪嫌疑人被拘留后，除无法通知或者涉嫌危害国家安全犯罪、恐怖活动犯罪可能有碍侦查的情形以外，决定机关应当在 24 小时以内，通知被拘留人的家属。这里的“有碍侦查”主要是指同案的犯罪嫌疑人可能逃跑，隐匿、毁弃或者伪造证据的；“无法通知”主要是指犯罪嫌疑人不讲真实姓名、住址，身份不明的。

公安机关在异地执行拘留的时候，应当通知被拘留人所在地的公安机关，被拘留人所在地的公安机关应当予以配合。

公安机关对被拘留的人，认为需要逮捕的，应当在拘留后的3日以内，提请人民检察院审查批准。在特殊情况下，提请审查批准的时间可以延长1～4日。对于流窜作案、多次作案、结伙作案的重大嫌疑分子，提请审查批准的时间可以延长至30日。需要延长拘留期限的，办案单位应当在期限届满前24小时内制作呈请延长拘留期限报告书，报县级以上公安机关负责人批准。

公安机关对被拘留的犯罪嫌疑人审查后，根据案件情况报经县级以上公安机关负责人批准，分别作出如下处理：需要逮捕的，在拘留期限内，依法办理提请批准逮捕手续；应当追究刑事责任，但不需要逮捕的，依法办理取保候审或者监视居住手续后，直接向人民检察院移送起诉；拘留期限内未能查清犯罪事实的，依法办理取保候审或者监视居住手续后，继续侦查；没有犯罪事实或者具有《刑事诉讼法》第16条规定情形之一的，撤销案件，释放被拘留人，发给释放证明。需要予以行政处理的，依法处理。

另外，公安机关、人民检察院拘留犯罪嫌疑人超过法定期限的，犯罪嫌疑人及其法定代理人、近亲属或者犯罪嫌疑人委托的律师，有权要求释放或者变更强制措施。人民检察院、公安机关经查证属实的，应当予以释放或者变更强制措施。

（十五）逮捕的程序

1. 提请批准逮捕的程序

公安机关需要提请批准逮捕犯罪嫌疑人的，应当经县级以上公安机关负责人批准，制作提请批准逮捕书一式三份，连同案卷材料、证据，一并移送同级人民检察院审查。必要的时候，人民检察院可以派人参加公安机关对于重大案件的讨论。人民检察院对于公安机关提请批准逮捕的案件进行审查后，应当根据情况分别作出批准逮捕或者不批准逮捕的决定。对于不批准逮捕的，人民检察院应当说明理由，需要补充侦查的，应当同时通知公安机关。人民检察院对报请批准逮捕的案件不得另行侦查。

对人民检察院不批准逮捕并通知补充侦查的，公安机关应当按照人民检察院补充侦查提纲的要求补充侦查。公安机关补充侦查完毕，认为符合逮捕条件的，应当重新提请批准逮捕。对于人民检察院决定不批准逮捕的，公安机关在收到不批准逮捕决定书后，如果犯罪嫌疑人已被拘留，应当立即释放，发给释放证明书，并将执行回执在3日内送达作出不批准逮捕决定的人民检察院。对已被拘留不批准逮捕的犯罪嫌疑人，公安机关认为需要补充侦查、要求复议或者提请复核的，可以将强制措施变更为取保候审或者监视居住。

对人民检察院不批准逮捕的决定，认为有错误需要复议的，应当在5日内制作要求复议意见书报经县级以上公安机关负责人批准后，送交同级人民检察院复议。如果意见不被接受，认为需要复核的，应当在5日内制作提请复核意见书报经县级以上公安机关负责人批准后，连同人民检察院的复议决定书，一并提请上一级人民检察院复核。

其他警察机关提请批准逮捕犯罪嫌疑人的，可参照上述程序进行。

2. 执行逮捕的程序

执行逮捕由公安机关负责。

公安机关接到人民检察院批准逮捕决定书后，应当由县级以上公安机关负责人签发逮捕证，立即执行，并将执行回执及时送达作出批准逮捕的人民检察院。如果未能执行，也应当将回执送达人民检察院，并写明未能执行的原因。

人民法院、人民检察院决定逮捕犯罪嫌疑人、被告人的，由县级以上公安机关凭人民法院、人民检察院决定逮捕的法律文书，签发逮捕证并立即执行，将执行回执及时送达原决定的机关。如果未能执行，也应当将回执送达原决定的机关，并说明未能执行的原因。必要时，可以请人民法院、人民检察院协助执行。公安机关执行逮捕后，应当及时通知人民法院、人民检察院进行讯问，并由人民法院、人民检察院通知被逮捕人的家属或者他的所在单位。

执行逮捕的侦查人员不得少于2人。执行逮捕时，必须向被逮捕人出示逮捕证，并责令被逮捕人在逮捕证上签名（盖章）、捺指印，拒绝签名（盖章）、捺指印的，应当注明。对被逮捕的犯罪嫌疑人、被告人应当立即送看守所羁押。看守所应当凭公安机关签发的逮捕证收押被逮捕的犯罪嫌疑人、被告人。

对被逮捕的人，提请批准逮捕的公安机关、决定逮捕的人民检察院或人民法院必须在逮捕后的24小时以内进行讯问。在发现不应当逮捕的时候，必须立即释放，发给释放证明。

逮捕后，除无法通知的以外，提请批准逮捕的公安机关、决定逮捕的人民检察院或人民法院应当在逮捕后24小时以内通知被逮捕人的家属。

公安机关在异地执行逮捕的时候，应当通知被逮捕人所在地的公安机关，被逮捕人所在地的公安机关应当予以配合。

（十六）侦查终结的程序

对于侦查终结的案件，侦查人员应当制作结案报告。结案报告应当包括以下内容：犯罪嫌疑人的基本情况；是否采取了强制措施及其理由；案件的事实和证据；法律依据和处理意见。结案报告经侦查机关负责人批准后，即结束侦查。侦查终结案件的处理，由侦查机关负责人批准；重大、复杂、疑难的案件应当经过集体讨论决定。侦查终结后，应当将全部案卷材料加以整理，按要求装订立卷。

就警察机关而言，如果侦查终结的案件具备起诉条件的，应当移送人民检察院审查起诉。向人民检察院移送案件时，只移送诉讼卷，侦查卷由侦查机关存档备查。技术侦察获取的材料，需要作为证据公开使用时，按照规定采取相应的处理。

如果在侦查过程中，发现不应对犯罪嫌疑人追究刑事责任的，应当撤销案件。需要撤销案件的，办案部门应当制作撤销案件报告，报侦查机关负责人批准。撤销案件报告包括以下内容：原来立案的根据和来源；案件侦查的结果；撤销案件的理由和根据。警察侦查机关决定撤销案件时，犯罪嫌疑人已被逮捕的，应当立即释放，发给释放证明，并且通知原批准逮捕的人民检察院。在侦查过程中，发现犯罪嫌疑人不够刑事处罚需要行政处理的，经县级以上公安机关批准，对犯罪嫌疑人依法予以行政处理或者移交其他有关部门处理。

### 三、刑罚执行程序

#### （一）监狱警察机关执行刑罚的程序

1. 收监程序

（1）检验法律文件和检查身体健康。根据《监狱法》的有关规定，人民法院对被判处死刑缓期二年执行、无期徒刑、有期徒刑的罪犯，应当将执行通知书、判决书送达羁押该罪犯的公安机关，公安机关应当自收到执行通知书、判决书之日起 1 个月内将该罪犯送交监狱执行刑罚。罪犯被交付执行刑罚时，交付执行的人民法院应当将人民检察院的起诉书副本、人民法院的判决书、执行通知书、结案登记表同时送达监狱。监狱没有收到上述文件的，不得收监；上述文件不齐全或者记载有误的，作出生效判决的人民法院应当及时补充齐全或者作出更正；对其中可能导致错误收监的，不予收监。因此，监狱在收监时，应当审查法律文书是否齐全，是否有错误，即审查应当送交的人民检察院起诉书副本、人民法院的判决书、裁定书、执行通知书、结案登记表是否齐全、正确；审查判决书、裁定书是否已经发生法律效力。同时应当对交付执行刑罚的罪犯进行身体检查。经检查，被判处无期徒刑、有期徒刑的罪犯有下列情形之一的，可以暂不收监：有严重疾病需要保外就医的；怀孕或者正在哺乳自己婴儿的妇女。经审查，对于符合收押条件的，监狱应当将罪犯及时收押。对于不符合收押条件的，监狱有权不予收监。监狱不予收监的，公安机关应当提请交付执行的人民法院作出是否收监执行的决定。对于决定收监的，应当将罪犯交付监狱执行；对于决定暂予监外执行的，由看守所将罪犯交付罪犯居住地有关机关执行。

（2）人身和物品检查。为了确保监狱安全，监狱在收监时间应当严格检查服刑人员人身和携带的物品。

（3）收监登记。监狱对符合收监条件的罪犯决定收监的，应填写《服刑人员入监登记表》，建立服刑人员指纹捺印卡片等。

（4）谈话教育。对于新入监的服刑人员，监狱还要对其进行教育谈话。教育的重点在于对服刑人员进行服刑指导，使其明确他们的权利和义务。

（5）通知罪犯家属。罪犯被收监后，监狱应当通知罪犯家属，通知书应当自收监之日起5日内发出，并要告诉其有关探视及其他注意事项。

2. 决定暂予监外执行的程序

对于符合暂予监外执行的罪犯，由监狱提出书面意见，报省、自治区、直辖市监狱管理机关批准。批准机关应当将批准的暂予监外执行决定通知有关机关和原判人民法院，并抄送人民检察院。人民检察院认为暂予监外执行不当的，应当自接到通知之日起1个月以内将书面意见送交批准暂予监外执行的机关，批准暂予监外执行的机关接到人民检察院的书面意见后，应当立即对该决定进行重新核查。暂予监外执行的情形消失后，罪犯刑期未满的，应当及时收监。罪犯在暂予监外执行期间死亡的，有关执行机关应当及时通知原关押监狱。

对于罪犯确实患有严重疾病，必须保外就医的，由省级人民政府指定的医院开具证明文件，依照法律规定的程序审批。发现被保外就医的罪犯不符合保外就医条件的，或者严重违反有关保外就医的规定的，应当及时收监。

3. 建议减刑、假释的程序

根据《刑法》的规定，减刑的适用对象是被判处管制、拘役、有期徒刑、无期徒刑的罪犯。假释的适用对象是被判处有期徒刑、无期徒刑的罪犯。对被判处有期徒刑、无期徒刑的罪犯，监狱机关享有减刑、假释建议权。对于符合减刑、假释的罪犯，监狱机关应当向中级以上人民法院提出减刑或假释建议书，人民法院应当组成合议庭进行审理，裁定是否予以减刑或假释。人民法院裁定假释的，监狱应当按期假释并发给假释证明书。

《刑法》第50条规定："判处死刑缓期执行的，在死刑缓期执行期间，如果没有故意犯罪，二年期满以后，减为无期徒刑；如果确有重大立功表现，二年期满以后，减为二十五年有期徒刑；如果故意犯罪，情节恶劣的，报请最高人民法院核准后执行死刑；对于故意犯罪未执行死刑的，死刑缓期执行的期间重新计算，并报最高人民法院备案。对被判处死刑缓期执行的累犯以及因故意杀人、强奸、抢劫、绑架、放火、爆炸、投放危险物质或者有组织的暴力性犯罪被判处死刑缓期执行的犯罪分子，人民法院根据犯罪情节等情况可以同时决定对其限制减刑。"对于"死缓"罪犯的减刑，应当由其所在监狱提出减刑建议，报经省、自治区、直辖市监狱管理机关审核后，提请高级人民法院裁定。

4. 释放程序

罪犯服刑期满，监狱应当按期释放并发给释放证明书。罪犯释放后，公安机关凭释放证明书办理户籍登记。

（二）公安机关执行刑罚的程序

对于被判处有期徒刑的罪犯，在被交付执行刑罚前，剩余刑期在1年以下的，由看守所根据人民法院的判决代为执行。

对于被判处拘役的罪犯，公安机关收到人民法院的判决书、裁定书、执行通知书后，将罪犯送交拘役所执行。没有拘役所的地区，由看守所执行。拘役所在接受罪犯时，也要进行收押审查。收押审查的内容与监狱的收押审查内容基本相同。

被判处拘役的罪犯在刑罚执行期间，每月可以回家1～2天；参加劳动的，可以酌量发给报酬。

对于被判处拘役或者有期徒刑余刑3个月以下的罪犯，符合减刑条件的，由拘役所、看守所提出减刑建议书，经县级以上公安机关审查同意后，报请所在地中级以上人民法院审核裁定。

对于被判处有期徒刑由看守所代为执行的罪犯，认为其符合假释条件的，由执行的看守所提出假释建议书，经县级以上公安机关审查同意后，报请所在地中级以上人民法院审核裁定。

对于被判处有期徒刑或者拘役的罪犯，符合法定情形的，看守所、拘役所应当报经县级以上公安机关批准，对罪犯暂予监外执行。对于适用保外就医可能有社会危险性的罪犯，或者自伤自残的罪犯，不得保外就医。对于罪犯确有严重疾病，必须保外就医的，由省级人民政府指定的医院开具证明文件，依照法律规定的程序审批。发现保外就医的罪犯不符合保外就医条件的，或者严重违反保外就医规定的，应当及时收监。公安机关决定对罪犯暂予监外执行的，应当将暂予监外执行通知书交被暂予监外执行的罪犯和罪犯居住地有关机关，同时将暂予监外执行决定书送同级人民检察院。

对被判处有期徒刑由看守所代为执行和拘役的罪犯，执行期间如果没有再犯新罪，执行期满，看守所、拘役所应当发给刑满释放证明书。

（三）人民法院司法警察组织执行刑罚的程序

关于人民法院司法警察组织执行刑罚的程序，刑事诉讼法等法律有具体的规定。

**实训设计**

## 警察刑事侦查能力训练

### 一、实训案例

范某，男，1994 年 3 月生。2011 年 4 月某日傍晚，范某以推销美容产品为名，进入苏某家（苏某，女，20 岁），范某趁苏某不备，往其臀部扎了一针麻醉药致苏某昏迷，范某随即拿走苏某的手提包（内有现金人民币 5000 余元、手机一部）。范某正欲离去，发现苏某貌美，顿生歹意，便奸淫苏某。苏某在被奸淫的过程中苏醒，奋起反抗。范某见状害怕罪行暴露，于是产生杀人灭口的念头，用地上的铁锤猛击苏某的头部致使苏某死亡。范某随即逃离现场。侦查机关调取小区的监控录像后分析判断范某有重大作案嫌疑，随后对范某的住处进行搜查，获取了血衣等犯罪证据。

### 二、实训内容

1. 进行模拟搜查。分组讨论搜查要解决的问题，在实施搜查时应注意哪些问题。

2. 进行模拟刑事拘留。分组讨论刑事拘留的条件，刑事拘留前应当履行的有关手续和应备的法律文书，在实施刑事拘留过程中应注意哪些问题，对犯罪嫌疑人实施刑事拘留后要做好哪些后续工作。

3. 进行模拟讯问。分组讨论通过讯问要解决什么问题，在讯问时应履行哪些手续，做好哪些准备工作，讯问应遵守的步骤和应注意的问题，讯问时要制作讯问笔录。

4. 制作或填写相关法律文书。

5. 送达相关法律文书，填写送达回执。

6. 应准备的相关器材、工具（材料）。

### 三、实训步骤

1. 学生分组。

（1）模拟搜查的人员组成。1 人扮演犯罪嫌疑人（上课时请穿便装），安排 2～3 人扮演公安侦查人员，安排 1～2 人扮演证人。

（2）模拟刑事拘留的人员组成。1 人扮演犯罪嫌疑人（上课时请穿便装），安排 2～3 人扮演公安侦查人员。

（3）模拟讯问的人员组成。1 人扮演犯罪嫌疑人（上课时请穿便装），安排 2～3 人扮演公安侦查人员，1 人扮演犯罪嫌疑人的父母或监护人。

2. 教师根据案例设定具体情景。

3. 根据实训内容，学生分别进行实训。

# 第九章

# 警察行政职权

## 第一节　警察行政职权概述

### 一、警察行政职权的含义及特点

警察行政职权是指国家依法赋予警察行政机关及其工作人员在进行警察行政管理过程中，为履行警察职责行使的权力。它是为保障国家安全，维护公共秩序，保护公民的人身权益，保护公民、法人和其他组织的财产权益，由警察行政主体进行治安管理和其他行政管理的权力。

警察行政职权具有以下特点：

（一）法定性

警察行政职权是国家赋予专门机关行使的一项专门的权力，是体现警察职能的一项国家权力，其内容、范围、方式是由国家法律明确规定的，具有法定性，行使权力的主体不得违法和越权。国家通过立法确定警察行政职权的权力范围，明确行使警察行政职权的主体，规范警察行政职权的运用，监督警察行政职权的实施，保障警察行政职权的实现等方面。

（二）社会性

一方面，警察在维护国家安全和社会秩序的过程中对社会、公众产生的间接的积极效应。通过其运用与实践，为国家的经济建设、民主政治发展以及良好社会环境的净化，提供保证和制度支持，通过治安行政管理、执法等一系列活动，维护社会秩序和国家的安定团结。另一方面，警察行政职权涉及社会生活等各个方面，特别是警务活动领域的警察行政管理活动，内容极其丰富庞杂，涉及治安、交通、消防、出入境、边防等管理活动。

(三) 强制性

警察行政职权是一种法定权力，是以国家权力为后盾，受到国家法律制裁的支持，以强制手段来实现统治阶级意志的。警察行政权的强制性是指警察行政权经常以强制方法和手段实现其权力内容。警察行政权在实施过程中的一些具体行为和方式，大都采用强制的方法和手段，显示出广泛的强制性，相对于其他行政权来说，更能突出地反映出其特殊强制的特点。当人民警察执行任务遇到阻碍时，可以凭借自身的实力，包括警力、物质技术装备和设施以及武器、警械等，克服障碍，特别在许多情况下，警察可以根据法律授权，随时可以作出强制性的决定，并且无须经过批准，立即发生法律效力。警察行政权的强制性是一种直接强制，由警察行政主体直接施加于相对人身上的一种特殊强制。例如，警察行政处罚措施、警察强制执行措施等。

(四) 单方性

警察行政职权的单方面性是指其在运用和实施过程中，体现了国家单方面的意思表示，无须征得权力作用对象的同意，相对人应当无条件地服从和遵守。这种权力关系是一种法律关系，是由法律事先加以规定的，只要一出现权力行使的状态，这种法律关系便形成。例如，警察行政主体依法作出命令、依法对相对人进行处罚等，都是警察行政职权单方面发生作用的体现，相对人只能接受，不能拒绝。

## 二、警察行政职权的性质和作用

警察行政职权的性质是由国家的性质决定的，有什么性质的国家就有什么性质的警察行政权。我国是社会主义国家，警察行政职权必须体现广大人民群众的利益和要求，其设定目的在于维护人民所需要的社会秩序和公共安全，警察行政职权的内容以及职权的运用和实施，必须反映人民的利益和要求。

警察行政职权的内容作用主要体现在以下两个方面：

(一) 维护国家安全和社会秩序

社会制度的确立和发展，人民在社会生活中的各种利益关系的调整，需要有国家权力作保障。在国家警务活动中，各种关系错综复杂，社会主体之间的冲突、矛盾日益增多，因此需要以法律形式规定警察行政职权，以维护社会秩序，巩固国家政权。

(二) 保障公民、法人或其他组织的合法权益

警察行政职权在维护社会公共安全和人们正常的工作、生活秩序方面具有重要作用。在我国，人民充分享有国家主人的权利，人民将权力委托给公安机关和警务人员行使，他们必须公正、合法、有效地维护人民的合法权益，维护公共安全和正常的社会秩序。

### 三、警察行政职权的类型

警察行政职权是国家权力的重要组成部分，对于任何社会，警察行政职权都是必不可缺的，其是维护社会治安和公共秩序是社会正常存续的基本条件。警察行政职权在一个社会中的实际状态，在相当程度上是一个社会法治文明发展水平和人权保障水平的标志，警察行政职权的扩大意味着公民权的缩小，警察行政职权的滥用往往导致公民权的损害。警察行政职权既要满足保障公民权利和自由之需，又要无滥用以致侵害公民权利之虞。

警察行政职权的范围非常丰富，依警察行政职权的主体不同，可以分为公安机关的行政职权、国家安全机关的行政职权和监狱、强制隔离戒毒机关的行政职权。公安机关的行政职权内容庞杂，涉及面广。国家安全机关的行政职权主要内容是对妨碍国家安全尚未构成犯罪的行为，以及妨碍执行任务，未使用暴力、威胁方法，情节较轻的人员采取的强制性行政措施，监狱、强制隔离戒毒机关的行政职权的内容主要是对罪犯实施狱政管理等。

依警察行政职权的内容不同，可以分为行政制规权、命令权、裁决权、教育权、强制权、指挥权、处罚权等。

## 第二节　警察行政处置权

警察行政处置权，是指警察行政主体为维护社会秩序、公共安全和国家利益，在警察行政管理活动中，依法对特定对象采取的一种权力，是警察机关依法进行的警察行政管理行为。行政处置权表现为：警察机关在道路、交通、消防、危险物品、特种行业和出入境等治安行政管理活动中，为维护社会秩序和公共安全，依法对特定的人、物、事、场所采取的一种权力行为。行政处置权，包括命令、取缔和许可等项具体权力。

### 一、警察命令

命令是警察行政主体为维护社会秩序和公共安全依法对负有特定义务的特定人，发出的“作为”或“不作为”的警察行政行为。警察命令是警察机关为实现行政法律、法规的规定而直接采取的命令行为。

#### （一）作为命令

作为命令是指警察行政主体要求相对方应当作出某一行为的行为要求。例如，依照《居民身份证法》的规定，命令年满 16 周岁的中国公民限期向公安机关申领居民身份证明；要求相对人拆除违章建筑；依照《消防法》的规定，消防监督机构发现随时可能发生火灾危险的，有权责令有关单位和人员立即整改，在紧急情况下，有权责令其危险部位停产、停业整改等。

（二）禁止命令

禁止命令，又称“不作为命令”，是指警察行政主体明确指令相对方不能作出某种行为。例如，依照《集会游行示威法》的规定，未经公安机关许可的，不准任何公民举行集会、游行、示威；获得公安机关许可的集会、游行、示威，不得违反治安管理法规，不得进行违法犯罪活动；在戒严状态禁止举行集会、游行、示威活动；在某些特定场合不能明火作业等。

（三）限制性命令

限制性命令，又称“约束性命令”，在特定的场所，将相对方的某种行为限定在一定范围内而发出的命令。例如，根据《道路交通安全法》的规定，在某些场所对机动车的时速进行限制；限制携带一定数量的易燃易爆物品等。超出限制范围的行为即为禁止的行为，属于违法的范畴。

## 二、禁止与取缔

禁止与取缔是指警察机关依法对于某些违反治安管理、扰乱社会秩序、妨害公共安全的行为宣布禁止，予以取缔，并对违禁者予以法律制裁的行为。禁止与取缔行为是警察行政处置中较为严厉的形式。禁止与取缔可以分为：

（一）特定行为的禁止与取缔

对特定行为的禁止是指对行为本身的禁止，对某些危害人民群众利益，对社会治安秩序有特殊危害的特定行为，国家制定专门的法律、法规，明令禁止。例如，禁止利用封建迷信手段进行扰乱社会治安秩序或者骗取财物的活动；禁止赌博或者为赌博提供条件。

（二）特定物品的禁止与取缔

对特定物品的禁止，即禁止行为对象为某种物品。禁止制作、复制、出售、出租或者传播淫书、淫画、淫秽录像和其他淫秽物品；禁止卖淫、嫖娼；禁止制造、贩卖、偷运及吸食鸦片及其他毒品等。

## 三、警察行政许可

（一）警察行政许可的概念

行政许可是指在法律一般禁止下，行政机关根据公民、法人或组织的申请，经依法审查，准予其从事特定活动的行为。警察行政许可是指在法律一般禁止情况下，警察行政主体根据当事人的申请，通过颁发许可证或执照等形式，依法赋予特定的行政相对人从事某种活动或实施某种行为的权利或资格的警察行政行为，也就是说，申请一经批准，警察机关对某种行为解除禁止，使其成为一种合法的特定行为。

行政许可有以下特征：

其一，行政许可依申请而为，行政许可以申请为起始，不是行政机关引起；

其二，行政许可是行政监管行为；

其三，行政许可是准许当事人从事特定活动的行为，使其获得特定活动的权利或资格；

其四，行政许可是外部行为。

（二）警察行政许可的种类

警察行政许可是警察机关及警察人员在实施治安行政管理过程中的一项具体行政行为。根据管理部门的部门，分为以下几类：

1. 治安管理许可

其主要包括机会游行示威类许可，大型群众文化体育活动安全许可，剧毒化学物品购买、公路运输许可，民用枪支配购、持枪许可，民用爆破物品购买、运输、使用许可，特种行业管理许可等。

2. 道路交通管理许可

其主要包括机动车登记，机动车驾驶许可，非机动车登记，新建改建道路交通安全设施竣工验收，机动车安全技术检验，机动车特许通行许可等。

3. 户政管理许可

其主要有户口、身份证、暂住证的许可。

4. 出入境管理许可

其主要包括台湾居民停留延期、暂住、多次往返签注许可，公民因私出境许可，大陆居民往来台湾许可，外国人入境签证、居留、旅行、出入境通行许可等。

5. 消防管理许可

其主要包括举办具有火灾危险的大型群众性活动消防安全许可，建设工程消防设计审核及消防验收，公众聚集场所使用安全许可等。

6. 边检管理许可

其主要包括出海船舶户籍注册、出海船舶边防登记、出海船民许可，边境地区出入境通行许可等。

7. 计算机安全管理许可

其主要包括计算机信息系统安全专用产品检测和销售许可，计算机信息管理系统安全管理人员的个人资质许可，对经营网吧的许可等。

（三）警察行政许可的表现形式

警察行政许可形式，一般是附条件许可，按照警察行政许可性质的不同，可分为“义务、条件、期限”三种。

1. 附有义务的许可

其是指当事人获得公安机关许可实施某种行为或经营某种行业时，必须承担法律规定的相关义务。如经营旅馆者，当在旅馆内发现违法犯罪分子时，应当立即向当地公安机关报告，不得知情不报或隐瞒包庇。如有违者，公安机关有权依法予以处理。

2. 附有条件的许可

其是指申请者获得公安机关核准许可时，必须具备法律规定的条件。如生产、储存爆炸物品的工厂、仓库，应当建立在远离城市的独立地段。如不符合法定的条件，公安机关有权责令限期进行整改或停业整顿。

3. 附有期限的许可

其是规定许可内容的有效期限，过期即失去许可效力。如公民申请获准许可举行的集会、游行、示威的时间限于早 6 时至晚 10 时。在这个期限以外举行的集会、游行、示威，即属违法，必须承担法律责任。

（四）警察行政许可程序

根据公安部《公安机关行政许可工作规定》所确定的内容，公安机关实施行政许可行为，应当遵循合法、公开、公平、公正、便民、高效等原则。

1. 申请程序

公民、法人或者其他组织依法需要取得警察行政许可的，应当向公安机关提出申请。申请既可以采用口头形式，也可以采用书面形式，还可以通过信函、电报、传真、电子数据交换和电子邮件等方式提出。为了便于申请人提出申请，公安机关可以就许可事项进行公示，依照《行政许可法》第 30 条规定进行公示可以采取设置公告栏、触摸屏或者查阅本等方式进行。已经建立公共信息网站的公安机关还应当将该条规定的公示内容以及受理机关的地址、咨询电话在网站上公示。

2. 受理程序

（1）初步审查

公安机关受理行政许可申请后，除依法可以当场作出许可决定外，应当指定工作人员负责对申请材料进行审查。审查人员审查后应当提出明确的书面审查意见并签名。根据《公安机关行政许可工作规定》的规定，公安机关接到行政许可申请后，应当就下列事项进行初步审查：申请事项是否属于依法需要取得行政许可的事项；申请事项是否属于本机关管辖；申请材料是否齐全和符合法定形式，内容填写是否正确。

（2）对申请的处理

受公安机关对申请人提出的行政许可申请，经初步审查，按照下列情形分别作出处理：依法不需要取得行政许可的，应当即时口头告知申请人不予受理，并说明理由；申请人要求书面决定的，公安机关应当出具不予受理决定书；申请事项依法不属于本机关职权范围的，应当口头告知申请人向有关行政机关申请；申请人要求书面决定的，公安机关应当出具不予受理决定书；申请材料存在可以当场更正的错误的，应当允许申请人当场更正，并由申请人签字或者捺指印确认；申请材料不齐全或者不符合法定形式的，应当当场或者在5日内一次告知申请人需要补正的全部内容；逾期不告知的，自收到申请材料之日起即为受理；申请事项属于本机关职权范围，申请材料齐全、符合法定形式，或者申请人按照本机关的要求提交全部补正申请材料的，应当受理行政许可申请。

3. 听证程序

（1）听证前的准备。公安机关应当于举行听证的7日前将举行听证的时间、地点通知申请人、利害关系人，必要时予以公告，听证应当公开举行。

（2）举行听证时，审查该公安行政许可申请的工作人员应当提供审查意见的证据、理由，申请人、利害关系人可以提出证据并进行申辩和质证。

（3）制作笔录。听证应当制作笔录，听证笔录应当交听证参见人确认无误后签字或者盖章。

4. 监督检查程序

根据《公安机关行政许可工作规定》的规定，公安机关应当按照《行政许可法》第六章的规定加强对被许可人从事行政许可事项活动的监督检查。监督检查可以采取下列方式：实地检查；抽样检查、检验、检测；查阅从事行政许可事项活动的相关资料；其他法律、法规、规章规定的监督检查方式。

## 四、警察行政检查

行政检查主要是指享有行政检查权的行政机关，为了保障法律、法规、规章以及行政命令等得到有效的遵守，依法对公民，法人以及其他组织守法和履行法律义务进行检查、了解、监督的行为。

（一）警察行政检查的特征

1. 主体只能是公安机关

行政检查是具有行政职权的机关进行的活动，其主体只能是法定的行政主体。除了公安机关外，任何机关无权行使警察行政检查权。

2. 警察行政检查是单方依职权的行政行为

不是依相对方的申请而作出的，而是公安机关依据职权作出的。

3. 警察行政检查影响但不直接处理和改变行政相对人的法律地位

行使行政检查，可能限制向对方的权利行使，但不创设、改变或消灭相对人的法律地位，相对人的法律义务在于配合检查。

4. 警察行政检查是一种给相对人设定程序性义务和限制其权利的行为

对于行政相对人而言，警察行政检查不会给相对人产生权利，而只会给相对人设定某些程序性义务，对其权利进行一定的限制，如接受检查等。

（二）警察行政检查的方式

1. 检查

检查是警察行政执法中最广泛使用的调查手段，具体包括：

（1）对居民身份证及其他相关个人专属证件的检查。《居民身份证法》第15条第1款规定："人民警察依法执行职务，遇有下列情形之一的，经出示执法证件，可以查验居民身份证：（一）对有违法犯罪嫌疑的人员，需要查明身份的；（二）依法实施现场管制时，需要查明有关人员身份的；（三）发生严重危害社会治安突发事件时，需要查明现场有关人员身份的；（四）在火车站、长途汽车站、港口、码头、机场或者在重大活动期间设区的市级人民政府规定的场所，需要查明有关人员身份的；（五）法律规定需要查明身份的其他情形。"其他公民个人的专属证件还包括有：军人身份证件、学生证、毕业证书、驾驶证，同时还包括有居住在我国的外国人的护照、居留证等。

（2）对人身、物品、场所的检查。对人身的检查是为了发现被调查人是否携带违禁物品、赃物或者有关证据，或者发现其是否有犯罪嫌疑。《出境入境边防检查条例》第14条规定："边防检查站认为必要时，可以对出境、入境的人员进行人身检查。人身检查应当由两名与受检查人同性别的边防检查人员进行。"

对物品的检查则是针对相对人携带的物品进行检查，以查明在此物品中是否有国家明文规定的违禁品或者赃物。同时还能通过检查发现是否有犯罪证据。《出境入境边防检查条例》第27条规定："边防检查站根据维护国家安全和社会秩序的需要，可以对出境、入境人员携带的行李物品和交通运输工具载运的货物进行重点检查。"同时，其第28条还规定："出境、入境的人员和交通运输工具不得携带、载运法律、行政法规规定的危害国家安全和社会秩序的违禁物品；携带、载运违禁物品的，边防检查站应当扣留违禁物品，对携带人、载运违禁物品的交通运输工具负责人依照有关法律、行政法规的规定处理。"对场所的检查，即公安机关对相对人的住所、经营场所进行检查，以核实相对人是否在其住所或场所中藏有违禁品，是否存在违法犯罪行为。

2. 现场勘查、检验、鉴定

《道路交通事故处理程序规定》第33条规定：“交通警察勘查道路交通事故现场，应当按照有关法规和标准的规定，拍摄现场照片，绘制现场图，及时提取、采集与案件有关的痕迹、物证等，制作现场勘查笔录。现场勘查过程中发现当事人涉嫌利用交通工具实施其他犯罪的，应当妥善保护犯罪现场和证据，控制犯罪嫌疑人，并立即报告公安机关主管部门。发生一次死亡三人以上事故的，应当进行现场摄像，必要时可以聘请具有专门知识的人参加现场勘验、检查。现场图、现场勘查笔录应当由参加勘查的交通警察、当事人和见证人签名。当事人、见证人拒绝签名或者无法签名以及无见证人的，应当记录在案。”

3. 盘查、留置

（1）盘查。盘查是公安机关的人民警察在执行职务过程中，对形迹可疑、有违法犯罪嫌疑的人依法当场实施的盘问和检查的措施。

根据《人民警察法》第9条的规定，有违法犯罪嫌疑的人员包括以下两层意思：第一，有违法嫌疑的人员即被怀疑有某种违法行为的人，违法仅指违反治安管理的尚不构成犯罪的行为；第二，有犯罪嫌疑的人，即其外观、神态、行为等被警察怀疑有犯罪的可能的，如体貌特征可疑、行为可疑、带有明显的犯罪迹象者、携带可疑物品者、身份可疑者等。

对嫌疑对象当场盘查后，应当根据其行为的性质、嫌疑程度分别作出不同的处理。排除了违法犯罪嫌疑的，应当放行；仍不能排除或确认有违法犯罪行为，且有上述情形的，可将其带至公安机关继续盘问；对于违反治安管理行为的盘查对象，可以当场作出处罚；有证据证明有犯罪事实的，应将其移送侦查部门立案侦查或采取刑事强制措施。

（2）继续盘问。继续盘问是指公安机关的人民警察为了维护社会治安秩序，对有违法犯罪嫌疑的人员当场盘问、检查后，发现具有法定情形而将其带至公安机关继续盘问的措施。

①继续盘问的要件。第一，主体要件。根据《人民警察法》第9条的规定，人民警察法将继续盘问权赋予公安机关的人民警察。也就是说，行使继续盘问权的主体，只能是公安机关的人民警察，其他机关的人民警察以及其他单位和个人都不能行使继续盘问权。第二，前提要件。经过当场盘问、检查。人民警察对有违法犯罪嫌疑的人员当场盘问、检查后，如果能排除其违法犯罪嫌疑，就应当场允许其自由离开。只有经过当场盘问、检查后，不能排除其违法犯罪嫌疑，并且具有四种法定情形之一的，才能带至公安机关经批准后继续盘问。这是继续盘问区别于传唤和拘传的一个重要特征。不经过“当场盘问、检查”，就不能对有违

法犯罪嫌疑的人员适用继续盘问。第三，对象要件。具有四种法定情形之一的有违法犯罪嫌疑的人员。所谓法定情形，是指《人民警察法》第 9 条第 1 款规定的四种情形之一，即被指控有犯罪行为的、有现场作案嫌疑的、有作案嫌疑身份不明的或者携带的物品有可能是赃物的。《公安机关适用继续盘问规定》第 8 条对这四种情形作了具体化规定。第四，地点要件。必须带至公安机关。人民警察对有违法犯罪嫌疑的人员当场盘问、检查后，如不能排除违法犯罪嫌疑，可以对其适用继续盘问，以便进一步审查。但是，必须将有违法犯罪嫌疑的人员带至公安机关继续盘问。如果带至其他地方，如社区警务室、治安岗亭、治安联防点、保安公司、有违法犯罪嫌疑的人员的住处、旅店等，则不能算作继续盘问。

②继续盘问的对象。《公安机关适用继续盘问规定》第 8 条规定："对有违法犯罪嫌疑的人员当场盘问、检查后，不能排除其违法犯罪嫌疑，且具有下列情形之一的，人民警察可以将其带至公安机关继续盘问：（一）被害人、证人控告或者指认其有犯罪行为的；（二）有正在实施违反治安管理或者犯罪行为嫌疑的；（三）有违反治安管理或者犯罪嫌疑且身份不明的；（四）携带的物品可能是违反治安管理或者犯罪的赃物的。"第 9 条规定："对具有下列情形之一的人员，不得适用继续盘问：（一）有违反治安管理或者犯罪嫌疑，但未经当场盘问、检查的；（二）经过当场盘问、检查，已经排除违反治安管理和犯罪嫌疑的；（三）涉嫌违反治安管理行为的法定最高处罚为警告、罚款或者其他非限制人身自由的行政处罚的；（四）从其住处、工作地点抓获以及其他应当依法直接适用传唤或者拘传的；（五）已经到公安机关投案自首的；（六）明知其所涉案件已经作为治安案件受理或者已经立为刑事案件的；（七）不属于公安机关管辖的案件或者事件当事人的；（八）患有精神病、急性传染病或者其他严重疾病的；（九）其他不符合本规定第八条所列条件的。"第 10 条规定："对符合本规定第八条所列条件，同时具有下列情形之一的人员，可以适用继续盘问，但必须在带至公安机关之时起的四小时以内盘问完毕，且不得送入候问室：（一）怀孕或者正在哺乳自己不满 1 周岁婴儿的妇女；（二）不满 16 周岁的未成年人；（三）已满 70 周岁的老年人。对前款规定的人员在晚上九点至次日早上七点之间释放的，应当通知其家属或者监护人领回；对身份不明或者没有家属和监护人而无法通知的，应当护送至其住地。"

③继续盘问的时限。《公安机关适用继续盘问规定》第 11 条第 1 款规定，继续盘问的时限一般为 12 小时；对在 12 小时以内确实难以证实或者排除其违法犯罪嫌疑的，可以延长至 24 小时；对不讲真实姓名、住址、身份，且在 24 小时以内仍不能证实或者排除其违法犯罪嫌疑的，可以延长至 48 小时。继续盘问时限的计算时间，从警察人员将有违法、犯罪嫌疑的人员被带至公安机关之时起，至

被盘问人可以自由离开公安机关之时，或者被盘问人被决定刑事拘留、逮捕、行政拘留、强制戒毒而移交有关监管场所执行之时止。其中包括呈报和审批继续盘问、延长继续盘问时限、处理决定的时间。

④继续盘问的审批程序。《公安机关适用继续盘问规定》第 13 条规定，公安派出所的人民警察对符合本规定第 8 条所列条件，确有必要继续盘问的有违法犯罪嫌疑的人员，可以立即带回，并制作《当场盘问、检查笔录》、填写《继续盘问审批表》，报公安派出所负责人审批决定继续盘问 12 小时。对批准继续盘问的，应当将《继续盘问审批表》复印、传真或者通过计算机网络报所属县、市、旗公安局或者城市公安分局主管公安派出所工作的部门备案。县、市、旗公安局或者城市公安分局其他办案部门和设区的市级以上公安机关及其内设机构的人民警察对有违法犯罪嫌疑的人员，应当依法直接适用传唤、拘传、刑事拘留、逮捕、取保候审或者监视居住，不得适用继续盘问；对符合本规定第 8 条所列条件，确有必要继续盘问的有违法犯罪嫌疑的人员，可以带至就近的公安派出所，按照本规定适用继续盘问。

延长继续盘问时限的审批程序。《公安机关适用继续盘问规定》第 17 条规定：对符合本规定第 11 条所列条件，确有必要将继续盘问时限延长至 24 小时的，公安派出所应当填写《延长继续盘问时限审批表》，报县、市、旗公安局或者城市公安分局的值班负责人审批；确有必要将继续盘问时限从 24 小时延长至 48 小时的，公安派出所应当填写《延长继续盘问时限审批表》，报县、市、旗公安局或者城市公安分局的主管负责人审批。县、市、旗公安局或者城市公安分局的值班或者主管负责人应当在继续盘问时限届满前作出是否延长继续盘问时限的决定，但不得决定将继续盘问时限直接从 12 小时延长至 48 小时。

终止继续盘问和立即释放被盘问人。《公安机关适用继续盘问规定》第 19 条规定：“对具有下列情形之一的，应当立即终止继续盘问，并立即释放被盘问人或者依法作出处理决定：（一）继续盘问中发现具有本规定第九条所列情形之一的；（二）已经证实有违法犯罪行为的；（三）有证据证明有犯罪嫌疑的。对经过继续盘问已经排除违法犯罪嫌疑，或者经过批准的继续盘问、延长继续盘问时限届满，尚不能证实其违法犯罪嫌疑的，应当立即释放被盘问人。”终止继续盘问或立即释放被盘问人时应办理相关手续。第 20 条规定：“对终止继续盘问或者释放被盘问人的，应当在《继续盘问登记表》上载明终止继续盘问或者释放的具体时间、原因和处理结果，由被盘问人核对无误后签名或者捺指印。被盘问人拒绝签名和捺指印的，应当在《继续盘问登记表》上注明。”

被盘问人被作出其他处理后，应及时变更羁押场所或予以释放。《公安机关适用继续盘问规定》第 21 条规定，在继续盘问期间对被盘问人依法作出刑事拘留、逮捕或者行政拘留、强制戒毒决定的，应当立即移交有关监管场所执行；依法作出取保候审、监视居住或者警告、罚款等行政处罚决定的，应当立即释放。

## 第三节　警察行政强制措施权

### 一、对人的行政强制措施

对人的行政强制措施，是指警察行政主体对逾期不履行行政处理决定的行政相对人依法采取必要的强制措施，迫使其履行义务或达到与履行义务相同状态的具体行政行为。

1. 强行带离现场

《人民警察法》第 8 条规定：“公安机关的人民警察对严重危害社会治安秩序或者威胁公共安全的人员，可以强行带离现场、依法予以拘留或者采取法律规定的其他措施。”

2. 当场盘问、留置

《人民警察法》第 9 条规定：“为维护社会治安秩序，公安机关的人民警察对有违法犯罪嫌疑的人员，经出示相应证件，可以当场盘问、检查；经盘问、检查，有下列情形之一的，可以将其带至公安机关，经该公安机关批准，对其继续盘问：（一）被指控有犯罪行为的；（二）有现场作案嫌疑的；（三）有作案嫌疑身份不明的；（四）携带的物品有可能是赃物的。对被盘问人的留置时间自带至公安机关之时起不超过二十四小时，在特殊情况下，经县级以上公安机关批准，可以延长至四十八小时，并应当留有盘问记录。对于批准继续盘问的，应当立即通知其家属或者其所在单位。对于不批准继续盘问的，应当立即释放被盘问人。经继续盘问，公安机关认为对被盘问人需要依法采取拘留或者其他强制措施的，应当在前款规定的期间作出决定；在前款规定的期间不能作出上述决定的，应当立即释放被盘问人。”

3. 以警械或武器进行人体行动限制

《人民警察法》第 11 条规定：“为制止严重违法犯罪活动的需要，公安机关的人民警察依照国家有关规定可以使用警械。”

4. 即时约束

《人民警察法》第 14 条规定：“公安机关的人民警察对严重危害公共安全或

者他人人身安全的精神病人，可以采取保护性约束措施。需要送往指定的单位、场所加以监护的，应当报请县级以上人民政府公安机关批准，并及时通知其监护人。”

5. 现场管制、强行驱散、强行带离现场

《人民警察法》第 17 条规定：“县级以上人民政府公安机关，经上级公安机关和同级人民政府批准，对严重危害社会治安秩序的突发事件，可以根据情况实行现场管制。公安机关的人民警察依照前款规定，可以采取必要手段强行驱散，并对拒不服从的人员强行带离现场或者立即予以拘留。”

6. 强制检查身份证

《居民身份证法》第 15 条第 2 款规定：“有前款所列情形之一，拒绝人民警察查验居民身份证的，依照有关法律规定，分别不同情形，采取措施予以处理。”

7. 强制传唤

《治安管理处罚法》第 82 条第 2 款规定：“公安机关应当将传唤的原因和依据告知被传唤人。对无正当理由不接受传唤或者逃避传唤的人，可以强制传唤。”

8. 强制隔离治疗

依据《传染病防治法》第 39 条的规定，拒绝隔离治疗或者隔离期未满擅自脱离隔离治疗的，可以由公安机关协助医疗机构采取强制隔离治疗措施。

9. 强制撤离

《道路交通安全法实施条例》第 89 条第 1 款规定：“公安机关交通管理部门或者交通警察接到交通事故报警，应当及时赶赴现场，对未造成人身伤亡，事实清楚，并且机动车可以移动的，应当在记录事故情况后责令当事人撤离现场，恢复交通。对拒不撤离现场的，予以强制撤离。”

10. 强制戒毒

《戒毒条例》第 25 条第 2 款规定：“对于吸毒成瘾严重，通过社区戒毒难以戒除毒瘾的人员，县级、设区的市级人民政府公安机关可以直接作出强制隔离戒毒的决定。”

11. 强行遣送

《集会游行示威法》第 33 条规定：“公民在本人居住地以外的城市发动、组织当地公民的集会、游行、示威的，公安机关有权予以拘留或者强行遣回原地。”

12. 拘留

《集会游行示威法》第 27 条第 3 款规定：“参加集会、游行、示威的人员越过依照本法第二十二条规定设置的临时警戒线、进入本法第二十三条所列不得举行集会、游行、示威的特定场所周边一定范围或者有其他违法犯罪行为的，人民警察可以将其强行带离现场或者立即予以拘留。”第33条规定：“公民在本人居住地以外的城市发动、组织当地公民的集会、游行、示威的，公安机关有权予以拘留或者强行遣回原地。”

13. 交通管理中的盘问、检查

参加查缉肇事逃逸案件的人民警察，要注意保护自身安全，对查获的肇事者、嫌疑人和逃逸、嫌疑车辆，应当依照《人民警察法》和有关规定，立即进行盘问和检查。《公安部关于组建公路巡逻民警队在公路上实施统一执法工作的通知》第2条第2款规定：“公路巡逻民警队在公路上执行职务时，可以行使《中华人民共和国人民警察法》等法律规定的强制措施，当场盘问和检查、保护性约束措施等权力。”

## 二、对财产的行政强制措施

1. 强制拆除

《道路交通安全法》第97条规定：“非法安装警报器、标志灯具的，由公安机关交通管理部门强制拆除，予以收缴，并处二百元以上二千元以下罚款。”

2. 强制铲除

依据《禁毒法》第19条规定地方各级人民政府发现非法种植毒品原植物的，应当立即采取措施予以制止、铲除。

3. 强制征用

其是指人民警察执行公务时，对交通工具、通信工具、场地、建筑物有优先征用的权力。《人民警察法》第13条规定：“公安机关的人民警察因履行职责的紧急需要，经出示相应证件，可以优先乘坐公共交通工具，遇交通阻碍时，优先通行。公安机关因侦查犯罪的需要，必要时，按照国家有关规定，可以优先使用机关、团体、企业事业组织和个人的交通工具、通信工具、场地和建筑物，用后应当及时归还，并支付适当费用；造成损失的，应当赔偿。”《人民警察法》规定，公安机关人民警察在特殊情况下行使强制征用的法律责任：（1）人民警察依法执行职务，公民和组织应当给予支持和协助。公民和组织协助人民警察依法执行职务的行为受法律保护。第35条第3项规定，拒绝或者阻碍人民警察依法执行追捕、搜查、救险等任务进入有关住所、场地的，给予治安管理处罚；以暴力、威胁方法实施拒绝或者阻碍，构成犯罪的，依法追究刑事责任。（2）支付费用及补偿。公安机关和人民警察对优先使用交通、通信工具，占用场地、物品等，或使用或借用之后，根据有关法律法规的规定，使用完毕应及时归还，并支付适当的费用，造成损失的，应当补偿。

4. 查封、扣押、冻结

查封是指公安机关对行政相对人的动产或不动产就地封存，防止有关人员对财产任意进行处分的行为。查封的目的主要是保障公安机关作出行政处罚决定前或强制执行前财产不被毁坏或转移，或者保存相对人违法的证据。扣押是指公安机关为及时制止或查明某种违法行为而依法扣押嫌疑人有关物品或证件。冻结是指公安机关在对公民、法人或者其他组织作出行政处罚之前，为防止公民、法人或者其他组织转移现金，以保证今后处罚的执行，通知有关单位冻结公民、法人或者其他组织的某种款项。如《反间谍法》第 13 条第 1 款规定：“国家安全机关因反间谍工作需要，可以依照规定查验有关组织和个人的电子通信工具、器材等设备、设施。查验中发现存在危害国家安全情形的，国家安全机关应当责令其整改；拒绝整改或者整改后仍不符合要求的，可以予以查封、扣押。”

对枪支、道具以及其他危险物品的查验、收缴、扣留。《枪支管理法》第 28 条规定：“国家对枪支实行查验制度。持有枪支的单位和个人，应当在公安机关指定的时间、地点接受查验。公安机关在查验时，必须严格审查持枪单位和个人是否符合本法规定的条件，检查枪支状况及使用情况；对违法使用枪支、不符合持枪条件或者枪支应当报废的，必须收缴枪支和持枪证件。拒不接受查验的，枪支和持枪证件由公安机关收缴。”

5. 对交通违章车辆和人员的行政强制措施

《道路交通安全违法行为处理程序规定》第 24 条规定，公安机关交通管理部门及其交通警察在执法过程中，依法可以采取下列行政强制措施：（1）扣留车辆；（2）扣留机动车行驶证；（3）拖移机动车；（4）检验体内酒精、国家管制的精神药品、麻醉药品含量；（5）收缴物品；（6）法律、法规规定的其他行政强制措施。

6. 强制检查

使用范围广，在客船治安管理、交通管理、戒毒人员管理以及狱政管理中均有规定。

7. 物品、信件检查

《戒毒条例》第 28 条第 1 款规定：“强制隔离戒毒场所对强制隔离戒毒人员的身体和携带物品进行检查时发现的毒品等违禁品，应当依法处理；对生活必需品以外的其他物品，由强制隔离戒毒场所代为保管。”

8. 对证件的收缴

《出境入境边防检查条例》第 8 条第 2 款规定：“出境、入境的人员有前款第（三）项、第（四）项或者中国公民有前款第（七）项、第（八）项所列情形之一的，边防检查站可以扣留或者收缴其出境、入境证件。”

### 三、对场所的行政强制措施

1. 交通管制

《人民警察法》第15条第1款规定：“县级以上人民政府公安机关，为预防和制止严重危害社会治安秩序的行为，可以在一定的区域和时间，限制人员、车辆的通行或者停留，必要时可以实行交通管制。”

2. 现场管制

《人民警察法》第17条第1款规定：“县级以上人民政府公安机关，经上级公安机关和同级人民政府批准，对严重危害社会治安秩序的突发事件，可以根据情况实行现场管制。”

3. 取缔

具体包括对邪教、非法组织、娱乐场所、交易市场、非法船舶以及毒品、假劣产品、管制枪支生产企业的取缔等。公安机关在履行行政强制取缔职责时，有时作为取缔的主要主体，有时则会同其他相关部门实行行政强制措施。

4. 在事态极端严重时，可以采取超常规、非常态的强制措施

可以对公民的其他基本权利进行限制和剥夺，如在紧急状态下需要实施戒严时，可以采取以下强制措施：实行新闻管制，实行通信、邮政、电信管制；实行出境入境管制；采取宵禁措施等。

## 第四节　警察行政处罚权

### 一、警察行政处罚权概述

（一）警察行政处罚权的概念

警察行政处罚权是在警察行政管理过程中，对于违反警察行政法律法规，不履行相关行政法律法规所确定的法定义务，或者实施了危及国家安全和社会治安秩序的行为，且情节轻微，尚不构成犯罪的行政相对人，由警察行政主体依法实施相应的行政法律制裁的权力。对于接受处罚的行政相对人来讲，警察行政处罚具有惩罚性；对于警察行政主体来讲，其具有制裁性。

（二）警察行政处罚的种类

根据《治安管理处罚法》第10条的规定，对违反治安管理，实施了违法行

为的行为人，根据其所实施的具体的违反治安管理行为，给予警察行政处罚的种类有警告、罚款、行政拘留、吊销公安机关发放的许可证等。另外，对违反治安管理的外国人，可以附加适用限期出境或者驱逐出境。

1. 警告

警告是警察行政主体对违反治安管理法规的行为人以书面方式作出的谴责和告诫。警告属于最轻微的一种治安管理处罚，只适用于违反治安管理情节轻微的情形，或者违反治安管理行为人具有法定从轻、减轻处罚的情节的情况，它以损害被处罚人名誉权为内容。

警告具有谴责和训诫两重含义。警告的谴责性体现在，警告是公安机关对违反治安管理行为人的一种否定性评价，对违反治安管理行为人处以警告的处罚，表明了公安机关对其行为的违法性和社会危害性的认定和否定性态度。警告的训诫性体现在，对违反治安管理行为人处以警告处罚，不仅是向其指出行为的违法性和社会危害性所在，对其进行谴责，而且要对其进行警示，训诫其不得再行实施违反治安管理行为。

警告一般适用于一些初次、偶然违反行政管理法律、法规，情节轻微的行为人，既可以适用于公民个人，也可以适用于法人或者其他组织。一般以书面形式作出，并必须向本人宣布和送交本人，指明行为人的违法错误并责令其改正、纠正违法行为，具有国家强制性。既可以单独适用，也可以与其他处罚合并适用。根据《治安管理处罚法》的规定，警告的处罚由县级以上公安机关决定，也可以由公安派出所决定。

2. 罚款

罚款是给违反治安管理行为人处以支付一定金钱义务的处罚。罚款处罚在治安管理处罚法中规定得比较多，罚款的作用在于通过使违反治安管理行为人在经济上受到损失，起到对其的惩戒和教育作用。它是最主要的一种财产罚形式，也是我国运用最广泛的一种行政处罚形式。

罚款的特点体现在以下三个方面：第一，强迫相对人承担一定的金钱给付义务；第二，一般针对合法收入，对于非法收入或者财产不适用罚款而是适用没收；第三，罚款有一定的处罚幅度的选择，集中地体现了警察行政主体的自由裁量权。

罚款通常由法律、法规和规章规定一定的数额或者幅度。我国法定的罚款方式有以下几种：第一，规定罚款的上限和下限；第二，规定罚款的固定数额；第三，仅仅规定罚款的上限而不规定下限；第四，规定罚款的数额以某一特定基数为标准按照一定的倍数计算，具体数额由行政机关确定。根据《治安管理处罚法》的规定，罚款的处罚一般由县级以上人民政府公安机关决定，但是对于500元以下的罚款，可以由公安派出所决定。

3. 没收违法所得、非法财物

没收违法所得、非法财物是指警察行政主体将行为人违法所得财物或违禁物品和实施违法行为的工具，强制性无偿地收归国有的一种处罚形式。违法所得是指违法者通过非法手段获得的某种物质利益，主要指金钱收入，如赌资、违法经营所获的非法利润，如《出境入境边防检查条例》第 33 条规定，协助他人非法出境、入境，情节轻微尚不构成犯罪的，处以 2000 元以上 10,000 元以下的罚款，有非法所得的，没收非法所得。非法财物是指与行为有关的财物，包括用于从事违法活动的物品、工具和违禁品等，如《出境入境边防检查条例》第 34 条规定，未经批准携带或者托运枪支、弹药出境、入境的，没收其枪支弹药，并处 1000 元以上 5000 元以下的罚款。

2006 年 3 月 1 日实施的《治安管理处罚法》没有将《行政处罚法》中规定的没收处罚纳入治安管理处罚种类中，而是规定了收缴和追缴两种行政措施。其中，收缴适用于非法财物，主要包括办理治安案件所查获的毒品、淫秽物品等违禁品，赌具、赌资，吸食、注射毒品的用具以及直接用于实施违反治安管理行为的本人所有的工具。追缴适用于违反治安管理行为所得的赃款赃物和非法利益，违反治安管理所得的财物，追缴退还被侵害人；没有被侵害人的，登记造册，公开拍卖或者按照国家有关规定处理，所得款项上缴国库。

4. 责令停产停业

责令停产停业是指警察行政主体对违反行政法规、存在严重安全隐患或问题的经营者采取的在一定期限内限制或剥夺其从事生产、经营活动能力的处罚形式。这种处罚通过行为资格的剥夺间接地影响相对人的远期利益，而非直接对当事人的实际利益造成现实损害。其限制剥夺的不是相对人的财产权而是其行为能力，要求相对人暂时停止生产经营，并不是最终剥夺其从事生产经营的资格，受处罚人在一定期限内纠正了违法行为，就可以恢复生产和经营。公安机关在作出停产停业整顿决定之前，一般应当先通知有关当事人，只有在当事人经指出后仍不改正的情况下，才能使用停产停业整顿的处罚形式。但如果遇有紧急情况，也可以不经告知程序，而立即要求停产停业整顿。

5. 暂扣或吊销许可证、执照

暂扣或吊销许可证、执照是指警察行政主体对违反警察行政法律规范的相对人依法实行暂扣或吊销许可证、执照，限制或剥夺其从事某项生产或经营活动权利的行政处罚。许可证或执照是公安机关根据行政法律规范依相对人的申请颁发的，准许相对人从事某种特定活动、享有某种资格的法律凭证，如公安机关颁发的特种行业许可证、消防许可证、驾驶执照等。

6. 行政拘留

行政拘留是警察主体对严重违反警察行政管理秩序的公民在短期内剥夺其人身自由的一种处罚，它是行政处罚中最严厉的处罚。《治安管理处罚法》关于拘留处罚的幅度的规定，一般分为5日以下、5日以上10日以下、10日以上15日以下三个档次。根据《治安管理处罚法》的规定，拘留的处罚只能由县级以上人民政府公安机关决定。对被决定给予行政拘留处罚的人，在处罚决定生效后，由作出拘留决定的公安机关送达拘留所执行。

根据《公安机关办理行政案件程序规定》第164条的规定，违法行为人具有下列情形之一，依法应当给予行政拘留处罚的，应当作出处罚决定，但不送拘留所执行：（1）已满14周岁不满16周岁的；（2）已满16周岁不满18周岁，初次违反治安管理或者其他公安行政管理的。但是，曾被收容教养、被行政拘留依法不执行行政拘留或者曾因实施扰乱公共秩序，妨害公共安全，侵犯人身权利、财产权利，妨害社会管理的行为被人民法院判决有罪的除外；（3）17周岁以上的；（4）孕妇或者正在哺乳自己婴儿的妇女。

7. 限期出境和驱逐出境

除了上述法定的六种行政处罚种类之外，警察行政处罚的种类还有限期出境和驱逐出境两种处罚形式，限期出境和驱逐出境只适用于外国人，包括无国籍的人，处罚由公安部或者公安部授权的省级人民政府公安机关决定。限期出境由公安机关责令违反治安管理的外国人在规定的时限内离开我国国（边）境。限期出境属于责令自行离境，但负责执行的公安机关可以监督其离开。驱逐出境是强迫违反治安管理的外国人离开我国国（边）境，相对限期出境，驱逐出境是更严厉的一种行政行为，驱逐出境需要由负责执行的公安机关将其强制押解出境。

## 二、警察行政处罚的适用

### （一）适用的条件

警察行政处罚的适用条件是指一个行为要受到警察行政处罚应当具备的条件，具体包括以下几个条件：

1. 主体条件

警察行政处罚的主体必须是能以自己名义实施行政处罚并独立承担责任的警察行政主体。并非所有公安机关都具有行政处罚权，也非具有行政处罚权的主体在任何时候都能行使此权力。

2. 对象条件

警察行政处罚适用于警察行政主体之外的实施了违法行为且具有行政责任能

力的行政相对人，责任能力从年龄和精神状态两个方面进行认定，即已满 14 周岁并能辨认或控制自己行为的人。

3. 行为条件

警察行政处罚只适用于违反了警察法规范尚不构成犯罪的行政违法行为，在客观上对社会造成了实际危害，如果违法行为轻微并及时纠正，没有造成危害后果的，则不予行政处罚。

4. 时效条件

对违法行为人实施处罚必须在法律规定的时效内实施，超过法定的追究时效没有被公安机关发现的，不得再对违法行为人实施处罚。《行政处罚法》规定违法行为在 2 年内未被发现的，不再给予处罚。有些法律对行政处罚规定了特别时效，在适用时，应依照特别追究时效的规定，如《治安管理处罚法》规定的 6 个月的时效，其只适用于治安案件，而治安以外的其他违法行为则适用《行政处罚法》规定的两年的追究时效。

（二）适用的方法

1. 数种违法行为的处罚

数种违法行为是指两种以上不同性质的违法行为，对于数种违法行为应当分别裁决，合并执行。行政拘留合并执行不得超过 20 日。

2. 共同违法行为的处罚

共同违法行为是指两人以上共同实施同一违法行为。对于共同违法行为人根据它们在行为中的地位主次、作用大小、情节轻重等情况分别予以处罚。对数个违法行为人在不同的处罚决定书中分别作出处罚，分别执行。

3. 不予处罚

不满 14 周岁的人有违法行为的；精神病人在不能辨认或不能控制自己行为时有违法行为的；由于生理缺陷原因违反法律规定的；属于正当防卫、紧急避险行为的；违法行为轻微并及时纠正没有造成危害后果的。

4. 从轻或减轻处罚

从轻处罚是指在法定处罚种类和处罚幅度内，选择较轻的处罚种类或幅度适用处罚。减轻处罚是指在法定的处罚种类和处罚幅度的最低限以下选择适用处罚。《行政处罚法》规定有以下情形：主动消除或减轻违法行为危害后果的；受他人胁迫有违法行为的；配合行政机关查处违法行为有立功表现的，其他依法从轻或减轻行政处罚的。

5. 从重处罚

对违法行为人在可能的处罚方式上选择较重的或在同一处罚种类中处罚幅度内选择较高的额度进行处罚。《治安管理处罚法》第 20 条规定有以下情形，有较严重后果的；教唆、胁迫、诱骗他人违反治安管理的；对报案人、控告人、举报人、证人打击报复的；6个月内曾受过治安管理处罚的。

## 第五节　警察紧急状态处置权

紧急状态处置权，是警察机关及其人民警察为了维护国家安全和社会治安秩序，保护人民生命财产免受损失，在出现意外突发的治安事件、特大暴力犯罪和特大治安灾害事故的情况下，依法实施的非常措施和特殊办法。主要包括：使用警械、武器权；优先乘坐交通工具、优先通行、优先使用权；交通管制权；现场管制权；强行带离现场和强制拘留等。

紧急状态处置权的方式主要有以下几种：

### 一、使用警械、武器权

《人民警察法》第10条规定："遇有拒捕、暴乱、越狱、抢夺枪支或者其他暴力行为的紧急情况，公安机关的人民警察依照国家有关规定可以使用武器。"第11条规定："为制止严重违法犯罪活动的需要，公安机关的人民警察依照国家有关规定可以使用警械。"

（一）警械、武器的范围

根据《人民警察法》和《人民警察使用警械和武器条例》等有关人民警察使用武器和警械的法律法规的规定，所谓警械，是指人民警察执行职务活动中使用的具有强制性的工具，主要包括：人民警察按照规定装备的警棍、催泪弹、高压水枪、特种防暴枪、手铐、脚镣、警绳等警用器械。可分为驱逐性、制服性和约束性警械。武器是指人民警察按照规定装备的枪支、弹药等致命性警用武器。

（二）使用警械、武器的目的、原则

1. 使用警械、武器的法律依据

参见前述《人民警察法》第10条、第11条规定。《人民警察使用警械和武器条例》第2条规定："人民警察制止违法犯罪行为，可以采取强制手段；根据需要，可以依照本条例的规定使用警械；使用警械不能制止，或者不使用武器制止，可能发生严重危害后果的，可以依照本条例的规定使用武器。"

2. 公安机关的人民警察使用警械和武器的目的

公安机关的人民警察使用警械和武器的目的是依法履行职责，制止违法犯罪行为。人民警察使用警械和武器，就是要强行制止对人民警察执行职务行为的暴力抗拒或者袭击，消除拒绝或者阻碍人民警察执行职务的暴力障碍，对严重危害社会治安的不法行为予以强行制止，以维护国家安全和社会秩序，保护公民的生命和财产安全，保护公共财产不受侵犯。

3. 人民警察使用警械和武器应遵循的原则

《人民警察使用警械和武器条例》第4条规定：“人民警察使用警械和武器，应当以制止违法犯罪行为，尽量减少人员伤亡、财产损失为原则。”因此，赋予人民警察履行职责、制止违法犯罪行为的必要强制手段的同时，又要防止人民警察滥用警械和武器。人民警察使用警械、武器时，应当遵循下列原则：保障人民警察履行职责、制止违法犯罪行为的原则；依法使用警械、武器的原则；人民警察使用武器警械，应尽量减少人员伤亡、财产损失的原则；保护公民合法权益的原则。

（三）人民警察使用警械、武器的条件

使用警械和武器是人民警察武装性质的集中体现，也是人民警察依法履行职责的重要物质保障。警械和武器的特殊性，决定了人民警察必须严格按照法律规定的条件使用。

1. 人民警察使用警械的条件

为制止严重违法犯罪活动的需要，公安机关的人民警察依照国家有关规定可以使用警械。使用驱逐性、制服性警械的条件。根据《人民警察使用警械和武器条例》第7条的规定，人民警察依法执行职务，遇有下列情形之一，经警告无效的，可以使用警棍、催泪弹、高压水枪、特种防暴枪等驱逐性、制服性警械：结伙斗殴、殴打他人、寻衅滋事、侮辱妇女或者进行其他流氓活动的；聚众扰乱车站、码头、民用航空站、运动场等公共场所秩序的；非法举行集会、游行、示威的；强行冲越人民警察为履行职责设置的警戒线的；以暴力方法抗拒或者阻碍人民警察依法履行职责的；袭击人民警察的；危害公共安全、社会秩序和公民人身安全的其他行为，需要当场制止的；法律、行政法规规定可以使用驱逐性、制服性警械的其他情形。

2. 人民警察使用警械的约束性条件

人民警察依照规定使用警械，应当以制止违法犯罪行为为限度，当违法犯罪行为得到制止时，应当立即停止使用。根据《人民警察使用警械和武器条例》第8条的规定，人民警察依法执行下列任务，遇有违法犯罪分子可能脱逃、行凶、自杀、自伤或者其他危险行为的，可以使用手铐、脚镣、警绳等约束性警械：抓获违法犯罪分子或者犯罪重大嫌疑人的；执行逮捕、拘留、看押、押解、审讯、拘传、强制传唤的；执行其他任务，法律、行政法规规定可以使用约束性警械的情形。人民警察依照规定使用警械，不得故意造成人身伤害。

3. 人民警察使用武器的条件

人民警察使用武器必须是遇有拒捕、暴乱、越狱、抢夺枪支或者其他暴力行为的紧急情况；必须严格依照国家关于使用武器的有关规定。可以使用武器的情形。根据《人民警察法》、《人民警察使用警械和武器条例》和其他有关法律、法规的规定，人民警察判明有下列暴力犯罪行为的紧急情形之一，经警告无效的，可以使用武器：放火、决水、爆炸等严重危害公共安全的；劫持航空器、船舰、火车、机动车或者驾驶车、船等机动交通工具，故意危害公共安全的；抢夺、抢劫枪支、弹药、爆炸、剧毒等危害物品，严重危害公共安全的；使用枪支、爆炸、剧毒等危险物品实施犯罪或者以使用枪支、爆炸、剧毒等危险物品相威胁实施犯罪的；破坏军事、通信、交通、能源、防险等重要设施，足以对公共安全造成严重、紧迫危险的；实施凶杀、劫持人质等暴力行为，危及公民生命安全的；国家规定的警卫、守卫、警戒的对象和目标受到暴力袭击、破坏或者有受到暴力袭击破坏的紧迫危险的；结伙抢劫或者持械抢劫公私财物的；聚众械斗、暴乱等严重破坏社会治安秩序，用其他方法不能制止的；以暴力方法抗拒或者阻碍人民警察依法履行职责或者暴力袭击人民警察，危及人民警察生命安全的；在押人犯、罪犯聚众骚乱、暴乱、行凶或者脱逃的；劫夺在押人犯、罪犯的；实施放火、决水、爆炸、凶杀、抢劫或者其他严重暴力犯罪行为后拒捕、逃跑的；犯罪分子携带枪支、爆炸、剧毒等危险物品拒捕、逃跑的；法律、行政法规规定可以使用武器的其他情形。人民警察依照上述规定使用武器，来不及警告或者警告后可能导致更为严重后果的，可以直接使用武器。如果人民警察遇有犯罪嫌疑人停止实施犯罪、服从人民警察命令或者犯罪嫌疑人失去继续实施犯罪能力的，应当立即停止使用武器。

4. 对违法使用警械和武器的法律救济

（1）对滥用警械、武器的行为，可以申诉控告，追究警察的行政责任。人民警察违法使用警械、武器，造成不应有的人员伤亡、财产损失，构成犯罪的，依法追究刑事责任；尚不构成犯罪的，依法给予行政处分；对收到伤亡或财产损失的人员，由该人民警察所属机关依照《国家赔偿法》的有关规定给予赔偿。

（2）通过行政复议与诉讼，寻求国家赔偿。警械和武器的使用是“撤销无实益”行为的连续性、不间断性，一实施即产生结果，造成相对人的损伤和财物的毁坏，不存在撤销的对象，即撤销将毫无意义，在行政复议与行政诉讼上只能用确认之诉即申请来确认使用警械和武器行为违法，然后寻求国家赔偿。

## 二、警察优先权

人民警察的优先权是指人民警察执行公务时，有优先乘坐公共交通工具、优先通行、优先使用单位或私人的交通工具、通信工具、场地、建筑物的权利。详见前述《人民警察法》第13条。

（一）优先乘坐公共交通工具权

优先乘坐公共交通工具权是指公安机关人民警察为履行职责的紧急需要，经出示相应证件，可以优先乘坐供公众乘用的运输工具，包括旅客列车、飞机、公共汽车、电车、地铁列车、旅游客车、出租汽车、索道缆车以及水上航运船只等公共交通工具。

（二）优先通行权

优先通行权是指公安机关的人民警察为履行职责的紧急需要，经出示相应证件，可以优先通过交通阻碍的区域。公安机关人民警察的目的必须是为履行职责的紧急需要，如需要紧急抢救公民的生命、财产，需要紧急追捕、搜查逃犯，查证重大案件的有关线索或者证据，紧急赶赴刑事案件或者治安案件现场，紧急调运侦破刑事案件或者突发事件的武器、装备、物资等，才能优先通过交通阻碍的区域。

（三）优先使用权

优先使用权是指公安机关的人民警察在刑事诉讼中，因侦查犯罪的需要，必要时可以优先使用机关、团体、企业事业组织和个人的交通工具、通信工具、场地和建筑物。行使优先使用权应注意及时归还，应根据具体情况支付适当费用，实行有偿使用。警察人员因行使优先使用权造成财物所有人有经济损失的，公安机关应予经济补偿。

（四）法律责任

根据《人民警察法》的规定，公安机关人民警察在特殊情况下行使优先权时的法律责任包括：

1. 人民警察依法执行职务，公民和组织应当给予支持和协助

公民和组织协助人民警察依法执行职务的行为受法律保护。参见前述《人民警察法》第35条第4项规定。

2. 支付费用及补偿

公安机关和人民警察对优先使用交通、通信工具，占用场地、物品等，使用或借用之后，根据有关法律法规的规定，应及时归还，并支付适当的费用，造成损失的，应当补偿。

## 三、交通管制权

### （一）交通管制权权限

交通管制权，是公安机关为了预防和制止严重危害社会治安秩序的行为而采取的在一定区域和时间内限制人员、车辆的通行或者停留的强制性措施。详见前述《人民警察法》第 15 条规定。

实行交通管制的决定机关是县级以上人民政府公安机关。限制通行或停留的职务行为是法律赋予警察机关及人民警察的“禁止权”。所谓相应的交通管制措施，主要是指公安机关现场人民警察可以根据当时的环境和情况，采取相应的交通管制措施。如发布交通管制的通告，告知公众交通管制的原因、管制的区域、管制的时间等；布置管制的警力，疏导行人和车辆；为避免车辆堵塞，禁止大型客、货车或机动车辆在某一路段或时间的通行等。管制的情况消除，应当及时解除管制，恢复正常的交通秩序。

### （二）交通管制权的适用对象

交通管制权的行使针对的对象主要是重特大刑事案件、治安案件的现场处置、突发性的暴力事件、打砸抢事件、非法集会、游行、示威等，严重危害社会治安秩序的违法犯罪活动。交通管制权的行使应十分慎重，要按严格的适用条件和程序决定。

## 四、现场管制权

### （一）现场管制权权限

《人民警察法》第 17 条赋予了公安机关及人民警察紧急状态处置权，为人民警察采用现场管制、实施强行驱散的行为提供了法律依据及保障。依照《人民警察法》规定，现场管制权的主体只能是县级以上人民政府公安机关。

### （二）现场管制权的适用对象

根据有关法律、法规的规定，现场管制权的适用对象是严重危害社会治安秩序的突发事件，即治安紧急事件。所谓治安紧急事件，是指那些由于各种社会矛盾和部分人员的情绪引发的集体上访、游行、示威、静坐、请愿、罢工、罢市、罢课以及冲击党政机关、阻塞交通，甚至打、砸、抢、烧等严重扰乱社会治安秩序的事件。

## 五、强行带离现场和拘留

《人民警察法》第 8 条为公安机关的人民警察行使强行带离现场和强制拘留权提供了法律依据。

强行带离现场，是对严重危害社会治安秩序或者威胁公共安全的人员的人身强制措施权。这种强制措施具有临时性，并非最终的处分。强行带离现场主要适用于：非法集会、游行、示威，聚众斗殴和其他群体性事件等严重危害社会秩序的事件的人员，拒不听从现场人民警察指挥命令的人员。人民警察可以将其强行带离现场。如果有需要给予处罚或采取其他强制措施的，应当及时作出处理，对没有违法犯罪嫌疑的，应当及时解除审查。

依法予以拘留权，是指依据《刑事诉讼法》规定的条件，对重大刑事犯罪嫌疑人实施的先行拘留或当场拘留，由于情况紧急和特殊，人民警察不需要办理相关拘留手续就在现场执行拘留。先行拘留后，应当及时审查，在 24 小时以内进行讯问，根据案件情况，及时依照法律规定办理手续。

## 实训设计

# 警察盘查、留置能力训练

### 一、实训项目——盘查、留置

警察行政主体及其人民警察在遇到有危害社会治安秩序、侵犯公民合法权益的紧迫情况时，为了排除目前的紧急危害状态，可以不经过预先的告诫等程序，直接对相对人的人身、财产或场所施以强制力。依据《人民警察法》第 9 条的规定，为维护社会治安秩序，公安机关的人民警察对有违法犯罪嫌疑的人员，经出示相应证件，可以当场盘问、检查。在司法实践中，盘问被大量地运用，作为公安机关行政执法的一种手段，为查处各类刑事案件起到了重要作用。许多流窜作案、结伙作案或者作案后逃离现场的犯罪嫌疑人就是在潜逃中因暴露出种种破绽而被公安机关依法留置盘问。大量的案犯在被盘问的过程中交代了犯罪事实，随即被公安机关采取了强制措施，因此，盘问与刑事案件是有密切联系的。通过实训，使学生领会盘查、留置的含义、作用，了解继续盘问的要件、继续盘问的对象以及审批程序。

### 二、实训内容

1. 确定盘查的对象。

2. 厘清继续盘问的审批程序。

### 三、实训步骤

（一）实训前的准备

1. 准备模拟案例。

2. 将学生分为若干小组，充当“警察”“普通民众”“形迹可疑人员”。

（二）实训具体步骤与方法

1. 根据案例将“普通民众”“形迹可疑人员”置于同一场所。
2. “警察”对场所巡逻，发现“形迹可疑人员”。
3. 当场对“形迹可疑人员”进行盘问，判断是否继续盘问。
4. 将“形迹可疑人员”带至公安机关继续盘问后的审批程序。

# 第十章

## 警察执法监督

## 第一节　警察执法监督概述

### 一、警察执法监督的含义和特征

（一）警察执法监督的含义

警察执法监督，是指由法律授权的机关以及公民和社会组织对警察人员执法活动，以及人民警察机关内部对执法活动和遵纪情况所进行的监察、督促、检查和纠正的行为。

警察监督有广义和狭义之分。狭义的警察监督，即警察机关内部执法监督，是指警察机关内部上下级之间和警察机关内部专设的机构，对所属警察人员履行职责、行使职权和遵守纪律进行视察和督导并进行监督。如公安法制部门、公安监察、纪律等部门专门设立的监督机构。广义的警察监督也称一般执法监督，包括以下几方面：其一，外部监督，包括执政党、机关、检察机关、审判机关、社会团体、公民对警察的监督；其二，政府系统的行政监督，包括上级和本级的监督、行政监察机关的监督、审计监督和其他监督。

建立警察人员执法监督体制，其必要性体现在以下四个方面：

1. 保证警察人员正确履行职责的需要

警察机关及警察人员作为执法主体，手中握有较大的执法权力，并且，警察执法工作范围广，涉及面多，人员分散作战、独立作战的机会多，实施的是涉及公民人身权利、财产权利的具体执法行为。所以，警察机关及警察人员只有合法行使权力、严格执法，才能真正地履行自己的职责，高质量地完成各项执法任务。但由于个体的品德、能力素质等不同，使警察人员在具体执法活动中会出现错误，甚至违法的情况。从根本上说，人民既然赋予警察机关及警察人员权力，理所当然要对权力行使过程及结果进行监督，防止滥用权力、越权执法，建立、完善执法监督制度，对警察的执法活动进行监督是非常必要的。

2. 从当前的执法环境看，建立警察执法监督机制也有很大的现实意义

现实生活中，影响警察机关严格执法的因素在各地都不同程度地存在，如果缺少监督机制，单纯要求警察机关及警察人员公正执法是很难做到的。因此，必须建立制约和监督机制，及时纠正警察机关和警察人员的错误执法行为。

3. 对部门执法工作进行监督，是国家法律的普遍原则和要求，警察机关也不例外

我国现在正在进行国家民主和法制建设，随着社会主义市场经济的发展和进一步完善，对警察机关及警察人员的执法要求越来越高；同时，随着经济和社会的发展，警察人员的职权也在不断加强。为此，要求提高警察的执法水平，从严治警，依法治警，所以对警察的执法活动进行监督和制约是必要的。

4. 从本质上讲，对警察的执法活动进行监督，是对警察执法活动的支持和保障

监督的目的是要维护正确的执法活动，及时发现和纠正违法的执法活动，保护公民的合法权益，这与警察机关执法的目的具有一致性。因此，警察执法和警察执法监督是一个整体，两者不可偏废。

（二）警察执法监督的特征

1. 警察执法监督主体的广泛性

在我国，警察监督主体具有广泛性和多元性，是由我国警察机关的性质、任务和宗旨所决定的。各监督主体按照法律规定的监督权，从各自不同的角度对警察执法活动进行广泛的监督，共同组成有机的警察监督整体。

警察执法监督的主体包括：中国共产党；全国人民代表大会及其常务委员会、地方各级人民代表大会及其常务委员会；人民警察的上级机关；人民检察院、人民法院；行政监察机关；公民和社会组织等。

2. 警察执法监督对象的特定性

警察执法监督的对象，专指警察权的行使者，该行使者既包括警察机关，也包括警察人员。根据《人民警察法》第 2 条的规定，其范围是公安机关、国家安全机关、监狱、强制隔离戒毒机关的人民警察和人民法院、人民检察院的司法警察。

3. 警察执法监督内容的全面性

警察执法监督的内容，既包括监督警察权的主体，也包括警察权的客体；既包括警察权的内容，也包括警察权的形式；既包括警察权行使的合法性问题，也包括警察权行使的合理性问题；既包括警察权运用的实体性问题，也包括警察权

运用的程序性问题；既包括警察权行使的保障问题，也包括警察权行使的违法责任问题等。

4. 警察执法监督形式的多样性

由于警察执法监督的主体广泛，各监督主体所采取的监督形式也呈现了多样化趋势，包括外部监督和内部监督两个方面。其形式主要有人民代表机关的审议质询、司法审查、法纪检察、行政监察，人民群众申诉、控告、检举、举报以及警察机关内部执法监督检查等。通过各方面的监督，使广大民警树立执法为民的意识，忠于党、忠于祖国、忠于人民、忠于法律，强化证据意识、程序意识、权限意识和自觉接受监督的意识，主动适应社会主义政治文明建设的客观进程，规范执法行为，强化执法监督，提高执法质量。

5. 警察执法监督目的的明确性

警察执法监督的目的很明确，就是维护和保障警察权的依法行使和合法运用，正确行使警察权力。

## 二、警察执法监督的构成

警察执法监督过程中，一般由主体、客体和内容三个方面构成。

### （一）警察执法监督的主体

警察执法监督的主体是指依据法律、法规的规定，享有警察执法监督权力的机关、个人和组织。

按照法律、法规的规定，可以作为警察执法监督的主体主要有中国共产党；全国人民代表大会及其常务委员会、地方各级人民代表大会及其常务委员会；人民检察院、人民法院；行政监察机关；公民和社会组织等。

### （二）警察执法监督的客体

警察执法监督的客体是指在警察执法过程中，被有警察执法监督权的机关、组织和个人监督的对象。

在警察执法监督过程中，警察机关及警察人员的执法行为是被监督的主体。

### （三）警察执法监督的内容

警察执法监督的内容是指在警察执法过程中，享有警察执法监督权的主体监督警察机关和警察人员的行为的合法性。警察执法监督的内容主要是监督警察机关及警察人员在行使警察权的过程中是否有违法乱纪、徇私枉法的行为等。

## 三、警察执法监督的体系

在我国，对警察机关及人民警察的执法监督体制是一种上下结合、内外结合、纵横交错的监督形式构成的监督网络。

从监督的形式来看，警察执法监督可分为外部监督和内部监督。外部监督的形式包括中国共产党的执政党监督、各级人民代表大会的权力监督、各级检察院的检察监督和人民法院的审判监督、人民政府的行政监督、社会和公民的监督、行政监察机关的行政监察；内部监督主要有公安机关内部上级对下级的监督，也有下级对上级的逆向监督，还有警察机关的内部执法监督。

## 第二节　警察执法的外部监督

### 一、警察执法外部监督概述

警察执法外部监督又称警察一般执法监督，是指享有监督权的主体对警察机关及警察人员执法情况和遵守法律、纪律的情况进行审查、督促和制约的活动。通过警察执法一般监督，既可以支持和保障警察机关及警察人员正确的执法行为，维护警察的执法权威，又能督促警察机关及警察人员纠正和撤销违法的执法行为，改进警察机关及警察人员的工作，以保证警察全心全意为人民服务的根本宗旨。

### 二、警察执法外部监督类型

#### （一）执政党的监督

由执政党掌握和领导警察力量，是世界各国的普遍规律。在我国，中国共产党作为执政党的地位已经载入国家宪法，这决定了中国共产党可在政治上、思想上、组织上对人民警察实行全面的领导。执政党对警察机关及警察人员的监督是广泛而全面的。监督的内容包括监督警察机关执行党的路线、方针、政策和决议以及警察人员遵纪守法的监督。监督的方式也比较全面，既可采用召开座谈会、民意测验等不带强制性的监督方式，也可采用责令有关部门和人员汇报工作、说明情况、提交文件等具有明显强制性的监督方式。

应当指出的是，执政党的组织在警察执法行政监督中不应直接代替警察机关作出行政行为。

#### （二）权力机关的监督

权力机关的监督，是各级人民代表大会及县级以上人民代表大会常务委员会对警察机关及警察人员的监督。

权力机关的监督主要是针对警察机关的抽象行为进行监督，监督的形式主要有：一是监督警察机关实施、执行宪法和法律，改变或撤销有权行政机关制定的与国家宪法、法律相抵触的警察行政法规和规章；二是由全国人民代表大会及各级地方人民代表大会听取和审查国务院及同级政府执行法律法规及工作的工作报告；三是由人民代表大会代表向警察机关提出质询案和询问；四是全国人民代表大会及各级人民代表大会任命权和罢免权的行使。

近年来，在人大对警察机关及警察人员执法监督的过程当中，逐步摸索出了一种新的行之有效的监督方式，即组织部分人大代表评议警察工作。这种方式，是国家权力机关监督手段的有益补充和发展，对提高警察执法水平，可以起到有效的激励、鞭策和促进作用。

（三）司法机关的监督

司法机关对警察机关的监督包括人民检察机关对警察机关的监督及人民法院对警察机关的监督，又可称为警察执法的司法监督。

国家检察机关的监督，是指各级检察机关依法定职权和程序对警察机关和警察人员的活动进行监督，主要是对警察人员作出的具体行政行为是否合法进行监督，并可依法追究其违法犯罪行为的法律责任。《宪法》第134条、《人民检察院组织法》第2条均规定，中华人民共和国人民检察院是国家的法律监督机关。《人民警察法》第42条规定，人民警察执行职务，依法接受人民检察院……的监督。其主要方式有：法纪检察、侦查监督、逮捕监督和其他监督（执行监督和监狱监督）。根据《刑事诉讼法》第92条的规定，公安机关对人民检察院不批准逮捕的决定，认为有错误的时候，可以要求复议，但是必须将被拘留的人立即释放。人民检察院对警察机关及警察人员的法律监督具有法律强制力，警察机关及警察人员必须接受和执行。

《宪法》和《人民法院组织法》规定人民法院是国家的审判机关。《行政诉讼法》第2条第1款规定："公民、法人或者其他组织认为行政机关和行政机关工作人员的行政行为侵犯其合法权益，有权依照本法向人民法院提起诉讼。"根据上述规定，人民法院作为国家审判机关，有权对警察机关及警察人员的行政执法行为进行法律监督。人民法院是我国的审判机关，它对警察机关的监督主要是通过审理警察行政诉讼案件，对警察机关及警察人员的具体行政行为的合法性进行审查、评价和裁决，监督警察权的行使，约束警察权的滥用。人民法院的监督是一种最具体、最实际、最有效的监督方式。由于人民法院的裁判具有强制执行效力，决定了人民法院对警察人员的执法监督具有强制性，对督促警察机关及警察人员严格依法履行职权，提高办案质量具有很重要的意义。

（四）监察机关的监督

监察机关的监督是指各级监察委员会对警察机关和警察人员的具体行政行为实施监督。

2018年3月20日，第十三届全国人大一次会议表决通过了《监察法》，构建了集中统一、权威高效的中国特色国家监察体制。各级监察委员会是行使国家监察职能的专责机关，依法对所有行使公权力的公职人员进行监察，调查职务违法和职务犯罪，开展廉政建设和反腐败工作，维护宪法和法律的尊严。

国家监察机关的监督主要有监督检查、调查、处置形式。

（1）对公职人员开展廉政教育，对其依法履职、秉公用权、廉洁从政从业以及道德操守情况进行监督检查。

（2）对涉嫌贪污贿赂、滥用职权、玩忽职守、权力寻租、利益输送、徇私舞弊以及浪费国家资财等职务违法和职务犯罪进行调查。

（3）对违法的公职人员依法作出政务处分决定；对履行职责不力、失职失责的领导人员进行问责；对涉嫌职务犯罪的，将调查结果移送人民检察院依法审查、提起公诉；向监察对象所在单位提出监察建议。

需要说明的是，权力机关的监督、司法机关的监督和监察机关的监督属于法定监督，是对警察机关及警察人员执法的重要监督形式，是维护国家法制统一的重要手段。

（五）公民与社会组织的监督

公民个人的监督是指公民有权对国家行政机关及工作人员的活动提出批评和建议、申诉、控告、检举和揭发。《宪法》明确规定，“中华人民共和国的一切权力属于人民”，规定了公民对于任何国家机关及其工作人员都有监督的权力。监督的目的是维护人民群众的根本利益，监督的真正力量也孕育在人民群众之中。

社会组织的监督是指社会组织、群众团体和舆论工具对警察机关和警察人员的具体行政行为及活动进行的监督。这种监督最为广泛，也最为普通。监督主体包括公民个人、政协、各民主党派、工会、共青团、妇联、居委会、村委会和报纸刊物、广播电台、电视台等舆论机关，特别是广播电台、电视台对其监督现在最为直观，由于新闻媒体的介入，使违法违规的行为更快更准确地展现在人民面前，所以使警察机关及警察人员更好地面对问题。监督方式主要有建议、批评、申诉、控告、检举、揭发等。

方兴未艾的网络舆论监督也正在发挥越来越突出和有效的作用。

# 第三节　警察机关内部执法监督

## 一、警察机关内部执法监督概述

警察机关的内部执法监督是指警察机关的上下级机关之间、同一警察机关的领导和干警之间以及各业务部门之间，对执法行为进行审核、检查和经常性约束的制度。

警察机关的内部执法监督是相对外部监督而言的，与外部执法监督具有同等的作用。它与外部执法监督起到互相补充、互相促进的作用。可以说，警察机关的内部执法监督是警察机关在执法中一种自我约束形式，各业务部门之间相互监督，可以体现“分工负责、互相配合、互相制约”的工作方针。

警察机关的内部执法监督的内容主要是：一是有关警察工作的法律、法规、规章制度和其他规范性文件的执行实施情况；二是对警察机关起草和制定的规范性文件是否合法、有效实行监督；三是对执法活动是否合法、正确的监督；四是对受理行政复议、参与行政诉讼活动是否合法、正确，以及需要监督的其他执法行动进行监督。

警察机关的内部执法监督的具体方式有：法律审核，即由监督主体针对本级警察机关起草的法律、法规、命令决定进行法律审核；案件审核，即对警察机关受理的重大疑难案件、领导交办或有关业务部门送办的案件进行审核；执法检查，对警察执法中的情况和问题进行专项检查与调查；参与行政复议和行政诉讼，通过行政复议和行政诉讼以维护执法的权威性。

## 二、警察机关内部执法监督类型

### （一）政工监督

政工监督是指警察机关内部实施的以政治思想教育、批评和自我批评为中心内容的单位之间、人民警察之间的相互监督。

政工监督以政治思想教育、批评与自我批评为监督内容，一般由各警察机关的政治部门来执行监督。

### （二）纪检监督

纪检监督，即警察机关内部实施以党的纪律检查委员会为主体，以警察机关内部具有党员身份的人民警察为对象，以共产党员的条件、标准和纪律为依据所实施的一种监督。

纪检监督主要是对警察机关内部具有共产党员身份的人民警察的具体行政行为进行监督。对那些违反了党纪的共产党员身份的人民警察，可以根据所犯情节的轻重和本人认错态度进行处罚，主要的处罚方式有党内警告、严重警告、记过、记大过、留党察看和开除党籍。

（三）监察监督

监察监督是指警察机关内部的监察机构依法对警察机关及警察人员在履行职责、适用国家警察权过程中所作出的具体行政行为违法时，所实施的全面合理的监督。

监察监督通常情况下由所在单位的监察室专门人员不定时进行。监察监督可以因不同的事件给予警察机关和人民警察不同的惩戒和处分，对人民警察的处分主要有警告、记过、记大过、降级、撤职和开除六种。

（四）法制部门的执法监督

法制部门的执法监督主要是由警察机关内部的法制部门对其内部的全部警察执法活动进行全面监督。

法制部门的执法监督可以说是警察机关内部对执法活动实行自检的一种自我制约方式，与其他几种内部监督形成完整的内部执法监督体系，是执法监督机制的重要组成部分。法制部门的执法监督的主要任务是执法活动中的合法性、准确性，预防和及时纠正执法过程中的失误和差错，以保证各项警察工作的法制化，将警察执法活动完全纳入社会主义法制轨道中来。

（五）公安督察机关的执法监督

根据《人民警察法》第47条和《公安机关督察条例》第2条的规定，公安部和县级以上地方各级人民政府公安机关设立督察机构，建立由专职人员组成的警务督察队。负责对公安机关及其人民警察依法履行职责、行使职权和遵守纪律的情况进行监督。警务督察队对公安机关及其人民警察的执法活动可实行全程、同步监督（即现场督察），并且有权作出相应处置。这项制度的建立和实施，进一步完善了公安机关内部执法监督。

## 第四节　警察法律责任

### 一、警察法律责任概述

法律责任，是指按照法律的规定应该履行义务的组织或个人，因不履行法律规定的义务，而应承担的具有强制性的法律后果。

人民警察，作为一种特定的职务、特定的岗位，自然要产生特定的法律责任，即人民警察在执法过程中违反国家法律、法规应承担的责任。正因如此，警察法律责任需要具备如下要件：

（1）承担法律责任的主体是人民警察机关及其工作人员；

（2）人民警察机关及其工作人员必须有违反法律、法规的行为；

（3）警察违法行为必须发生在警察执法活动中。

设立警察法律责任，用法律形式规定人民警察的责任，有助于严明法纪，防止警察权力滥用，促使人民警察依法行使职权，保障公民、法人和其他组织的合法权益，也可以惩治腐败分子，纯洁警察队伍，健全我国的法律责任制度，促进国家民主法制建设的发展。

根据《人民警察法》的规定，人民警察法律责任可分为行政法律责任、刑事法律责任和警察赔偿责任三大类，下面就这三种警察法律责任进行具体介绍。

## 二、警察行政法律责任

### （一）警察行政法律责任的概念

警察行政法律责任，是指人民警察机关及其成员违反法律、法规，依照《人民警察法》或其他法律法规的规定应承担的行政责任，是一种特殊的行政法律责任。人民警察违法违纪，应承担一定的行政责任，这种责任经法律确认就成为行政法律责任，承担这种责任的方式就是受到行政处分。值得注意的是，在一些国家行政机关包括警察机关对公务员的惩戒措施，除国家规定的行政处分外，还可能有其他内部的特别纪律处分，后者就不是行政法律责任了。

人民警察的行政法律责任，是我国行政行为法治化、行政责任法治化的体现。它完善和健全了我国法律责任制度的空缺，填补了刑事法律责任与民事法律责任之间的不足，促进了行政责任追究由人治向法治的转变。

### （二）警察行政法律责任的种类

《人民警察法》第 22 条规定了 12 项人民警察不得从事的行为。如果人民警察从事法律法规禁止的行为，构成犯罪的，依法追究刑事责任，尚未构成犯罪的，给予行政处分，追究行政法律责任。《监狱法》第 14 条也有类似的规定。

《人民警察法》《监狱法》等法规中规定的禁止行为，大部分既违反行政法规，也违反刑事法律，选择何种处罚方式，应根据行为的情节轻重而定。情节较轻，危害不大，后果不严重的，追究行政法律责任，不作为犯罪处理，给予行政处分，如没有履行法定义务的玩忽职守行为，没有造成严重后果，则属于行政违法行为，对行为人应追究行政法律责任；情节严重，社会危害性较大，或造成严重后果的，应按照《刑法》的规定追究刑事责任。

《人民警察法》中规定的一些禁止性行为在《刑法》中并没涉及，如“从事营利性经营活动”“利用罪犯提供劳务”等，这类行为是行政法律所管辖的，违反者应承担行政法律责任。

《人民警察法》中还规定，“人民警察违反规定使用武器、警械，构成犯罪的，依法追究刑事责任，尚不构成犯罪的，应当依法给予行政处分”。这里的“违规使用”特指不该使用而使用、使用超过必要限度。

向违反法律、法规的人民警察追究行政法律责任的，应依照《人民警察法》的规定，就不同情况，给予警告、记过、记大过、降级、撤职、开除的处分，并可以附加降低警衔、取消警衔的行政处分，必要时还可以采取“停止执行职务、禁闭”等强制措施。

（三）警察行政法律责任的查处

警察违法违纪案件的查处，追究违法违纪警察的法律责任，是社会主义民主和法治建设的一项重要内容，也是我们党和政府廉政建设的一个重要方面。坚持不懈地查处违法违纪案件，依法惩处违法违纪人员，经有令不行，有禁不止者法律制裁，对维护人民警察的形象、维护党和国家的声誉，保障公民、法人和其他社会组织的合法权益，有十分重要的作用。为使查处违法违纪案件工作顺利开展，取得实效，必须抓好以下几个环节：

1. 充分发挥管理机构的职能作用

这里所说的管理机构，既包括人民警察机关，也包括人民警察机关内部负责警察综合管理的部门。这些管理机构具有管理人民警察录用、考核、升降、奖惩等职能，因此对每一名警察的日常表现，对警察行为的实施、实施的效果知道的最为清楚，能够随时发现和纠正人民警察的一般违纪和不当行为，使之不会发展成为严重的违法违纪案件。

2. 充分发挥专门机构的监督作用

专门机构指国家机关、行政监察机关和人民警察机关内部的专职督察机构。现阶段我国监督机构不完备，办案条件和手段不足，人民警察机关又具有特定的权力，对违法违纪警察的查处阻力较大。充分发挥专门监督机构的作用，能有效排除干扰，打破部门关系网，为查处提供强力的组织保证。同时专职监督机构工作性质单一，有法定的办案程序，更能准确及时地查处案件，保证工作的顺利开展。

3. 充分发挥人民群众的举报作用

人民群众是国家的主人，享有对国家机关和国家工作人员提出批评、建议、申诉、控告、检举的权利。《人民警察法》第46条也明确规定了公民和组织的各种监督权利。公民和组织行使检举权、控告权和申诉权，是行使监督权利的一个重要渠道。负责查办案件的专门机关或部门要充分调动群众，鼓励群众举报，多方捕捉线索，形成一个有效的信息网络。接到群众和社会组织检举、控告要及时处理，妥善安排。

4. 及时立案调查，作出处理决定

国家监督机关、人民警察管理机关，对自行发现的或接受检举控告的警察违法违纪行为，认为依法需要追究行为人责任的，应当予以立案，认真调查，收集证据，听取当事人的陈述和辩解，在弄清事实的基础上作出处理决定。查处违法违纪案件要做到：事实清楚，证据确凿，定性准确，处理得当，手续完备。受处分的人民警察如果认为处理决定有错误，可按法定程序向作出决定的机关或者上级机关提出申诉，也可向行政监察机关提出申诉。

## 三、警察刑事法律责任

### （一）警察刑事法律责任的概念

刑事法律责任，是指行为人的行为违反刑事法律规范，严重危害社会，依照《刑法》的规定，对行为人给予的法律惩罚。凡是违法者都应受到惩罚，而违反刑事法律规范，是最严重的违法行为，所以受到的惩罚也最为严厉。

《人民警察法》《监狱法》中有关人民警察违反法律构成犯罪应追究刑事责任的规定，都同人民警察的执法活动紧密相连，主要指在执法活动中违法构成犯罪的情形，同在执法活动之外违法犯罪的构成有所不同。根据法学理论和《刑法》的有关规定，人民警察刑事法律责任的全部含义是：人民警察在执法活动中，故意或者过失地违反法律规定，其行为造成严重后果，给社会带来较大危害，依照《刑法》规定，应负法律责任。

犯罪者都违法，但违法者不一定都构成犯罪。是否承担刑事法律责任，受到法律惩罚，必须严格按照刑事法律规定犯罪构成条件和标准去衡量，准确地把握罪与非罪的界限。

警察刑事法律责任与行政法律责任，是两种性质完全不同的责任，不能互相代替，也不能彼此抵销。如果违法行为后果不严重，给社会造成的危害不大，没有达到犯罪程度的，不追究违法者的刑事责任，但不免除其行政责任。如果违法行为构成了犯罪，在追究违法者刑事责任的同时也要追究其行政法律责任。

### （二）警察刑事法律责任的种类

依据《人民警察法》第 48 条的规定，如要违反禁令构成犯罪的，依法追究刑事责任。第 49 条又规定，人民警察违反规定使用武器警械，构成犯罪的应追究刑事责任。与前述禁令相类似的规定在《监狱法》中也有。根据《人民警察法》和其他有关法律法规的规定，对照刑事法律规范的有关内容，人民警察在执法活动中违反法律构成的犯罪常见的有以下几种：泄露国家机密罪、徇私舞弊罪、私放罪犯罪、刑讯逼供罪、受贿罪、报复陷害罪以及滥用职权可能构成的其他犯罪。

对于违反法律、构成犯罪的警察，要根据其犯罪的事实、犯罪的性质、犯罪的情节和对社会的危害程度，依照《刑法》和全国人大常委会一系列刑事补充规定，确定其应负的刑事法律责任。

（三）警察刑事法律责任的查处

追究警察刑事责任，主要通过刑事诉讼程序。刑事诉讼程序是《刑事诉讼法》规定的司法机关和诉讼参加人进行刑事诉讼活动的次序和方式，主要有以下几项程序：

1. 立案

立案是指司法机关认为有犯罪事实发生，需要追究犯罪人的刑事责任，依法决定作为刑事案件进行侦查或审理的活动。接收材料的机关对不属于自己管辖的案件，应当移送有管辖权的机关立案。如人民警察机关、行政监察机关自行发现的和接受的检举、控告和自首，发现构成犯罪的，应当移送人民检察院立案。

2. 侦查

侦查是指公安机关、人民检察院在办理刑事案件过程中，依法进行的专门调查工作和采取的强制性措施。侦查的目的是查清案件事实。通过侦查活动，认为案件事实已经查清，证据充分确实，足以认定犯罪嫌疑人是否有罪，则侦查活动终结。

3. 提起公诉

提起公诉是指人民检察院认为被告人犯罪事实已经查清，依法应当追究刑事责任，要求人民法院审判的活动。如果案件是由公安机关侦查的，侦查终结后，就将案件移送人民检察院。

4. 审判

审判是指人民法院依法对刑事案件进行审理、作出判决和裁定的活动。人民法院对提出公诉的案件进行审查，对于有明确的指控犯罪事实的，应当决定开庭审理并作出判决。

5. 执行

执行是指国家有关机关为实现已经生效的判决和裁定确定的内容进行的活动。二审法院作出的判决、裁定和超过上诉期或抗诉期没有上诉或抗诉的一审法院的判决是发生法律效力的判决、裁定，必须依法执行。

## 四、警察赔偿责任

警察赔偿责任，又称警察侵权赔偿责任，是指人民警察机关及其警察成员在执行职务过程中违反法律，侵犯了公民、法人或其他组织的合法权益，并造成损害的，依法由警察机关承担的赔偿责任。它是国家赔偿责任的重要组成部分。

人民警察的执法活动应该严格按照法律、法规的规定进行，但是由于每个人的素质不同，能力不同，理解法律、执行法律的水平不同，加上有时实际情况比较复杂，出现不能预料的紧急情节等，执法行为难免出现判断失误、适用法律错误的情况，这就可能会侵犯公民、法人或其他组织的合法权益。另外，个别警察滥用职权、徇私枉法，也必然给公民和组织的损害。为此，《人民警察法》第50条规定："人民警察在执行职务中，侵犯公民或者组织的合法权益造成损害的，应当依照《中华人民共和国国家赔偿法》和其他有关法律、法规的规定给予赔偿。"

## 典型案例评析

某日，徐某某驾一大货车与张某所驾微型车在一岔路口相撞，致张某当场死亡。某县交警大队经调查取证后作出事故认定书，在这起重大交通事故中徐某某负主要责任、张某负次要责任。张某的父亲对县交警大队作出的责任认定不服，向市交警支队申请重新认定。市交警支队经复核后作出维持县交警大队责任认定的决定，张某的父亲仍不服，并向有关部门上访。此后，省公安厅责令省交警总队对本案进行调查处理。交警总队调阅该案重新审查后，作出撤销市交警支队及其下属大队相关责任认定的决定，并责令由某县交警大队重新进行责任认定。据此，县交警大队重新作出责任认定：徐某某负全部责任、张某不负责任。

**问题：**在这起交通事故处理中为何出现四次责任认定？

**评析意见：**根据《道路交通事故处理程序规定》的有关规定，道路交通事故的责任认定由事故发生地交警部门作出，当事人对责任认定不服可向上一级交警部门申请复核一次，复核决定为终结裁决。本案中，就同一起交通事故之所以出现四次事故责任认定，是因为案件处理过程中适用的特殊程序所导致。在四次责任认定中，第一次责任认定适用的是交通事故处理的普通程序，第二次责任认定适用的是行政复核程序，第三、第四次责任认定适用的是控诉申诉程序。

本案涉及公安行政执法的内部监督（行政复核、控诉申诉）问题。张某的父亲对交警部门的事故责任认定不服，依法行使申请行政复核权和控诉申诉权，以维护其合法权益。为保证警令畅通，《人民警察法》第32条、第43条规定，人民警察必须执行上级的决定和命令，上级公安机关可以撤销或者变更下级公安机关在执法活动中的不适当的处理或者决定。据此，本案中交警总队在查明案件事实后，撤销了下级公安机关的责任认定，并责令下级机关重新作出责任认定，以实现行政层级监督职能。由本案可见，公安行政执法监督途径是广泛的，渠道是畅通的，当事人双方的权利义务是平等的。

**法律依据：**

（1）《人民警察法》

（2）《道路交通事故处理程序规定》

# 第十一章

# 警察行政救济

## 第一节　警察行政救济概述

### 一、警察行政救济的概念

（一）警察行政救济的含义

警察行政救济，是指相对人（即公民、法人和其他组织）因警察机关作出的具体行政行为违法或不当致其合法权益蒙受侵害，请求国家有权机关予以补救的方法。它既是为了保护相对人的利益，也是为了监督国家权力机关正确行使职权的一种有效机制。就这个概念有以下几个方面的认识：

1. 警察行政救济的主体是国家有权机关，既包括立法机关、司法机关、国家行政机关，也包括警察机关本身。因此，它依据宪法和法律的规定进行救济的方法和途径是多种多样的，常见的方法有信访救济、立法救济、复议救济、诉讼救济、赔偿救济等。

2. 警察行政救济是依申请的行政行为，它是国家有权机关依照相对人依法申请而发生的，也就是说，警察行政救济是一种被动的行政行为，因此，相对人的申请是警察行政救济产生的首要条件。

3. 警察行政救济的提起以相对人的合法权益受到警察具体行政行为的侵害为前提，这种侵害会引起相对人的不满，因此其向国家有权机关申请复议、提起行政诉讼、请求国家赔偿等救济手段维护自身的权益。

4. 警察行政救济是对警察权行使所产生的消极后果的补救、纠正和救济，是在警察行政行为出现错误时为挽救不良后果而采取的被迫行为。

5. 警察行政救济是救济手段、救济方法和救济制度的总称。救济相对人权益的程序有行政程序和司法程序，属于行政程序的有行政监察、督察、复议申诉、控告、检举等；属于司法程序的有行政诉讼、行政赔偿等。

（二）警察行政救济的途径

警察行政救济的途径主要是指警察行政复议救济、警察行政诉讼救济、警察损害赔偿救济，因为这三个救济制度是行之有效的警察行政救济制度，法制建设比较完善，法律依据比较充分，而且从实体上和程序上能够达到救济公民、法人或者其他组织受损害的权利和受损害的利益的目的。

## 二、警察行政救济的原则和任务

（一）警察行政救济的原则

1. 有权利，必有救济原则

英国法学者戴维·M. 沃克在《牛津法律大词典》中指出，“现代的原则一般是：‘有权利，就有救济方法’；如果存在一种权利，那么，法律就要为这种权利被侵犯而找到一种救济方法。”可见，警察行政权力的限制就要伴随着救济的赋予。

2. 救济途径与被救济行为相适应原则

现代社会，警察行政机关实施的行政行为种类多，数量大，对象广泛，因此不同的警察行政行为应相应设置不同的救济途径、方法和方式；反之，救济途径、方法和方式亦应与被救济的行为相适应，应根据被救济行为的不同特性设置，具有与被救济行为相适应的程序和制度。对不同的警察行政行为，不可能也不应该设置相同的救济途径、方法和方式。救济途径的设置与被救济行为不相适应，不仅达不到设置救济制度的目的，反而会产生负面影响。

3. 行政内救济优先和司法最终救济原则

对某一个警察行政争议，除法律另有规定的以外，相对人应当首先通过警察行政内部救济途径加以解决；警察行政内部救济途径不能解决或者当事人对警察行政内部救济途径解决不满意的方可向法院申请救济。

（二）警察行政救济的任务

警察机关及其人民警察在维护社会秩序和公共安全的过程中作出的具体行政行为或部分抽象行政行为，由于违法或者不当侵犯相对人的合法权益，致使相对人的人身权、财产权蒙受损害，那么相对人就要寻求各种途径保护自身的权益，国家也必然要创设各种法律制度来解决警察机关和相对人之间的权益纠纷或矛盾，达到维护社会秩序和公共安全的目的，监督和促使警察机关依法行使警察权，有效地保障公民、法人或者其他组织的合法权益。

# 第二节　警察行政复议

## 一、警察行政复议概述

### （一）警察行政复议的概念和特征

1. 警察行政复议的概念

警察行政复议，是指公民、法人和其他组织认为警察机关的具体行政行为侵害其合法权益，依法提出申诉，由上一级警察机关或其他有权的行政机关对警察行政行为进行复查，并作出裁决的活动。警察行政复议是一种执法审查活动，是解决警察行政争议的一项重要法律制度。

2. 警察行政复议的特征

（1）警察行政复议是警察机关的执法监督行为，是建立在上级警察机关对下级警察机关的领导权和监督权基础上进行执法监督的一种具体方式，具有内部执法监督性质。

（2）向警察机关提出复议申请的必须是与警察具体行政行为有利害关系的公民、法人或者其他组织。

（3）警察行政复议的核心是具体警察行为的合法性与适当性，根据审查结果依法作出维持、撤销或者变更原警察具体行政行为的决定（裁决）。

（4）警察行政复议是一种规范性活动，必须适用法定程序进行。

### （二）警察行政复议的任务

《行政复议法》第 1 条规定："为了防止和纠正违法的或者不当的具体行政行为，保护公民、法人和其他组织的合法权益，保障和监督行政机关依法行使职权，根据宪法，制定本法。"据此警察行政复议有以下三项任务：

1. 防止和纠正违法或不当的警察具体行政行为

通过警察行政复议要纠正违法或不当的警察具体行政行为。警察复议机关只有敢于纠正违法或不当的警察具体行政行为，才能保证警察机关依法行政，防止违法行为的发生。

2. 保护公民、法人和其他组织的合法权益

当警察机关的具体行政行为出现处罚不当或违法处置的情况时，警察行政复议机关根据公民、法人和其他组织的复议申请，严格依法审查警察机关具体行政行为的合法性与适当性，及时纠正不法侵权行为，从而保护公民、法人和其他组

织的合法权益。

3. 维护和监督警察机关依法行使职权

通过警察行政复议解决警察机关与管理相对人之间的争议，维护合法的警察具体行政行为，纠正违法或不当的警察具体行政行为，有助于维护警察机关的威信，提高治安管理效能，保护公民、法人和其他组织的合法权益，从而达到维护和监督警察机关依法行政的目的。

## 二、警察行政复议机构及其职责

（一）警察行政复议机构的设置

根据《行政复议法》第 3 条和公安部《关于公安机关贯彻实施〈中华人民共和国行政复议法〉若干问题的意见》的规定，履行警察行政复议职责的是警察机关负责法制工作的机构。具体包括以下机构：

1. 公安部法制局。

2. 省、自治区、直辖市公安厅局法制处、室。

3. 市（地、州）、县（市）、市辖区的公安局、公安分局的法制处、科、股。

4. 出入境边防检查总站负责法制工作的机构。

（二）警察行政复议机构的职责

根据《行政复议法》第 3 条的规定，警察行政复议机构履行下列职责：

1. 受理警察行政复议申请。

2. 向有关组织和人员调查取证，查阅文件和资料。

3. 审查申请警察行政复议的警察具体行政行为是否合法与适当，拟订警察行政复议决定。

4. 处理或转送对《行政复议法》第 7 条所列有关规定的审查申请。

5. 对行政机关违反本法规定的行为依照规定的权限和程序提出处理建议。

6. 办理因不服警察行政复议提起行政诉讼的应诉事项。

7. 法律、法规规定的其他职责。

同时，根据《行政复议法实施条例》第 3 条的规定，警察行政复议机构除应当依照《行政复议法》第 3 条的规定履行职责外，还应当履行下列职责：

1. 依照《行政复议法》第 18 条的规定转送有关行政复议申请。

2. 办理《行政复议法》第 29 条规定的行政赔偿等事项。

3. 按照职责权限，督促行政复议申请的受理和行政复议决定的履行。

4. 办理行政复议、行政应诉案件统计和重大行政复议决定备案事项。

5. 办理或者组织办理未经行政复议直接提起行政诉讼的行政应诉事项。

6. 研究行政复议工作中发现的问题，及时向有关机关提出改进建议，重大问题及时向行政复议机关报告。

## 三、警察行政复议的受案范围

### （一）受案范围

根据《行政复议法》第 6 条的规定，警察行政复议的受案范围有下列几个方面：

1. 对警察机关作出的警告、罚款、行政拘留、吊销许可证等行政处罚决定不服的。

2. 对警察机关作出的限制人身自由或者查封、扣押、冻结财产等强制措施不服的。

3. 对警察机关作出的有关许可证、执照、资质证、资格证等证书变更、中止、撤销的决定不服的。

4. 认为警察机关侵犯合法的经营自主权的。

5. 认为警察机关违法集资、征收财物、摊派费用或者违法要求履行其他义务的。

6. 认为符合法定条件，申请警察机关颁发许可证、执照、资质证、资格证等证书，或者申请警察机关审批、登记有关事项，警察机关没有依法办理的。

7. 申请警察机关履行保护人身权利、财产权利的法定职责，警察机关没有依法履行的。

8. 认为警察机关的其他警察具体行为侵犯其合法权益的。

根据《行政复议法》第 7 条的规定，公民、法人或者其他组织认为警察机关的具体警察行政行为所依据的下列规定不合法，可以在申请警察行政复议时，向警察行政机关提出对该规定的审查申请：

1. 国务院部门的规定，包括公安部的规定。

2. 县级以上地方各级人民政府及其工作部门的规定。

3. 乡、镇人民政府的规定。

上述三项规定不含国务院各部、委规章和地方人民政府规章。也就是说，部门规章不属申请复议的范围。

### （二）受案范围的限制

根据《行政复议法》第 8 条的规定，公民、法人和其他组织对下列事项不服的，不能申请警察行政复议：

1. 不服警察机关作出的行政处分或者其他人事处理决定的，不能申请警察行政复议，只能依据有关法律、行政法规提出申诉。因为行政处分或者其他人事处理决定等事项属于警察机关的内部行政行为，不涉及警察行政管理相对人，对外部不具有法律效力。

2. 不服警察机关在治安管理过程中对民事纠纷作出的调解或者其他处理，不能申请警察行政复议，只能依照有关法律申请仲裁或者向人民法院提起民事诉讼。

## 四、警察行政复议管辖

警察行政复议管辖，是指警察行政复议机关受理警察行政复议案件的分工和权限。根据《行政复议法》和公安部《关于公安机关贯彻实施〈中华人民共和国行政复议法〉若干问题的意见》的规定，警察行政复议的管辖依以下规则确定：

（一）一般情形下的管辖

1. 对公安部作出的具体行政行为不服的，向公安部申请行政复议。对省（自治区、直辖市）、市（地、州）、县（市）公安机关作出的具体行政行为不服的，向作出该具体行政行为的公安机关的上一级公安机关或者该公安机关的本级人民政府申请行政复议。对城市公安分局作出的具体行政行为不服的，向该城市公安分局隶属的城市公安局申请行政复议。对省（自治区、直辖市）、市（地、州）公安厅、局直属的公安局、公安分局作出的具体行政行为不服的，向该直属公安局、公安分局隶属的公安机关申请行政复议。对公安派出所依法以自己的名义作出的具体行政行为不服的，向该公安派出所隶属的公安机关申请行政复议。

2. 对县级以上公安机关所属的公安消防机构作出的具体行政行为不服的，向该公安消防机构的主管公安机关申请行政复议。

3. 对省（自治区、直辖市）、市（地、州）、县（市）公安机关所属的公安交通管理机关作出的具体行政行为不服的，向该公安交通管理机关的主管公安机关申请行政复议。对城市公安分局所在地的公安交通管理机关作出的具体行政行为不服的，向该城市公安分局申请行政复议；与城市公安分局不在同一行政区域的，向该城市公安局申请行政复议。对高速公路、高等级公路公安交通管理机关作出的具体行政行为不服的，向该公安交通管理机关的主管公安机关申请行政复议。

4. 对已改职业制的出入境边防检查站作出的具体行政行为不服的，向隶属的出入境边防检查总站申请行政复议，对出入境边防检查总站作出的具体行政行为不服的，向公安部申请行政复议。对未改职业制的边防检查站作出的具体行政行为不服的，向主管的公安机关申请行政复议。

5. 对特区检查站、毗邻港、澳地区的边防支队作出的具体行政行为不服的，向其隶属的公安厅、局申请行政复议。对边防分局（支队）、边境检查站（二类口岸、通道）作出的具体行政行为不服的，向所在地的市（地、州）公安机关申请行政复议。对边防工作站、边防公安检查站、边防派出所依法以自己的名义作出具体行政行为不服的，向所在地县级人民政府的公安机关申请行政复议。

6. 对公安机关所属的其他职能部门依据法律、法规授权，以自己的名义作出的具体行政行为不服的，向该职能部门的主管公安机关申请行政复议。

7. 对打架斗殴等情节轻微的违反治安管理的行为所造成的损害赔偿、负担医疗费用的调解或者其他处理，当事人不服的，按照《行政复议法》第 8 条第 2 款的规定，向人民法院提起民事诉讼。

（二）特殊情况下的复议管辖

在特殊情况下按照下述规定进行复议管辖：一是公安机关和其他行政机关以共同名义作出的具体行政行为，由其共同管辖；二是对法律、法规授权的组织作出的具体行政行为不服而申请复议，由直接主管该组织的公安机关管辖；三是对被撤销的公安机关在撤销前作出的具体行政行为不服而申请复议，由继续行使其职权的公安机关的上一级公安机关管辖；四是依据《行政复议法》第 14 条规定，对于公安部作出的具体行政行为不服的，可以向公安部申请行政复议。对行政复议决定不服的，可以向人民法院提起行政诉讼，也可以向国务院申请裁决，国务院依法作出的裁决为最终裁决。

（三）关于相对人要求审查规定申请的管辖

《行政复议法》第 7 条规定，公民、法人或者其他组织认为行政机关的具体行政行为所依据的下列规定不合法，在对具体行政行为申请行政复议时，可以一并向行政复议机关提出对该规定的审查申请：（1）国务院部门的规定；（2）县级以上地方各级人民政府及其工作部门的规定；（3）乡、镇人民政府的规定。前款所列规定不含国务院、委员会规章和地方人民政府规章。规章的审查依照法律、行政法规办理。

根据相关规定，警察行政复议机关对这类审查申请可作三方面的处理：一是对本级公安机关或下级公安机关制定的规范性文件，经审查认定不合法的，应当在 30 日内予以废止、作出修订或者责令下级撤销；二是对上级公安机关制定的规范性文件和本机关无权审理的其他规范性文件，应当转送上级公安机关或者有关部门处理；三是对履行行政复议职责的公安机关与其他行政机关联合制定的规范性文件，协商联合制定规范性文件的行政机关办理。

## 五、警察行政复议的申请与受理

（一）申请程序

启动警察行政复议程序，必须有合格的申请人提出复议申请。根据《行政复议法》第10条第1款的规定，作为警察行政管理相对人的公民、法人或者其他组织，如果认为警察机关的具体行政行为侵犯其合法权益，可以依法请求警察行政复议机关重新审查原具体行政行为，要求改变或撤销原警察具体行政行为。

1. 申请期限

根据《行政复议法》的规定，公民、法人或者其他组织认为警察机关的具体行政行为侵犯其合法权益的，可以自知道该具体行政行为之日起60日内提出行政复议申请。因不可抗力或者其他正当理由耽误法定申请期限的，申请期限自障碍消除之日起继续计算。据此，警察行政复议的申请期限为自知道该具体行政行为之日起60日，根据《行政复议法实施条例》的规定，行政复议申请期限的起算时间如下：

（1）当场作出具体行政行为的，自具体行政行为作出之日起计算；

（2）载明具体行政行为的法律文书直接送达的，自受送达人签收之日起计算；

（3）载明具体行政行为的法律文书邮寄送达的，自受送达人在邮件签收单上签收之日起计算；没有邮件签收单的，自受送达人在送达回执上签名之日起计算；

（4）具体行政行为依法通过公告形式告知受送达人的，自公告规定的期限届满之日起计算；

（5）行政机关作出具体行政行为时未告知公民、法人或者其他组织，事后补充告知的，自该公民、法人或者其他组织收到行政机关补充告知的通知之日起计算；

（6）被申请人能够证明公民、法人或者其他组织知道具体行政行为的，自证据材料证明其知道具体行政行为之日起计算。

行政机关作出具体行政行为，依法应当向有关公民、法人或者其他组织送达法律文书而未送达的，视为该公民、法人或者其他组织不知道该具体行政行为。

公民、法人或者其他组织依照行政复议法的规定申请行政机关履行法定职责，行政机关未履行的，行政复议申请期限依照下列规定计算：

（1）有履行期限规定的，自履行期限届满之日起计算；

（2）没有履行期限规定的，自行政机关收到申请满60日起计算。

公民、法人或者其他组织在紧急情况下请求行政机关履行保护人身权、财产权的法定职责，行政机关不履行的，行政复议申请期限不受前款规定的限制。行政机关作出的具体行政行为对公民、法人或者其他组织的权利、义务可能产生不利影响的，应当告知其申请行政复议的权利、行政复议机关和行政复议申请期限。

同时，公民、法人或者其他组织如果因为不可抗力或者其他正当理由耽误法定申请期限而不能如期申请复议的，可以申请延长期限，但是，必须具备两个条件：

其一，法定申请期限必须是因不可抗力或其他特殊情况而耽误的。所谓不可抗力，是指不可预测、不可逆转，也无法避免的客观事实，如地震、火灾、战争等。至于其他特别情况是指如公民病重住院、法人正处于合并或变更等情况。

其二，要求延长期限的申请，必须是障碍消除之日前提出。所谓障碍消除，是指足以阻碍公民、法人或者其他组织申请复议的原因已经消除。如洪水已过、战争停止、火灾扑灭等。只有具备上述两个条件，才能申请延长期限。

2. 申请条件

根据《行政复议法》的规定，申请警察行政复议须具备下列条件：第一，申请人必须是认为警察机关作出的具体行政行为侵犯了其合法权益的公民、法人和其他组织；第二，有具体的复议请求和事实根据；第三，属于警察行政复议的受案范围和管辖；第四，必须在法定时效内。

3. 申请方式

《行政复议法》第11条规定："申请人申请行政复议，可以书面申请，也可以口头申请；口头申请的，行政复议机关应当当场记录申请人的基本情况、行政复议请求、申请行政复议的主要事实、理由和时间。"据此，警察行政复议的申请方式有两种，即书面申请和口头申请。如果是口头申请，行政复议机关应当场制作行政复议申请笔录，交申请人核对或者向申请人宣读，并由申请人签字确认。如果是书面申请，应提交《行政复议申请书》，载明以下内容：

一是申请人的基本情况，包括：公民的姓名、性别、年龄、身份证号码、工作单位、住所、邮政编码；法人或者其他组织的名称、住所、邮政编码和法定代表人或者主要负责人的姓名、职务。

二是被申请人的名称。

三是行政复议请求、申请行政复议的主要事实和理由。主要应写明：被申请人作出警察具体行政行为的时间、地点、事实根据和法律依据；要求撤销或者变更何种警察具体行政行为，被申请人应当作出何种具体警察行政行为，如发给许可证、执照等；与复议要求相适应的事实和法律根据：被申请人应当赔偿何种损失、赔偿多少等。

四是申请人的签名或者盖章。

五是申请行政复议的日期。

4. 撤回申请

复议申请的撤回是指申请人申请复议后，复议决定作出前，要求撤回复议申请的一种意愿表示。《行政复议法》第25条规定："行政复议决定作出前，申请人要求撤回行政复议申请的，经说明理由，可以撤回；撤回行政复议申请的，行政复议终止。"根据上述规定，警察行政复议的申请人是可以撤回复议申请的，因为申请人的复议申请权是法律赋予的，申请人有权处置自己的权利，可以主张权利，也可以放弃权利。撤回申请是申请人放弃复议申请权的一种处理方式，只要不损害国家和社会的公共利益，出于申请人自愿，向复议机关说明理由，警察行政复议的申请人就可以撤回复议申请。

（二）受理程序

《行政复议法》第17条规定："行政复议机关收到行政复议申请后，应当在五日内进行审查，对不符合本法规定的行政复议申请，决定不予受理，并书面通知申请人；对符合本法规定，但是不属于本机关受理的行政复议申请，应当告知申请人向有关行政复议机关提出。除前款规定外，行政复议申请自行政复议机关负责法制工作的机构收到之日起即为受理。"公民、法人或者其他组织认为行政机关的具体行政行为侵犯其合法权益提出行政复议申请，除不符合法定申请条件的，行政复议机关必须受理。

警察行政复议申请符合下列规定的，应当予以受理：

1. 有明确的申请人和符合规定的被申请人。
2. 申请人与具体行政行为有利害关系。
3. 有具体的行政复议请求和理由。
4. 在法定申请期限内提出。
5. 属于行政复议法规定的行政复议范围。
6. 属于收到行政复议申请的行政复议机构的职责范围。
7. 其他行政复议机关尚未受理同一行政复议申请，人民法院尚未受理同一主体就同一事实提起的行政诉讼。

警察行政复议申请材料不齐全或者表述不清楚的，警察行政复议机构可以自收到该行政复议申请之日起5日内书面通知申请人补正。补正通知应当载明需要补正的事项和合理的补正期限。无正当理由逾期不补正的，视为申请人放弃行政复议申请。补正申请材料所用时间不计入行政复议审理期限。经审查，警察行政复议机关认为复议申请不符合法定条件和法定要求的，裁决不予受理，但必须告知不予受理的理由。

## 六、警察行政复议案件的审理

警察行政复议机关受理复议申请后，就进入审理阶段。警察行政复议机构审理行政复议案件，应当由两名以上行政复议人员参加。警察行政复议一般采用书面审理方式，必要时可以实地调查核实证据；对重大、复杂的案件，申请人提出要求或者警察行政复议机构认为必要时，可以采取听证的方式审理。

第一，复议机构应当自收到复议申请受理之日起7日内，将行政复议申请副本或者行政复议申请笔录复印件发送被申请人。被申请人应当自收到申请书副本或者申请笔录复印件之日起10日内，提出书面答复，并提交当初作出具体行政行为的证据、依据和其他有关材料。

第二，复议人员审阅案卷材料和当事人的申请书，审查警察具体行政行为所依据的事实是否清楚，证据是否确实充分，定性是否准确，适用法律是否适当，程序是否合法。

第三，警察行政复议机关经过综合研究，依法作出复议决定。

另外，根据法律规定，警察行政复议期间一般不停止具体行政行为的执行，但是有下列情形之一的，可以停止执行：一是被申请人认为需要停止执行；二是警察复议机关认为需要停止执行；三是警察复议机关同意申请人的要求停止执行；四是法律规定有条件的暂缓执行，如被行政拘留的申请人符合暂缓执行条件的。

警察行政复议机关应当自受理申请之日起60日内作出行政复议决定；现行法律规定的行政复议期限少于60日的，从其规定。但是，由于案件情况复杂，不能在法律规定的期限内作出行政复议决定的，根据法律规定，可以延长30日，并告知申请人和被申请人。

## 七、警察行政复议决定

警察行政复议机关通过对复议案件的审理，就有关的行政争议，应当作出结论性决定。

### （一）警察行政复议决定的种类

警察行政复议决定，是指警察行政复议机关在查清复议案件事实的基础上，根据事实和法律，对有争议的警察具体行政行为作出的具有法律效力的判断和处理。警察行政复议机关经过审理后，根据不同情况，按照下列规定作出复议决定：

1. 警察具体行政行为认定事实清楚，证据确凿，适用依据正确，程序合法，内容适当的，决定维持。

2. 被申请人不履行法定职责的，决定限期履行。

3. 警察具体行政行为有下列情形之一的，决定撤销、变更或者是责令被申请人在一定期限内重新作出具体行政行为：（1）主要事实不清、证据不足的；（2）适用依据错误的；（3）违反法定程序的；（4）超越或者滥用职权的；

(5) 具体行政行为明显不当的。警察行政复议机关责令被申请人重新作出具体行政行为的，被申请人不得以同一事实和理由作出与原具体行政行为相同或者基本相同的具体行政行为。

（二）警察行政复议决定书的内容

1. 申请人的姓名、性别、年龄、职业、住址（法人或者其他组织的名称、地址、法定代理人的姓名）。

2. 被申请人的名称、地址、法定代理人的姓名、职务。

3. 申请复议的主要理由和请求。

4. 警察行政复议机关认定的事实、理由，适用的法律、法规、规章和具有普遍约束力的决定、命令。

5. 复议结论。

6. 申请人不服警察行政复议决定向人民法院提起行政诉讼的期限。如果是终局复议决定，还应写明不得起诉和履行的期限。

7. 作出警察复议决定的时间。

复议决定书由复议机关的法定代表人署名，并加盖警察行政复议机关的印章。

（三）警察行政复议书的送达

警察行政复议书的送达方式有：

1. 直接送达

即将警察行政复议书直接送达警察行政复议的申请人、被申请人，由符合法定条件的人签收。

2. 留置送达

受送达人拒绝接受复议书的，送达人应当邀请有关基层组织或者所在单位的代表到场，说明情况，在送达回证上记明拒收事由和日期，由送达人、见证人签名或者盖章，把复议文书留在受送达人的住所或者收发部门，即视为送达。

3. 委托送达

直接送达有困难的，可以委托其他警察机关代为送达。

4. 邮寄送达

复议机关通过邮局以挂号信的方式送达复议书，以回执上注明的收件日期为送达日期。

5. 公告送达

受送达人下落不明，或者用其他送达方式无法送达的，可以公告送达，自发出公告之日起，经过60日，即视为送达。公告送达应当在案卷中记明原因和经过。

（四）警察行政复议决定的执行

1. 警察机关不履行行政复议决定的情况

根据法律规定，警察机关应当自觉主动履行行政复议决定，如果不履行或者无正当理由拖延履行的，警察行政复议机关或者有关上级警察机关应当责令该机关限期履行。

2. 申请人不履行警察行政复议决定的情况

根据《行政复议法》的规定，申请人逾期不起诉又不履行行政复议决定的，或者不履行最终裁决的行政复议决定的，按照下列规定分别处理：一是维持具体行政行为的行政复议决定，由作出具体行政行为的警察机关依法强制执行；二是变更具体行政行为的行政复议决定，由行政复议机关依法强制执行，或者申请人民法院强制执行。

## 第三节　警察行政诉讼

### 一、警察行政诉讼概述

（一）警察行政诉讼的概念

警察行政诉讼，是指公民、法人或者其他组织认为警察机关其人民警察的具体行政行为侵犯其合法权益，依法提起诉讼，由人民法院进行审理并作出裁判的司法活动。警察行政诉讼是解决警察行政争议的一项重要法律制度，是公民、法人或者其他组织的合法权益受到侵害时，获得救济的一条重要渠道。

（二）警察行政诉讼的特征

1. 警察行政诉讼的被告只能是警察机关，而不是人民警察。

2. 警察行政诉讼是针对警察机关和人民警察的具体行政行为而提起的，不包括警察机关的内部行为。

3. 警察行政诉讼的原告必须是认为警察机关和人民警察的具体行政行为侵犯其合法权益的公民、法人或者其他组织。

4. 警察行政诉讼必须向有管辖权的人民法院提出。

（三）警察行政诉讼与警察行政复议的区别

警察行政诉讼与警察行政复议虽然都是根据警察行政管理相对人的请求解决警察行政争议，审查警察具体行政行为合法性的法律监督制度。但是两者的性质是不同的，一个是司法活动，另一个是行政活动，有着明显区别：

1. 审理机关不同

警察行政复议由有管辖权的警察机关审理；警察行政诉讼由有管辖权的人民法院审理。

2. 审理程序不同

警察行政复议是一种行政程序性活动；警察行政诉讼是司法程序性活动。

3. 审理制度和形式不同

警察行政复议实行一级复议制度，一般采用书面审理形式；警察行政诉讼实行两审终审制度，一般采用公开审理形式。

4. 审理结果不同

警察行政诉讼只就警察具体行政行为是否合法作出维持或者撤销的裁判，只对警察行政处罚显失公正的才有变更权；警察行政复议除作出撤销或维持的裁决外，还可以作出变更原警察具体行政行为的裁决。

（四）警察行政诉讼的任务

根据《行政诉讼法》的规定，警察行政诉讼的任务有以下三项：

1. 保证人民法院正确、及时地审理警察行政诉讼案件

正确审理包括查清事实、准确适用法律、作出正确裁判。及时审理是要求人民法院在法定期限内及时审结警察行政诉讼案件。

2. 维护和监督警察机关依法行使警察行政权

人民法院通过行政诉讼审查警察具体行政行为的合法性，对合法的警察具体行政行为判决维持，对违法的警察具体行政行为判决撤销或部分撤销，对警察行政处罚显失公正的可以判决变更。通过裁判既维护警察机关依法行使职权的权威，又监督和促使警察机关依法行政，维护法律的严肃性和统一性。

3. 保护公民、法人和其他组织的合法权益，监督行政机关依法行使职权

警察机关行使警察权的目的是谋求公共利益和保护公民、法人和其他组织的合法权益不受侵犯。由于少数人民警察的执法水平不高，出现失误、违法或不当是难以避免的，所以，国家创设了警察行政诉讼制度，赋予警察行政管理相对人以诉权，一旦发生侵权，公民、法人和其他组织可以通过诉讼手段来维护自己的合法权益。

## 二、警察行政诉讼参加人

警察行政诉讼参加人，是指在警察行政诉讼中与诉讼的具体行政行为有利害关系，参加诉讼的人。根据《行政诉讼法》第四章的规定，警察行政诉讼参加人包括原告、被告、第三人、共同诉讼人和诉讼代理人。

（一）警察行政诉讼原告

警察行政诉讼原告，是指认为具体警察行政行为侵犯了自己合法权益，依法向人民法院提起警察行政诉讼的公民、法人和其他组织。有权提起诉讼的公民死亡，其近亲属可以提起诉讼。近亲属，包括配偶、父母、子女、兄弟姐妹、祖父母、外祖父母、孙子女、外孙子女和其他具有扶养、赡养关系的亲属。有权提起诉讼的法人或者其他组织终止，承受其权利的法人或者其他组织可以提起诉讼。

（二）警察行政诉讼被告

警察行政诉讼被告，是指被认为作出违法具体警察行政行为，并由人民法院通知应诉的警察机关。其有以下几种情况：

1. 未经行政复议直接起诉的案件，作出具体警察行为的警察机关是被告。

2. 经复议的案件，复议机关决定维持原具体行政行为的，作出原具体行政行为的警察机关是被告。

3. 经复议的案件，复议机关改变原具体行政行为的，复议机关是被告。

4. 两个以上警察机关作出同一具体行政行为的，共同作出具体行政行为的警察机关是共同被告。

5. 由法律、法规授权的组织所作的具体行政行为，该授权组织是被告。

6. 由警察机关委托的组织所作的具体行政行为，委托的警察机关是被告。

7. 警察机关被撤销的，继续行使其职权的警察机关是被告。

（三）警察行政诉讼第三人

警察行政诉讼第三人，是指对警察行政争议有利害关系，为了保护自己的合法权益而参加警察行政诉讼的公民、法人和其他组织。

（四）警察行政诉讼共同诉讼人

警察行政诉讼共同诉讼人，是指诉讼当事人一方或双方为二人以上。

（五）警察行政诉讼代理人

警察行政诉讼代理人，是指按照法律规定或当事人的授权，以当事人的名义，在授权范围内，为当事人进行行政诉讼的人。根据法律规定，没有诉讼行为能力的公民，由其法定代理人代为诉讼。法定代理人互相推诿代理责任的，由人民法院指定其中一人代为诉讼。当事人、法定代理人，可以委托一至二人代为诉讼。律师、社会团体、提起诉讼的公民的近亲属或者所在单位推荐的人，以及经人民法院许可的其他公民，可以受委托为诉讼代理人。据此，警察行政诉讼代理人分为法定代理人、指定代理人和委托代理人。

根据《行政诉讼法》和有关法律的规定，警察机关的主要负责人是警察机关的法定代表人，是警察行政诉讼的法定代理人。他可以委托熟悉业务、懂得法律，并有较强的表达能力的人作为警察行政诉讼的代理人参加警察行政诉讼。

## 三、警察行政诉讼的受案范围

警察行政诉讼的受案范围，是指人民法院受理警察行政案件的范围，即法律规定法院受理、审判警察行政案件的权限。根据《行政诉讼法》的规定和警察机关的职责权限，警察行政诉讼的受案范围有以下几个方面：

1. 对拘留、罚款、吊销许可证等行政处罚不服的。

2. 对限制人身自由等行政强制措施不服的。

3. 认为警察机关侵犯法律规定的经营自主权的。

4. 认为符合法定条件申请警察机关颁发许可证和执照，警察机关拒绝颁发或者不予答复的。

5. 申请警察机关履行保护人身权、财产权的法定职责，警察机关拒绝履行或者不予答复的。

6. 认为警察机关违法要求履行义务的。

7. 认为警察机关侵犯其他人身权、财产权的。

根据《行政诉讼法》和最高人民法院《关于适用〈中华人民共和国行政诉讼法〉的解释》的规定，公民、法人或者其他组织对下列行为不服提起诉讼的，不属于人民法院行政诉讼的受案范围：

1. 国防、外交等国家行为。

2. 行政法规、规章或者行政机关制定、发布的具有普遍约束力的决定、命令。

3. 行政机关对行政机关工作人员的奖惩、任免等决定。

4. 法律规定由行政机关最终裁决的具体行政行为。

5. 公安、国家安全等机关依照刑事诉讼法的明确授权实施的行为。

6. 调解行为以及法律规定的仲裁行为。

7. 不具有强制力的行政指导行为。

8. 驳回当事人对行政行为提起申诉的重复处理行为。

9. 对公民、法人或者其他组织权利义务不产生实际影响的行为。

## 四、警察行政诉讼的管辖

根据《行政诉讼法》的规定，警察行政诉讼有以下几种管辖：

### （一）级别管辖

级别管辖，是指第一审警察行政案件由哪一级人民法院管辖。基层人民法院管辖第一审行政案件。中级人民法院管辖的第一审行政案件包括确认发明专利权的案件、海关处理的案件，对国务院各部门或者省、自治区、直辖市人民政府所作的具体行政行为提起诉讼的案件，本辖区内重大、复杂的案件。高级人民法院管辖本辖区内重大、复杂的第一审行政案件。最高人民法院管辖全国范围内重大、复杂的第一审行政案件。

（二）地域管辖

地域管辖，是指由哪个地方的人民法院管辖第一审警察行政案件。根据法律规定，警察行政案件由最初作出具体行政行为的警察机关所在地人民法院管辖。经复议的案件，复议机关改变原具体行政行为的，也可以由复议机关所在地人民法院管辖。对限制人身自由的行政强制措施不服提起的诉讼，由被告所在地或者原告所在地人民法院管辖。因不动产提起的行政诉讼，由不动产所在地人民法院管辖。两个以上人民法院都有管辖权的案件，原告可以选择其中一个人民法院提起诉讼。原告向两个以上有管辖权的人民法院提起诉讼的，由最先立案的人民法院管辖。

（三）指定管辖

指定管辖，是指由于特殊情况的出现或者管辖权发生争议，由上级人民法院指定某一人民法院管辖。《行政诉讼法》规定，有管辖权的人民法院由于特殊原因不能行使管辖权的，由上级人民法院指定管辖。特殊原因是指因自然灾害、战争和意外事故等原因，或者由于当事人申请回避等法律上的原因，使有管辖权的人民法院无法审理的。人民法院对管辖权发生争议，由争议双方协商解决。协商不成的，报它们的共同上级人民法院指定管辖。经最高人民法院批准，高级人民法院可以根据审判工作的实际情况，确定若干人民法院跨行政区域管辖行政案件。

（四）移送管辖

移送管辖，是指人民法院受理警察行政诉讼后，发现不应由自己管辖，而移送有管辖权的人民法院审理的管辖。受移送的人民法院认为受移送的案件按照规定不属于本院管辖的，应当报请上级人民法院指定管辖，不得再自行移送。

（五）管辖权的转移

管辖权的转移，是指经上级人民法院决定，下级人民法院的管辖权移交上级人民法院，或者上级人民法院的管辖权移交给下级法院。这是法律对指定管辖不足的补充规定。

## 五、警察行政诉讼的起诉与受理

（一）起诉

1. 起诉条件

根据《行政诉讼法》的规定，警察行政诉讼的提起必须符合下列条件：

（1）原告必须是认为警察机关的具体行政行为侵犯其合法权益的公民、法人或者其他组织。

（2）必须有明确的被告。

（3）有具体的诉讼请求和事实证据。

（4）属于人民法院受案范围和受诉人民法院管辖。

2. 起诉状的内容

警察行政诉讼的起诉状与其他行政诉讼的起诉状大致相同。其包括以下几项内容：第一，首部。标题之下，写明原告及其代理人的姓名、性别、年龄、单位、住址，被告警察机关的全称，提起诉讼的案由。第二，正文部分。正文是起诉状的核心部分，主要叙述事实和理由，写明警察行政纠纷的起因、经过、法律责任、警察机关的查处情况，指出错误裁决或违法决定的事实根据，争议的焦点和提起诉讼的理由等。第三，结尾部分。即原告提出诉讼请求，写明要求解决什么问题。如请求撤销或纠正警察机关的复议裁决，请求警察机关承担侵权赔偿责任并依法赔偿经济损失等。然后，写明受理法院的名称和具状人、代理人的姓名等。最后，写明起诉的时间。

（二）受理

人民法院要审查警察行政诉讼起诉状的下列内容：是否符合法定的起诉条件；是否就同一事实和理由重复起诉；是否属于法律、法规规定必须先向警察机关申请复议的案件或者可以直接向人民法院起诉的案件；是否超过诉讼时效；起诉手续是否完备。包括起诉书的内容和格式是否符合法定要求，不符合法定要求的可以限期补正。根据《行政诉讼法》的规定，对当场不能判定是否符合本法规定的起诉条件的，应当接收起诉状，出具证明收到日期的书面凭证，并在7日内决定是否立案。不符合起诉条件的，作出不予立案的裁定。裁定书应当载明不予立案的理由、原告对裁定不服的，可以提起上诉。起诉状内容欠缺或者有其他错误的，应当给予指导和释明，并一次性告知当事人需要补正的内容。不得未经指导和释明即以起诉不符合条件为由不接收起诉状。

## 六、警察机关的应诉准备

警察机关应重视行政诉讼的司法监督，做好各项应诉准备工作，以避免和减少警察行政诉讼案件败诉后果的发生。

1. 警察机关接到受诉人民法院送达的应诉通知书和起诉状副本后应当立即签收并呈报警察机关法定代表人。警察机关法定代表人决定自己出庭应诉的，协助其做好各项应诉工作。警察机关法定代表人决定委托他人出庭应诉的，应根据法定代表人的意见聘请诉讼代理人，制作好授权委托书。委托书应写明委托事项和权限，并由委托人，即警察机关法定代表人签名或盖章。

2. 收集整理有关材料，撰写好《答辩状》。警察机关应针对原告起诉书中的起诉理由和根据，进行书面回答和解释。

3. 应当在法定期限内把警察机关法定代表人身份证明或《授权委托书》《答辩状》连同警察行政案件的卷宗和有关证据材料，送交受诉人民法院。同时，诉讼代理人应熟悉案情，写好辩护词，做好必要的准备工作，等待出庭起诉。

警察机关在警察行政诉讼中与原告的法律地位是平等的，享有法定的诉讼权利并承担法定的义务，根据《行政诉讼法》的规定，警察机关享有下列权利和义务：

（一）诉讼权利

一是辩论权。《行政诉讼法》第 10 条规定："当事人在行政诉讼中有权进行辩论。"警察机关有权在诉讼中对案件的有关问题进行辩论。

二是委托代理权。《行政诉讼法》第 31 条第 1 款规定："当事人、法定代理人，可以委托一至二人作为诉讼代理人。"在警察诉讼中，警察机关可以委托诉讼代理人参加诉讼。

三是查阅庭审材料权。《行政诉讼法》第 32 条规定："代理诉讼的律师，有权按照规定查阅、复制本案有关材料，有权向有关组织和公民调查，收集与本案有关的证据。对涉及国家秘密、商业秘密和个人隐私的材料，应当依照法律规定保密。当事人和其他诉讼代理人有权按照规定查阅、复制本案庭审材料，但涉及国家秘密、商业秘密和个人隐私的内容除外。"因此经人民法院许可，应诉的警察机关可以查阅本案庭审材料。

四是申请证据保全。《行政诉讼法》第 42 条规定："在证据可能灭失或者以后难以取得的情况下，诉讼参加人可以向人民法院申请保全证据，人民法院也可以主动采取保全措施。"诉讼中，警察机关可以根据情况申请保全证据。

五是申请回避权。《行政诉讼法》第 55 条规定："当事人认为审判人员与本案有利害关系或者有其他关系可能影响公正审判，有权申请审判人员回避……院长担任审判长时的回避，由审判委员会决定；审判人员的回避，由院长决定；其他人员的回避，由审判长决定。当事人对决定不服的，可以申请复议一次。"警察机关认为审判人员与本案有利害关系或者有其他关系可能影响公正审判，有权申请审判人员回避，对回避决定不服的，可以申请复议。

六是上诉和申诉权。《行政诉讼法》第 85 条和第 90 条分别规定："当事人不服人民法院第一审判决的，有权在判决书送达之日起十五日内向上一级人民法院提起上诉。当事人不服人民法院第一审裁定的，有权在裁定书送达之日起十日内向上一级人民法院提起上诉。""当事人对已经发生法律效力的判决、裁定，认为确有错误的，可以向上一级人民法院申请再审，但判决、裁定不停止执行。”警察机关不服人民法院一审判决、裁定，有权向上一级人民法院提起上诉；对再审案件的裁判不服可以申诉。

七是改变具体行政行为权。根据《行政诉讼法》第 62 条的规定，在人民法院对警察行政案件宣告判决或裁定前，警察机关有权改变其所作的具体警察行政行为。

（二）诉讼义务

一是负举证责任。在警察行政诉讼中警察机关应当提出包括事实证据和法律依据的全部材料，如果警察机关提出的主要证据不足，法院可以作出不利于警察机关的判决、裁定，从而导致警察机关败诉。

二是警察机关应当按照人民法院的规定和要求，按时参加诉讼活动。根据《行政诉讼法》第 58 条的规定，警察机关无正当理由拒不到庭的，可以缺席判决。

三是警察机关应当在收到起诉状副本之日起 10 日内向人民法院提交作出具体警察行政行为的有关材料并提出答辩状。

四是遵守诉讼秩序。在警察行政诉讼过程中，警察机关不得伪造、隐藏、毁灭证据；不得指使、贿买、胁迫他人作伪证或者威胁、阻止证人作证；不得以暴力、威胁或者其他方法阻碍人民法院工作人员执行职务或者扰乱人民法院工作秩序；不得对人民法院工作人员、诉讼参与人、协助执行人侮辱、诽谤、诬陷、殴打或者打击报复等。

五是履行人民法院发生法律效力的判决、裁定。根据《行政诉讼法》第 94 条的规定，警察机关必须履行人民法院发生法律效力的判决、裁定。

六是警察机关败诉的，由警察机关承担全部诉讼费用。人民法院审理行政案件，应当收取诉讼费用。诉讼费用由败诉方承担，双方都有责任的由双方分担。

七是承担侵权赔偿责任。行政机关或者行政机关工作人员作出的具体行政行为侵犯公民、法人或者其他组织的合法权益造成损害的，由该行政机关或者该行政机关工作人员所在的行政机关负责赔偿。

警察机关在行政诉讼中应积极行使和维护自身的诉讼权利，认真并全面履行诉讼义务，做遵守法律的模范。

## 七、警察行政诉讼案件的审理

（一）第一审程序

1. 审理准备

包括向被告送达起诉状副本，向原告送达答辩状副本；依法组成合议庭；审查当事人资格；决定具体警察行政行为是否停止执行等。

2. 开庭审理

审理程序包括：开庭的准备、法庭调查、法庭辩论、合议庭评议。

3. 审理方式

以公开审理为原则，不公开审理为例外。有下列情形之一的，不公开审理，但必须公开宣判：涉及国家秘密的案件；涉及个人隐私的案件，法律、法规规定不能公开审理的案件。

4. 审理依据

根据《行政诉讼法》第63条的规定，人民法院审理警察行政案件的法律依据有：警察行政法律、法规和地方性警察法规；审理民族自治地方的警察行政案件应以自治条例和单行警察条例为依据；参照国务院部、委根据法律和国务院的行政法规、决定、命令制定、发布的规章以及省、自治区、直辖市和省、自治区的人民政府所在地的市和经国务院批准的较大的市的人民政府根据法律和国务院的行政法规制定、发布的规章。所谓参照，是指人民法院审理警察行政案件在没有警察法律、法规具体规定的情况下，可以参考或依照规章作出裁判。但是，参照规章必须具备两个条件：一是必须是在警察机关职权范围内制定的；二是警察规章规定的内容不得与宪法、法律和警察行政法规相抵触。人民法院认为地方人民政府制定、发布的规章与国务院部、委制定、发布的规章不一致的，以及国务院部、委制定、发布的规章之间不一致的，应由最高人民法院送请国务院作出解释或者裁决。

5. 审理期限

根据《行政诉讼法》第81条的规定，人民法院应当在立案之日起6个月内作出第一审判决。有特殊情况需要延长的，由高级人民法院批准，高级人民法院审理第一审案件需要延长的，由最高人民法院批准。需延长审限的特殊情况有以下几种：

（1）警察机关作出的具体行为认定的事实需要进一步调查核实的；

（2）警察机关的具体行政行为所依据的证据需要重新鉴定、勘验，或者需要补充其他证据的；

（3）当事人申请回避而不能继续进行审理的；

（4）管辖权有争议，导致实体审理不能如期进行的；

（5）其他应当延长审限的情况。

基层人民法院和中级人民法院需延长审限的，应报高级人民法院批准，高级人民法院需延长审限的，应报最高人民法院批准。

（二）第二审程序

1. 提出上诉的条件

上诉是产生二审程序的根据，因此提起上诉必须具备法定条件：一是上诉人必须是一审程序中的原告人、被告人、第三人以及共同诉讼人，被上诉人必须是一审程序中作为上诉人的相对一方当事人。享有上诉权的人如果没有上诉的行为能力，应由其法定代理人或者指定代理人代为提起上诉。二是必须在法定期限内提起上诉。根据《行政诉讼法》第85条的规定，当事人不服人民法院第一审判决的，有权在判决书送达之日起15日内向上一级人民法院提起上诉。当事人不服人民法院第一审裁定的，有权在裁定书送达之日起10日内向上一级人民法院提起上诉。逾期不提起上诉的，人民法院的第一审判决或者裁定发生法律效力。三是必须提出书面上诉状。上诉状的内容主要有：上诉人、被上诉人的姓名等基本情况；原审法院的名称、案件编号和案由；上诉的请求和理由。当事人提出上诉，应当按照其他当事人或者诉讼代表人的人数提出上诉状副本。

2. 上诉的受理

原审人民法院收到上诉状，应当在5日内将上诉状副本送达其他当事人，对方当事人应当在收到上诉状副本之日起10日内提出答辩状。原审人民法院应当在收到答辩状之日起5日内将副本送达当事人。原审人民法院收到上诉状、答辩状，应当在5日内连同全部案卷和证据，报送第二审人民法院。已经预收诉讼费用的，一并报送。

3. 裁定撤诉

上诉是当事人的诉讼权利，根据《行政诉讼法》第62条的规定和处分原则，上诉人有权撤诉，但须经人民法院准许。人民法院裁定撤诉必须注意以下几个问题：一是撤诉的时间，只能在二审法院受理后和作出裁判前；二是是否准许撤诉由二审法院裁定，但是经二审法院全面审查，一审的判决或裁定在认定事实和适用法律上有严重错误，必须予以纠正的和原审双方当事人先后提起上诉，只有一方申请撤回上诉的不准撤诉；三是上诉人撤回上诉的申请，一经二审法院准许，上诉人即丧失了对本案的上诉权，即使上诉期限尚未届满，也不得再行上诉；四是上诉人撤回上诉后，要承担上诉的费用。

4. 审理程序

第二审程序是人民法院对原审认定的事实和适用法律进行全面审查，不受上诉人提起上诉范围的限制。同时还要审查对当事人在二审诉讼中提供的新事实和证据，以及对原审陈述的事实进行补充的有关材料。审理上诉案件的方式有两种：一种是开庭审理，程序与第一审的程序基本相同。另一种是书面审理。《行政诉讼法》第86条规定："人民法院对上诉案件，应当组成合议庭，开庭审理。经过阅卷、调查和询问当事人，对没有提出新的事实、证据或者理由，合议庭认为不需要开庭审理的，也可以不开庭审理。"书面审理，是指人民法院审理上诉案件，只对当事人所提交的上诉状、答辩状、其他书面材料和证据进行审查，作出裁判。所谓“事实清楚”，是指提起诉讼的当事人所提出的事实和证据与对方当事人答辩中所提供的事实和证据基本一致，双方当事人争议问题在案卷材料和证据中基本反映清楚。

5. 二审期限

《行政诉讼法》第 88 条规定：“人民法院审理上诉案件，应当在收到上诉状之日起三个月内作出终审判决。有特殊情况需要延长的，由高级人民法院批准，高级人民法院审理上诉案件需要延长的，由最高人民法院批准。”

（三）审判监督程序

审判监督程序，是指人民法院认为已经发生法律效力的判决和裁定确有错误，依法进行重新审理的程序，又称再审程序。当事人申请再审，应当在判决、裁定发生法律效力后 2 年内提出。当事人对已经发生法律效力的行政赔偿调解书，提出证据证明调解违反自愿原则或者调解协议的内容违反法律规定的，可以在 2 年内申请再审。

1. 提起程序

根据提起机关的不同，警察行政案件提起再审的程序有以下几种情况：

一是人民法院院长对本院已经发生法律效力的判决、裁定，发现违反法律、法规规定认为需要再审的，应当提交审判委员会决定是否再审。

二是上级人民法院对下级人民法院已经发生法律效力的判决、裁定，发现违反法律、法规规定的，有权提审或者指令下级人民法院再审。

三是人民检察院对人民法院已经发生法律效力的判决、裁定，发现违反法律、法规规定的，有权按照审判监督程序提出抗诉，接到抗诉的人民法院根据情况可以决定自行审理，也可以指令下级人民法院进行再审。再审结果应及时告知抗诉的人民检察院。

四是人民法院接到当事人的再审申请后，经审查，符合再审条件的，应当立案并及时通知各方当事人；不符合再审条件的，予以驳回。

2. 再审形式

人民法院按照审判监督程序再审的案件，发生法律效力的判决、裁定是由第一审人民法院作出的，按照第一审程序审理，所作的判决、裁定，当事人可以上诉；发生法律效力的判决、裁定是由第二审人民法院作出的，按照第二审程序审理，所作的判决、裁定是发生法律效力的判决、裁定；上级人民法院按照审判监督程序提审的，按照第二审程序审理，所作的判决、裁定是发生法律效力的判决、裁定。原审人民法院审理再审案件，应当另行组成合议庭，原合议庭成员不得参加，并裁定中止原判决、裁定的执行。

## 八、警察行政诉讼的判决和执行

（一）警察行政诉讼的判决

人民法院对警察行政案件审理后制作的裁判，向当事人、第三人、诉讼参与人及旁听群众依法公开宣告。宣判可以当庭宣判，也可以定期宣判。宣判应制作宣判笔录，由到庭的当事人及宣判人员签名或者盖章。

1. 一审判决

根据《行政诉讼法》第 69、70、72、77 条的规定，人民法院受理的警察行政案件经过审理后，可分别作出如下判决：

（1）判决维持警察具体行政行为。人民法院经过审理认为警察具体行政行为证据确凿，适用法律、法规正确，符合法定程序的，判决维持。

（2）警察具体行政行为有下列情形之一的，判决撤销或者部分撤销，并可以判决警察机关重新作出具体行政行为：主要证据不足的；适用法律、法规错误的；违反法定程序的；超越职权的；滥用职权的。

（3）判决作为。警察机关不履行或者拖延履行法定职责的，判决其在一定期限内履行。

（4）警察行政处罚显失公正的，可以判决变更。

（5）责令赔偿。具体警察行政行为侵犯公民、法人或其他组织合法权益造成损害后果的，可以判决警察机关承担赔偿责任。

根据《行政诉讼法》的规定，警察行政案件一经审判，作出判决的人民法院就无权擅自撤销或变更，只有依照上诉程序和审判监督程序才能改变。一审判决发生法律效力有两种情况：最高人民法院作出的一审判决，一经宣判就产生法律效力；地方各级人民法院作出的一审判决，只有在法律规定的上诉期内，当事人不上诉，判决才发生法律效力。

发生法律效力的判决有三种法律后果：一是判决一经发生法律效力，原告就不得就同一具体警察行政行为再行起诉；二是当事人任何一方都不能再提起上诉。如果确有错误，只有通过审判监督程序提起再审予以纠正；三是判决一经生效，负有履行义务的一方当事人应履行义务，拒不履行的，人民法院可以采取强制执行措施。

2. 二审判决与裁定

根据《行政诉讼法》第 89 条的规定，二审法院通过审理警察行政上诉案件应分别不同情况，作出裁决或裁定：

（1）维持原判。原判决认定事实清楚，适用法律、法规正确的，判决驳回上诉，维持原判。

（2）原判决认定事实清楚，但适用法律、法规错误的，依法改判。

（3）裁定撤销原判，发回重审。原判决认定事实清楚，证据不足，或者由于违反法定程序可能影响案件正确判决的，裁定撤销原判，发回原审人民法院重审，也可以查清事实后改判。当事人对重审案件的判决、裁定不服的，可以提起上诉。

根据《行政诉讼法》第 7 条的规定，人民法院审理行政案件，依法实行两审终审制度。第二审人民法院作出的判决和裁定是终审的判决和裁定，一经法院宣告或送达后，立即发生法律效力，当事人不能再提起上诉，必须执行人民法院的判决、裁定。二审判决或裁定经人民法院宣告或送达后，就说明对原警察行政争议作出了实质性的处理，确定了警察机关与警察行政管理的相对人的权利与义务关系，双方当事人必须执行，一方当事人不履行时，另一方当事人可以申请人民法院强制执行。双方当事人如果不服人民法院的二审判决、裁定，依据法律规定还可以向原审人民法院或者上级人民法院提出申诉，但不能停止二审判决、裁定的执行。

（二）警察行政诉讼的执行

当事人必须履行人民法院发生法律效力的判决、裁定。公民、法人或者其他组织拒绝履行判决、裁定的，警察行政机关可以向第一审人民法院申请强制执行，或者依法强制执行。警察行政机关拒绝履行判决、裁定的，第一审人民法院可以采取以下措施：

1. 对应当归还的罚款或者应当给付的赔偿金，通知银行从该警察行政机关的账户内划拨。

2. 在规定期限内不履行的，从期满之日起，对该警察行政机关按日处 50 元至 100 元的罚款。

3. 向该警察行政机关的上一级机关或者监察、人事机关提出司法建议。接受司法建议的机关，根据有关规定进行处理，并将处理情况告知人民法院。

4. 拒不履行判决、裁定，情节严重构成犯罪的，依法追究主管人员和直接责任人员的刑事责任。

## 典型案例评析

1. 李某在市区拥有一套住房，李某将其楼上两间房屋租给外来打工人员刘某居住，在出租过程中未查验刘某身份证件。在刘某租住期间，李某发现刘某经常从事一些违法活动。但是因为刘某每月都按时交纳高额租金，所以李某对刘从事一些违法活动未予理睬，也未向公安机关报告。经过一段时间后，公安机关发现了刘某的违法行为，在查证其违法事实后，对刘某依法实施处罚的同时，对李某也予以了警告并处以月租金10倍的行政罚款。李某对此不服，向上一级公安机关申请复议。

**问题：**对本案公安机关的处罚，李某是否可以申请复议？为什么？

2. 何某因家庭琐事将其妻彭某某打成轻微伤，县公安局以何某违反《治安管理处罚法》为由决定对何某行政拘留15日。何某不服，认为公安机关干预家庭纠纷，便向上级公安机关申请复议。复议机关审查后认为县公安局对何某的处理事实清楚，证据确凿，但处罚过重，因而变更了原裁决，决定对何某处以7日行政拘留，复议决定作出后，何某仍然不服，以自己的行为不构成治安违法和公安机关处理错误为由，准备向人民法院提起行政诉讼。

**问题：**何某应将哪级公安机关列为被告？如何确定本案的管辖法院？

**评析意见：**1. 申请复议是行政相对人的合法权益，《行政复议法》第9条第1款规定："公民、法人或者其他组织认为具体行政行为侵犯其合法权益权益的，可以自知道具体行政行为之日起60日内提出行政复议申请；但是法律规定的申请期限超过60日的除外。"本案中，公安机关对李某所实施的予以警告并处以月租金10倍的行政罚款的决定，属于公安机关依照有关行政法律所实施的具体行政行为，李某不服具有申请行政复议的权利。依照法律规定，行政相对人行政机关认为的具体行政行为侵犯其合法权益时，便可以向上级公安机关或同级人民政府申请复议，而不是以原行政机关的行政行为是否正确为前提。

**法律依据：**

（1）《行政复议法》

（2）《公安机关办理行政复议案件程序规定》

2. 依据《行政诉讼法》第26条第2款的规定，经复议的案件，复议机关决定维持原行政行为的，作出原行政行为的行政机关和复议机关是共同被告；复议机关改变原行政行为的，复议机关是被告。本案中，复议机关经对案件复议后改变了县公安局的处罚内容，但何某对复议机关作出的新的具体行政行为仍然不服，何某向人民法院提起行政诉讼时，应将复议机关列为被告。根据《行政诉讼法》第14条的规定，本案属普通行政案件，应由基层人民法院进行一审。根据《行政诉讼法》第18条的规定，何某可向复议机关所在地的基层法院或县公安局所在地的基层人民法院提起行政诉讼。

**法律依据：**

（1）《行政诉讼法》

（2）《最高人民法院关于适用〈中华人民共和国行政诉讼法〉的解释》

# 第十二章

# 国家赔偿制度

## 第一节　国家赔偿制度概述

### 一、国家赔偿的概念和特征

国家赔偿，是指由国家对于国家机关及其工作人员因行使职权给公民、法人及其他组织的合法权益造成损害依法承担赔偿责任的活动。《国家赔偿法》第2条规定，国家机关和国家机关工作人员行使职权，有本法规定的侵犯公民、法人和其他组织合法权益的情形，造成损害的，受害人有依照本法取得国家赔偿的权利。国家赔偿包括行政赔偿和刑事赔偿以及在民事、行政诉讼中的司法赔偿。行政赔偿和刑事赔偿是国家赔偿制度的两个赔偿体系。

国家赔偿，是由国家对于行使公权力的侵权行为造成的损害后果承担的赔偿责任，与其他形式的责任相比，具有如下特征：

（一）国家承担责任，机关履行义务

国家赔偿的显著特点就是国家承担赔偿责任，最终支付赔偿费用，由法律规定的赔偿义务机关代表国家履行具体的赔偿义务。实施侵权行为的公务员不直接对受害人承担赔偿责任，履行赔偿义务。这与“谁侵权，谁赔偿”的民事赔偿责任不同。赔偿义务机关将承担处理赔偿请求、支付赔偿费用、参加赔偿诉讼的具体义务，但是赔偿费用由国家财政支付。国家赔偿的费用要列入各级财政预算，支付的具体环节，也要按照法律规定的具体程序来进行。

（二）赔偿范围的有限性

国家赔偿是国家对于国家机关及其工作人员因行使职权造成损害进行赔偿，属于国家责任的一种形式。从赔偿的范围来看，远比民事赔偿中“有侵权必有赔偿”有限，国家只对国家机关及其工作人员的一部分侵权行为承担侵权责任。

例如，国家对立法机关、军事机关以及司法机关的部分行为，即使造成损害，国家也不承担赔偿责任。《国家赔偿法》第二、三章不仅明确规定了行政赔偿和刑事赔偿的范围，而且还规定了国家不承担国家赔偿责任的情形。根据赔偿法定的原则，诸如公共设施致害，法院作出的民事、经济、行政错判，行政机关作出的抽象行政行为造成的损害，均不在国家赔偿的范围。因此，国家赔偿责任属于有限赔偿责任。

（三）赔偿方式和赔偿标准的法定化

与民事赔偿不同，国家赔偿的方式和标准是法定的。《国家赔偿法》第四章明确规定了赔偿的方式和标准。比如，我国的国家赔偿方式是以金钱方式为主，以返还财产和恢复原状为补充的方式。根据损害的对象和程度不同，有不同的赔偿标准，同时还限制了最高限额。赔偿时严格按照法定，不依受害人的生活和生存的需要。比如，对生产经营者的营业损失赔偿，国家赔偿已发生的必要的经常性开支。对于罚款指返还罚款，不赔偿利息。

（四）赔偿程序的多元化

根据法律规定受害人可以通过多种渠道取得国家赔偿。比如，行政赔偿，受害人可以向赔偿义务机关单独提起赔偿，也可以在行政复议和诉讼中一并提起。刑事程序中，受害人能够向有关机关提出司法赔偿申请，但不能以诉讼渠道解决。民事纠纷在当事人不能调解的情况下，统一由法院通过诉讼的途径来解决。

## 二、国家赔偿责任的构成

国家赔偿责任由侵权主体要件、侵权行为要件、损害结果要件和因果关系要件四个必要条件构成。只有具备上述四个要件的时候，国家才承担赔偿责任，缺少一个条件，国家都不承担赔偿责任。

（一）国家赔偿责任的侵权主体要件

构成国家赔偿责任侵权主体要件是指国家在为哪些组织和个人的侵权行为负赔偿责任。这里的主体不是责任主体，国家赔偿的责任主体是国家，这里的主体是侵权主体，指的是实施侵权行为的组织和个人。在国家赔偿活动中，侵权主体是特殊主体，只有这些主体实施侵权行为才有可能引起侵权责任，也就是说，如果侵权主体不是构成国家赔偿责任的侵权主体，国家将不承担国家赔偿责任。

构成国家赔偿的侵权行为主体原则上包括：国家机关和国家机关工作人员。在特殊情况下还包括法律、法规授权的组织和行政机关委托的组织。

1. 国家机关

国家机关，是指依照宪法和组织法的规定设置的行使国家权力，实现国家职能的机关。根据职能不同，可以分为立法机关、行政机关、检察机关、审判机关和军事机关。理论上，上述机关都可以成为侵权行为主体。但是，我国作为侵权责任的主体主要包含以下两大类：第一，国家行政机关。国家行政机关是指依照宪法和组织法的规定而设置的行使国家行政职能的国家机关，包括各级人民政府及其所属部门和机构，也包括非常设性机构和临时机构。第二，国家司法机关。国家司法机关是指代表国家行使侦查、检察、审判和监狱管理职能的机关，包括行使刑事侦查权的各级公安机关和安全机关，行使侦查权和检察权的各级人民检察院和专门检察院，行使审判权的各级人民法院和专门的人民法院，行使监狱管理职权的监狱管理机关。

2. 国家机关的工作人员

国家机关的工作人员，是指国家依照法定的方式和程序任用的各类国家机关工作的、行使国家权力执行公务的人员，包括行政机关的公务员，司法机关的侦查人员、检察人员、审判人员和监狱看守管教人员等，但不包括勤杂人员和服务人员。

《国家赔偿法》规定的国家机关的工作人员除了上述人员外，还包括法律法规授权的组织的人员和行政机关委托的行使国家权力的人员。自愿协助执行国家公务的普通公民也属于侵权主体的范围。

3. 法律、法规授权的组织

法律、法规授权的组织，是指根据具体法律、法规的授权而行使特定行政职能的非国家机关组织。法律法规授权的组织范围很广，包括社会组织、团体、企事业组织和基层群众性自治组织。它们只有在法律、法规授权的具体事项下行使权力时，才会享有和承担行政法律责任。它们以自己的名义行使职权并独立承担行政法律责任。当法律法规授权期限结束时或行政事务完成时，授权即告终止。

4. 行政机关委托的组织和个人

行政机关委托的组织和个人，是指受行政机关的委托行使一定行政职权的非国家机关的组织和非国家公务员的个人。受委托的组织不是国家机关，受委托的个人也不是公务员，他们经常性的工作不是国家公务。他们仅能根据委托行使一定的行政职权，非经委托，不得行使国家权力。其行为产生的后果由委托的行政机关承担。比如，治安联防队受公安机关的委托行使在一定的范围内的治安管理权。

（二）国家赔偿责任的侵权行为要件

国家赔偿责任的侵权行为要件，是指我国承担国家赔偿责任必须具备的行为条件。即国家侵权行为的主体的哪些行为可以引起国家赔偿责任。这里的“行为”是指国家和国家机关行使职权的行为。也就是说，行为必须是执行职务的行为，国家只对执行职务的行为承担赔偿责任，而国家机关工作人员职务之外与行使职权无关的个人行为纵然违法，只能对行为人产生相应的民事责任或行政责任或刑事责任，不能引起国家赔偿责任。

原《国家赔偿法》强调了“违法”，即只有国家机关的侵权行为违法侵害公民、法人和其他组织的合法权益，造成损害后果时，国家应当承担赔偿责任。过于严格地限制了受害人获得赔偿的条件，成为受害人难以得到赔偿的主要原因之一。本次修改，取消了“违法”的限制。将“国家机关和国家工作人员违法行使职权”直接修改为“国家机关和国家机关工作人员行使职权”，有本法规定的侵犯公民、法人和其他组织合法权益的情形，造成损害的，受害人有依照本法取得赔偿的权利。看似很简单地去掉了“违法”二字，却意味着我国国家赔偿归责原则的重大进步。

（三）国家赔偿责任的损害结果要件

损害结果是指国家机关及其工作人员行使职权，侵犯了公民、法人或者其他组织的合法权益所造成的既定的客观损害。即有损害，才会有赔偿。也就是说，一些职权侵害行为有过错或者本身行为违法，但是没有造成当事人的合法权益的损害，国家将不承担赔偿责任。并且违法损害结果只有具备以下特征，才可以获得国家赔偿：（1）合法权益的损害具有现实性，即已经发生的、现实的，而不是未来的、主观臆想的；（2）损害必须针对合法权益而言，违法的利益不受法律保护，不引起国家赔偿；（3）损害必须是直接损害，而不包括间接损害。

《国家赔偿法》将侵权损害的范围概括为两种：一种是人身权；另一种是财产权。人身权主要有人身自由权、人格尊严权、婚姻自主权、名誉权、荣誉权、名称权、生命健康权、肖像权、亲属关系中的权利。财产权主要有继承权、物权、经营自主权、债权、知识产权等。当以上的权利受到国家机关及工作人员损害时，国家应当负责赔偿。致人精神损害的，应当在侵权行为影响的范围内，为受害人消除影响，恢复名誉，赔礼道歉；造成严重后果的，应当支付相应的精神损害抚慰金。

（四）国家赔偿责任的因果关系要件

国家赔偿责任的因果关系要件，是指国家机关及其工作人员行使职权的行为和给公民、法人或者其他组织的合法权益造成的损害结果之间必须有因果关系。这种关系是一种必然的、内在的、本质的联系。只有两者之间具有这种联系，国家才负责赔偿。

国家赔偿中的因果关系，在某些方面要比民事赔偿严格得多，在一些方面又宽松得多。因此，不能完全按照民法的因果关系理论分析国家赔偿责任的因果关系要件。确认国家赔偿责任必须符合两个条件：（1）因果之间具有逻辑关系，构成国家侵权责任需要符合逻辑联系的条件；（2）因果关系有直接的关联性，即以正常人的经验理解，行为和结果之间有牵连。

国家只对直接产生的原因事实负赔偿责任。《国家赔偿法》规定了有些特殊的致害原因与损害结果之间缺乏因果联系，国家对此不负赔偿责任。它们主要有以下几方面：

1. 受害人的过错

受害人自己的行为促使损害结果的发生不可避免或加重时，国家完全不负或者部分免除赔偿责任。比如，因公民自己故意作虚伪供述，或者伪造其他有罪证据被羁押或者被判处刑罚的，国家不承担赔偿责任。

2. 不可抗力

因为不可抗力如战争、天灾等引起的损害，国家不负赔偿责任。因为不可抗力是不能预见、不能抗拒的，属于当事人意志以外的力量，因此造成的损害与国家机关的行为无任何因果关系，国家对此不承担责任。

3. 第三者介入

当国家机关的行为通过第三者介入产生损害时这种损害是间接损害，国家不承担赔偿责任。比如，一名警察违法扣留了一位司机驾驶的车，导致司机步行回家，在途中司机被汽车撞伤。虽然警察有违法行为，但是司机的人身伤害是由另一辆车所致，因此国家不负赔偿责任。若损害是由国家机关和第三者行为共同造成的，国家机关就其行为部分承担部分责任。

## 第二节　行 政 赔 偿

### 一、行政赔偿概述

#### （一）行政赔偿的概念

行政赔偿，是指行政机关及其工作人员在行使职权的过程中，侵犯公民、法人或其他组织的合法权益造成损害，国家对此承担赔偿责任的活动。这一概念应从以下四方面理解：

1. 行政赔偿是国家承担责任，责任主体是国家。

2. 行政赔偿是国家针对行政侵权行为来承担赔偿责任。这也是区分民事赔偿和司法赔偿的特性之一。

3. 行政赔偿是国家对行政机关及其工作人员的行政侵权行为承担的赔偿责

任。也就是说，侵权主体是行政机关及工作人员。当然还包括法律、法规授权的组织和行政机关委托的组织和个人。

4. 行政赔偿是国家对公民、法人或者其他组织的合法权益受到侵权行为的损害来承担赔偿责任。所以行政赔偿给行政相对人即公民、法人或其他组织，同时它弥补的是行政相对人受损的合法权益。

（二）行政赔偿的种类

根据不同的标准，可以将行政赔偿分为以下几类：

1. 一般行政行为和涉外行政行为

这是以行政赔偿请求人的国籍为标准进行的分类。请求人是我国公民、法人和其他组织的，是一般的行政赔偿。请求人是外国的公民、法人和其他组织的是涉外的行政赔偿。两者在程序上有不同的规定。

2. 单独的行政赔偿和连带的行政赔偿

这是以行政赔偿义务机关的数量为标准进行的分类。赔偿义务机关仅有一个，是单独的行政赔偿，赔偿义务机关自行承担赔偿责任；赔偿义务机关有两个以上的，是连带的行政赔偿。这是因为两个以上的行政机关共同实施了侵权行为共同承担责任，他们的赔偿责任是连带责任。

3. 单独提出的行政赔偿和一并提出的行政赔偿

这是以受害人提出的赔偿请求的数量和方式为标准所进行的分类。国家赔偿请求人可以向赔偿义务机关单独提出赔偿请求的，这是单独提出的行政赔偿。受害人在行政复议和行政诉讼中，在要求撤销被诉具体行政行为的同时一并提出赔偿请求的，是一并提出的行政赔偿。采取不同的提出赔偿请求的方式，会导致后来的赔偿程序的差别。

4. 侵犯人身权的行政赔偿和侵犯财产权的行政赔偿

这是以行政侵权行为所侵害的公民权利的种类为标准所进行的分类。这种分类的意义在于明确两种赔偿在计算标准上的差别。

## 二、行政赔偿的范围

行政赔偿的范围，是指国家对行政机关及其工作人员在行使行政职权时侵犯公民、法人和其他组织合法权益造成损害的哪些行为承担赔偿责任。这些行为的分类一般是以侵犯公民、法人和其他组织的合法权利的类别进行区分的。

行政赔偿的范围具体都有：

（一）侵犯人身权的行为

在行政赔偿的范围中关于侵犯人身权的行为，一般分为侵犯人身自由权的行为和侵犯生命健康权的行为。

1. 侵犯人身自由权的行为

（1）行政拘留。在行政拘留这种处罚行为中，如果具备处罚机关不合法，被处罚人不具备拘留条件而拘留的，拘留超出了法定期限，以及违反了法定程序这些条件，都可能造成被处罚人人身自由被侵犯。

（2）限制人身自由的强制措施。强制措施不是行政处罚，而是限制公民权利或强制其履行义务的措施。具体包括：强制治疗和强制戒毒、强制传唤、行政拘留及其他强制措施等。

（3）非法拘禁或者以其他方法非法强迫剥夺公民人身自由。包括两种情况：第一，行政机关无限制公民人身自由的权力；第二，超过法定期限或者条件关押。

2. 侵犯生命健康权的行为

（1）暴力行为。主要是指以殴打等暴力手段或者唆使他人以殴打等暴力手段造成公民身体伤害或死亡的行为。

（2）违法使用武器、警械造成公民身体伤害或者死亡的行为。

（3）其他造成公民身体伤害或者死亡的违法行为。

（二）侵犯财产权的行为

1. 违法实施罚款、吊销许可证和执照、责令停产停业、没收财物等行政处罚的。

2. 违法对财产采取查封、扣押、冻结等行政强制措施的。

3. 违法征收、征用财产的。

4. 造成财产损害的其他违法行为。

（三）国家不承担赔偿责任的情形

1. 行政机关工作人员与行使职权无关的个人行为。

2. 因公民、法人和其他组织自己的行为致使损害发生的。

3. 法律规定的其他情形。这里包括：不可抗力，第三人过错，受害人从保险、公费医疗中得到的补偿等。

## 三、行政赔偿请求人和赔偿义务机关

（一）行政赔偿请求人

行政赔偿请求人是指依法享有取得国家赔偿权利，请求义务机关确认和履行国家赔偿责任的公民法人或者其他组织。

《国家赔偿法》第6条规定："受害的公民、法人和其他组织有权要求赔偿。受害的公民死亡，其继承人和其他有扶养关系的亲属有权要求赔偿。受害的法人或者其他组织终止的，其权利承受人有权要求赔偿。"

本条规定必须是“受害”者，才有资格成为赔偿请求人。当“受害”者死亡或者消失后，才由其继承方或者替代方成为赔偿请求人。根据法律规定，赔偿请求人的范围包括公民、法人和其他组织：

1. 公民

赔偿请求人一般是受害公民本人。当受害公民死亡的，其继承人和其他有收养关系的亲属可以成为请求人。当受害公民为限制行为能力或者无行为能力人的，其法定代理人可以代为行使行政赔偿请求权。

2. 法人

赔偿请求人一般是受害法人。受害的法人终止的，承受其权利的法人是赔偿请求人。终止的原因一般为依法被撤销、解散、依法宣告破产等。

3. 其他组织

其他组织是指没有法人资格的其他组织。和法人相同，赔偿请求人一般是受害组织。受害的组织终止的，承受其权利的其他组织是赔偿请求人。

（二）行政赔偿义务机关

行政赔偿义务机关是指代表国家处理赔偿请求、支付赔偿费用、参加赔偿诉讼的行政机关。行政赔偿义务机关的确认是一个值得注意的问题。正确地确认赔偿义务机关是国家赔偿活动正常进行的前提之一。具体的情形有：

1. 行政机关及其工作人员行使行政职权侵犯公民、法人和其他组织的合法权益造成损害的，该行政机关为赔偿义务机关。

2. 两个以上行政机关共同行使行政职权时侵犯公民、法人和其他组织的合法权益造成损害的，共同行使行政职权的行政机关为共同赔偿义务机关。

3. 法律、法规授权的组织在行使授予的行政权力时侵犯公民、法人和其他组织的合法权益造成损害的，被授权的组织为赔偿义务机关。

4. 受行政机关委托的组织或者个人在行使受委托的行政权力时侵犯公民、法人和其他组织的合法权益造成损害的，委托的行政机关为赔偿义务机关。

5. 赔偿义务机关被撤销的，继续行使其职权的行政机关为赔偿义务机关；没有继续行使其职权的行政机关的，撤销该赔偿义务机关的行政机关为赔偿义务机关。

6. 经复议机关复议的，最初造成侵权行为的行政机关为赔偿义务机关，但复议机关的复议决定加重损害的，复议机关对加重的部分履行赔偿义务。

## 四、行政赔偿程序

行政赔偿程序是指受害人依法取得国家赔偿的权利、行政机关或者人民法院依法办理行政赔偿事务应当遵守的范式、步骤、顺序、时限的总称。行政赔偿程序包括先行处理程序和一并提出请求程序。

（一）先行处理程序

先行处理程序是指赔偿请求人在请求损害赔偿时，先向有关的赔偿义务机关提出赔偿请求，双方就有关赔偿范围、方式、金额等事项进行自愿协商或有赔偿义务机关决定，从而解决争议的程序。《国家赔偿法》第9条第2款规定："赔偿请求人要求赔偿，应当先向赔偿义务机关提出，也可以在申请行政复议或者提起行政诉讼时一并提出。"也就是说，在申请行政赔偿时，申请人可以先向赔偿义务机关提出赔偿请求来解决争议。这样做既给了赔偿义务机关自我纠正错误的机会，加强了行政机关的内部监督，又有利于迅速解决赔偿争议，减少受害人诉累。先行处理程序有以下几个步骤：

1. 受害人提出赔偿申请

受害人应当递交申请书。申请书应注意以下事项：（1）受害人的姓名、性别、年龄、工作单位和住所，法人或者其他组织的名称、住所和法定代表人或者主要负责人的姓名、职务；（2）具体的要求、事实根据和理由；（3）申请的年、月、日；（4）有关附件。

赔偿请求人可以向共同赔偿义务机关中的任何一个赔偿义务机关要求赔偿，该赔偿义务机关应当先予赔偿。赔偿请求人根据受到的不同损害，可以同时提出数项赔偿要求。

2. 赔偿义务机关受理和处理赔偿申请

赔偿义务机关应当自收到申请之日起两个月内，作出是否赔偿的决定。赔偿义务机关作出赔偿决定，应当充分听取赔偿请求人的意见，并可以与赔偿请求人就赔偿方式、赔偿项目和赔偿数额依照国家赔偿法第四章的规定进行协商。赔偿义务机关决定赔偿的，应当制作赔偿决定书，并自作出决定之日起10日内送达赔偿请求人。赔偿义务机关决定不予赔偿的，应当自作出决定之日起10日内书面通知赔偿请求人，并说明不予赔偿的理由。

3. 救济

赔偿义务机关在规定期限内未作出是否赔偿的决定，赔偿请求人可以自期限届满之日起3个月内，向人民法院提起诉讼。赔偿请求人对赔偿的方式、项目、数额有异议的，或者赔偿义务机关作出不予赔偿决定的，赔偿请求人可以自赔偿义务机关作出赔偿或者不予赔偿决定之日起3个月内，向人民法院提起诉讼。

（二）一并提出请求程序

一并提出请求程序分为行政复议程序和行政赔偿诉讼。

1. 行政复议程序

一并提出赔偿请求的程序分为行政复议程序和行政诉讼程序。行政复议申请人往往是受害人。申请人申请复议应递交复议申请书，在申请复议的理由中一并提出赔偿请求。复议申请的被复议人是赔偿义务机关。

在行政复议中一并提出赔偿请求的受理和审理适用行政复议程序。行政机关对具体的行政行为审查并作出裁决。在处理赔偿问题时复议机关可以适用调解，以调解书形式解决争议，也可以作出赔偿裁决。

复议机关应当在复议申请书收到 60 日起作出复议决定，申请人对复议决定不服的，可以在收到复议决定之日起 15 日内向人民法院提起行政诉讼。如果复议机关不予受理申请或逾期不复议的，可以直接向人民法院提起诉讼。

2. 行政赔偿诉讼

行政赔偿诉讼是一种特殊的行政诉讼，是人民法院受理和审理行政赔偿的请求的程序。受害人可以在行政诉讼时一并提起行政赔偿要求，也可以在行政复议作出决定或赔偿义务机关作出决定之后，向法院提起行政赔偿诉讼。

行政赔偿请求的时效为 2 年，从侵害行为被确认开始计算。对赔偿义务机关逾期不予处理或对赔偿数额有异议的，应当在赔偿义务机关处理期限届满后的 3 个月内向人民法院提起诉讼。

根据法律的规定，人民法院赔偿委员会处理赔偿请求，赔偿请求人和赔偿义务机关对自己提出的主张，应当提供证据。赔偿义务机关采取行政拘留或者限制人身自由的强制措施期间，被限制人身自由的人死亡或者丧失行为能力的，赔偿义务机关的行为与被限制人身自由的人的死亡或者丧失行为能力是否存在因果关系，赔偿义务机关应当提供证据。根据这种举证责任倒置的规定，对于类似“躲猫猫死”“喝开水死”等情形下的赔偿责任认定，将由赔偿义务机关提供相应证据。嫌疑人一旦死亡或者丧失行为能力，除非赔偿义务机关有证据证明自己没有责任，否则就要承担赔偿责任。这一规定将有利于遏制刑讯逼供、牢头狱霸虐待嫌疑人的行为，更有利于保护嫌疑人的合法权益不受侵害。

在审理方式上，《行政诉讼法》第 60 条第 1 款规定：“人民法院审理行政案件，不适用调解。但是，行政赔偿、补偿以及行政机关行使法律、法规规定的自由裁量权的案件可以调解。”因此，在审理行政赔偿案件时，人民法院可以在双方合法、自愿的前提下，就赔偿范围、赔偿方式和赔偿数额进行调解。双方达成协议调解成立的，应当制作调解书。当事人不同意调解或调解失败时，应当及时判决。

## 第三节 刑事赔偿

### 一、刑事赔偿的含义

刑事赔偿，是指国家对行使侦查、检察、审判职权的机关以及看守所、监狱管理机关及其工作人员违法行使职权，侵犯当事人人身权、财产权造成损害而给予的赔偿。刑事赔偿的特点表现在以下四个方面：

（一）刑事赔偿的侵权行为主体是刑事司法活动中的司法机关及其工作人员

其主要包括：（1）行使侦查权的公安机关、国家安全机关、军队保卫部门及其工作人员；（2）行使刑事检察权的人民检察院及其工作人员；（3）行使刑事审判权的人民法院；（4）看守所和行使监狱管理职权的机关及其工作人员。

（二）刑事赔偿的原因是司法机关及其工作人员在刑事司法活动中的职权行为侵害了公民、法人或者其他组织的合法权益

司法机关及其工作人员只有在刑事司法活动中才会引起刑事赔偿，在民事活动中只会引起民事赔偿。公安机关有行政执法和刑事侦查两大职能，只有在刑事侦查活动中才可能引起刑事赔偿，否则，只能引起行政赔偿。

（三）刑事赔偿是有限赔偿原则，赔偿的范围很窄

在刑事赔偿中，只对无罪羁押和错误判处死刑已经执行的进行赔偿，对于轻罪重判、有罪被超期羁押的不予赔偿。

（四）刑事赔偿采用的是非诉程序

刑事赔偿中的赔偿申请、赔偿复议及赔偿决定程序都是以不开庭的非诉程序进行的。

### 二、刑事赔偿的范围

刑事赔偿的范围，是指国家对司法机关及其工作人员在行使职权时侵犯公民、法人和其他组织合法权益造成损害的哪些行为承担赔偿责任。

刑事赔偿的范围具体包括以下几个方面：

（一）侵犯人身权的刑事赔偿

1. 违反刑事诉讼法的规定对公民采取拘留措施的，或者依照刑事诉讼法规定的条件和程序对公民采取拘留措施，但是拘留时间超过刑事诉讼法规定的时限，其后决定撤销案件、不起诉或者判决宣告无罪终止追究刑事责任的。

2. 对公民采取逮捕措施后，决定撤销案件、不起诉或者判决宣告无罪终止追究刑事责任的。

3. 依照审判监督程序再审改判无罪，原判刑罚已经执行的。

4. 刑讯逼供或者以殴打、虐待等行为或者唆使、放纵他人以殴打、虐待等行为造成公民身体伤害或者死亡的。

5. 违法使用武器、警械造成公民身体伤害或者死亡的。

（二）侵犯财产权的刑事赔偿

1. 违法对财产采取查封、扣押、冻结、追缴等措施的。

2. 依照审判监督程序再审改判无罪，原判罚金、没收财产已经执行的。

（三）国家不承担赔偿责任的情形

1. 因公民自己故意作虚伪供述，或者伪造其他有罪证据被羁押或者被判处刑罚的。

2. 不负刑事责任的人被羁押的。

3. 不追究刑事责任的人被羁押的。

4. 行使侦查、检察、审判职权的机关以及看守所、监狱管理机关的工作人员行使与职权无关的个人行为。

5. 因公民自伤、自残等故意行为致使损害发生的。

6. 法律规定的其他情形。

## 三、刑事赔偿请求人和刑事赔偿义务机关

（一）刑事赔偿请求人

刑事赔偿请求人是指人身权和财产权被刑事司法行为侵害，依法享有国家赔偿请求的人，包括公民、法人和其他组织。

《国家赔偿法》规定，刑事赔偿请求人的确定依照本法第 6 条的规定。这一点和行政赔偿请求人的确定是一样的。即“受害的公民、法人和其他组织有权要求赔偿。受害的公民死亡，其继承人和其他有扶养关系的亲属有权要求赔偿。受害的法人或者其他组织终止的，其权利承受人有权要求赔偿”。

（二）刑事赔偿义务机关

刑事赔偿义务机关是指在刑事司法赔偿中代表国家接受赔偿请求、具体承担赔偿义务并支付赔偿费用的司法机关。

请求刑事赔偿的被害人在侦查、审查起诉、审判、执行等刑事诉讼法程序中经历一个或者数个，甚至全部诉讼阶段。每一个诉讼阶段都有不同的行使职权的机关。因此，不同的侵权行为就会有不同的侵权机关。正确确认赔偿义务机关是受害人成功获得赔偿的前提。赔偿义务机关的确认有以下几种情况：

1. 对公民采取拘留措施，依照国家赔偿法的规定应当给予国家赔偿的，作出拘留决定的机关为赔偿义务机关。刑事诉讼中，作出拘留决定的机关有公安机关、国家安全机关、军队保卫部门以及检察机关。

2. 对公民采取逮捕措施后决定撤销案件、不起诉或者判决宣告无罪的，作出逮捕决定的机关为赔偿义务机关。在公诉案件中，作出逮捕决定的机关是人民检察院；自诉案件中，作出逮捕决定的机关是人民法院。公安机关是执行机关，不能作为赔偿义务机关。

3. 再审改判无罪的，作出原生效判决的人民法院为赔偿义务机关。

4. 二审改判无罪，以及二审发回重审后作无罪处理的，作出一审有罪判决的人民法院为赔偿义务机关。

5. 司法工作人员行使职权造成公民、法人或者其他组织人身财产损害的，该工作人员所在的机关为赔偿义务机关。

## 四、刑事赔偿程序

刑事赔偿程序，是指公民、法人或者其他组织行使刑事赔偿请求权，要求有关的国家侦查、检察、审判、监狱管理机关履行刑事赔偿责任的程序。其包括：刑事赔偿处理程序、刑事赔偿复议程序和刑事赔偿决定程序。

### （一）刑事赔偿处理程序

刑事赔偿处理程序是指司法赔偿义务机关受理和处理受害人赔偿请求的程序。

拥有法律规定的主体资格的赔偿请求人须向适格的赔偿义务机关递交赔偿申请书。

赔偿义务机关应当自收到申请之日起两个月内，作出是否赔偿的决定。赔偿义务机关作出赔偿决定，应当充分听取赔偿请求人的意见，并可以与赔偿请求人就赔偿方式、赔偿项目和赔偿数额进行协商。达不成协议的，应当及时作出赔偿决定。

赔偿义务机关决定赔偿的，应当制作赔偿决定书，并自作出决定之日起 10 日内送达赔偿请求人。赔偿义务机关决定不予赔偿的，应当自作出决定之日起 10 日内书面通知赔偿请求人，并说明不予赔偿的理由。

### （二）刑事赔偿复议程序

刑事赔偿复议程序是指刑事赔偿请求人不服赔偿义务机关的裁决或者与其达成协议的，有权向赔偿义务机关的上一级机关提出复议申请，由复议机关进行审查并对司法赔偿争议作出决定的程序。

1. 刑事赔偿的提出和受理

赔偿义务机关在规定期限内未作出是否赔偿的决定，赔偿请求人可以自 2 个月期限届满之日起 30 日内向赔偿义务机关的上一级机关申请复议。赔偿请求人对赔偿的方式、项目、数额有异议的，或者赔偿义务机关作出不予赔偿决定的，赔偿请求人可以自赔偿义务机关作出赔偿或者不予赔偿决定之日起 30 日内，向赔偿义务机关的上一级机关申请复议。赔偿义务机关是人民法院的，赔偿请求人可以向其上一级人民法院赔偿委员会申请作出赔偿决定。

复议机关接到复议申请书后，应及时对赔偿请求人的申请进行审查，并根据不同情况分别作出相应的处理：

（1）赔偿请求人未经赔偿义务机关处理而直接提出复议申请的，复议机关应当告知赔偿请求人向赔偿义务机关提出赔偿请求。

（2）收到复议申请的机关不是赔偿义务机关的上一级机关的，应当告知赔偿请求人向正确的复议机关提出申请。

（3）超过法定期限提起复议申请的，应当决定驳回。请求人对驳回决定不服的，可以申请赔偿委员会决定。

（4）赔偿请求人的复议申请符合受理条件的，应当予以受理。

2. 对复议申请的审理和决定

复议机关受理复议申请后，应当调查收集证据，查明事实，同时充分听取赔偿请求人的意见，与之就赔偿数额、赔偿方式和期限进行协商。复议机关应当听取赔偿义务机关的意见。

复议可以采取书面审理，必要时，也可以采取其他方式审理。

复议机关应当自收到申请之日起 2 个月内作出决定。赔偿义务机关作出的决定认定事实清楚，适用法律正确、适当的决定，复议机关应予以维持。对于认定事实错误、适用法律错误或赔偿方式、数额不合理的决定应当予以撤销。复议机关认为应当赔偿的，复议机关应当重新作出决定或变更赔偿义务机关的决定。

赔偿请求人不服复议决定的，可以在收到复议决定之日起 30 日内向复议机关所在地的同级人民法院赔偿委员会申请作出赔偿决定；复议机关逾期不作决定的，赔偿请求人可以自期限届满之日起 30 日内向复议机关所在地的同级人民法院赔偿委员会申请作出赔偿决定。

（三）刑事赔偿决定程序

刑事赔偿决定程序是指人民法院赔偿委员会受理刑事赔偿请求、作出决定的程序。

1. 赔偿委员会

中级以上人民法院设立赔偿委员会处理有关赔偿案件。赔偿委员会由人民法院 3 至 7 名审判员组成，设主任一人。中级人民法院赔偿委员会由 3 至 5 名委员组成，高级人民法院赔偿委员会由 5 至 7 名委员组成。

人民法院赔偿委员会受理两类案件：（1）赔偿请求人依法申请赔偿和申请复议，因不服复议决定或复议机关逾期不作决定的，向复议机关所在地的同级人民法院赔偿委员会申请作出赔偿决定；（2）人民法院是赔偿义务机关，赔偿请求人经申请赔偿，因赔偿义务机关逾期不予赔偿或赔偿请求人对赔偿数额有异议的，向赔偿义务机关上一级人民法院赔偿委员会申请赔偿。

关于赔偿委员会的管辖，《国家赔偿法》规定，赔偿义务机关是人民法院的，则由其上一级人民法院管辖；如果赔偿义务机关是其他司法机关的，由复议机关所在地人民法院管辖。

2. 刑事赔偿决定程序的步骤

（1）申请。赔偿请求人依法向赔偿委员会递交赔偿申请书一式四份。提出赔偿申请应当提供有关的证明材料。比如，一审、二审或再审的刑事判决书、赔偿义务机关的不予赔偿决定书、复议决定书及其他法律文书、证明材料。

（2）立案。赔偿委员会接到申请后，应当在7日内决定是否立案，并及时通知赔偿请求人。赔偿委员会经审查决定立案的，应向赔偿请求人发出受理案件通知书。同时应向赔偿义务机关、复议机关发出受理案件通知书，并在15日内送达赔偿申请书副本。经审查不符合立案条件的，应当制作不受理案件通知书，并送达赔偿请求人。

（3）审理。审理赔偿案件，赔偿委员会一般实行书面审理，不公开进行。必要时，可以向有关单位和人员调查情况、收集证据。人民法院赔偿委员会处理赔偿请求，赔偿请求人和赔偿义务机关对自己提出的主张，应当提供证据。被羁押人在羁押期间死亡或者丧失行为能力的，赔偿义务机关的行为与被羁押人的死亡或者丧失行为能力是否存在因果关系，赔偿义务机关应当提供证据。赔偿请求人与赔偿义务机关对损害事实及因果关系有争议的，赔偿委员会可以听取赔偿请求人和赔偿义务机关的陈述和申辩，并可以进行质证。

（4）决定。人民法院赔偿委员会应当自收到赔偿申请之日起3个月内作出决定；属于疑难、复杂、重大案件的，经本院院长批准，可以延长3个月。赔偿委员会作赔偿决定，实行少数服从多数的原则，作出维持、撤销、变更、赔偿以及不予赔偿的决定。

（5）救济。赔偿请求人或者赔偿义务机关对赔偿委员会作出的决定，认为确有错误的，可以向上一级人民法院赔偿委员会提出申诉。赔偿委员会作出的赔偿决定生效后，如发现赔偿决定违反《国家赔偿法》规定的，经本院院长决定或者上级人民法院指令，赔偿委员会应当在2个月内重新审查并依法作出决定，上一级人民法院赔偿委员会也可以直接审查并作出决定。

## 第四节　新国家赔偿法的实践

1994 年 5 月 12 日颁布并于 1995 年 1 月 1 日开始实施的《国家赔偿法》，经过十多年的实践，出现了很多不尽如人意的问题。由于赔偿法本身的不完善和国家法制环境的不尽理想，当事人受到损害后得不到赔偿或者赔偿数额难以弥补被害人所受到的伤痛，导致受害人很多时候不想甚至不敢申请国家赔偿。因此，修改《国家赔偿法》势在必行。2010 年 4 月 29 日，第十一届全国人民代表大会常务委员会第十四次会议表决通过了《关于修改〈中华人民共和国国家赔偿法〉的决定》。2011 年 12 月 1 日起，修正的《中华人民共和国国家赔偿法》正式实施。2012 年 10 月 26 日，第十一届全国人民代表大会常务委员会第二十九次会议第二次修正，自 2013 年 1 月 1 日起施行。

修正后的《国家赔偿法》弥补了实践中出现的一系列问题的缺陷，在一定程度上大大改善了国家赔偿环节中的不敢申请、申请难、确认难、执行难等诸多尴尬现状。在实践中，主要改善了以下几个方面的问题：

### 一、国家赔偿法归责原则多元化

旧的国家赔偿法规定，国家机关及工作人员违法行使职权使公民、法人或者其他组织的合法权益遭受损害，受害人有取得赔偿的权利。这就使国家赔偿的侵权责任限制在了必须“违法”行使职权的范围内。这就将一些不存在明显违法，但是有明显的过错和产生了严重的损害后果的职权行为排除在外。违法归责原则过于严格地限制了受害人获得赔偿，使受害人难以获得赔偿。

新法中将“国家机关和国家机关工作人员违法行使职权”直接修改为“国家机关和国家机关工作人员行使职权”，去掉“违法”二字，使“违法”责任原则变为违法、过错和结果并存的多元化归责原则。比如：对公民采取逮捕措施后，决定撤销案件、不起诉或者宣告无罪终止追究刑事责任的，以及依照审判监督程序再审改判无罪，原判刑罚已经执行的，受害人都有取得国家赔偿的权利。无论以前的羁押行为是否符合法律规定，只要产生了无罪羁押的这种后果，国家将承担赔偿的责任。

### 二、申请国家赔偿便捷化

先对请求事项向赔偿义务机关申请确认是旧法规定的公民申请国家赔偿的前

提条件，待确认符合《国家赔偿法》的规定后才能启动国家赔偿程序。在司法实践中，该规定为公民获得国家赔偿制造了障碍，因为被要求国家赔偿的机关完全可以通过不予确认或延迟确认等手段变相拒绝赔偿请求人的合法请求。

2003 年 6 月 6 日，沧州市沧县刘李庄村党支部书记李某被杀害。2 天后，村民李春兴因故意杀人被抓，之后被判处死刑。2005 年 12 月 7 日，河北省高级人民法院以故意杀人罪证据不足判决李春兴无罪释放。被错误羁押 915 天的李春兴提出国家赔偿 67, 069. 5 元，法院和检察院各担二分之一。但之后一年时间里，李春兴在沧州市中级人民法院和沧州市人民检察院之间奔波，追赔之路费尽周折。2006 年 12 月 10 日，河北省高级人民法院赔偿委员会作出决定，认定沧州“两院”为本案的共同赔偿义务机关。

在新法中，李春兴就不必再向中级人民法院和市人民检察院之间奔波了。因为取消了刑事赔偿中的确认程序，明确规定赔偿请求人应先向赔偿义务机关提出请求，义务机关应当在 2 个月内作出决定，如果没有按照法定期限作出赔偿决定或者请求人对作出的赔偿决定有异议，可以向其上一级机关申请复议。如果对复议结果不服还可以向人民法院赔偿委员会提出赔偿申请。该规定正式取消了确认程序，降低了申请国家赔偿的门槛，从程序上简化了赔偿请求的渠道环节，个人申请国家赔偿更加便捷。

### 三、特殊情况下的举证责任倒置

旧法对举证责任没有明确的规定，在举证过程中，一般实行“谁主张，谁举证”，公民要获得国家赔偿就需要承担举证责任。但是作为弱势群体的受害人而言，有些情况下（如被羁押）取证是非常困难的。这就造成公民个人和赔偿义务机关各执一词时，人民法院认定事实难，确定责任难。

新法明确了赔偿义务机关的举证责任，同时对于特殊情况实行举证责任倒置。人民法院赔偿委员会处理赔偿请求，赔偿请求人和赔偿义务机关对自己提出的主张，应当提供证据；被羁押人在羁押期间死亡或者丧失行为能力的，赔偿义务机关的行为与被羁押人的死亡或者丧失行为能力是否存在因果关系，赔偿义务机关应当提供证据。24 岁的玉溪北城镇男子李乔明因盗伐林木被刑拘，2009 年 1 月 30 日进入看守所，2 月 8 日下午受伤住院，4 天后在医院死亡，死因是“重度颅脑损伤”。晋宁县公安机关给出的答案是，当天李乔明受伤，是由于其与同监室的狱友在看守所天井里玩“躲猫猫”游戏时，遭到狱友踢打并不小心撞到墙壁而导致。当地另一家媒体报道称，警方调查结果显示李乔明“躲猫猫”时眼部被蒙，所以“不慎撞到墙壁受伤”。今后，对于类似“躲猫猫死”“喝开水死”等情形下的赔偿责任认定，将由赔偿义务机关提供相应证据。这一规定将有利于遏制刑讯逼供、牢头狱霸虐待嫌疑人的行为。

## 四、增设程序约束公权力

由于旧法关于国家赔偿程序性规定的内容偏少，造成实践中的很多案件久拖不决，引起社会的极大不满。比如，2005 年 9 月，山西大同企业家张志斌拒绝公安局局长 200 万元索贿，被羁押 941 天。2009 年 12 月底，张志斌提出 700 万元的国家赔偿，但至今未拿到。

新法则增加了申请书签收制度和期限性规定等国家赔偿的程序性规定。依据新法第 12 条规定：赔偿请求人当面递交申请书的，赔偿义务机关应当当场出具加盖本行政机关专用印章并注明收讫日期的书面凭证。第 28 条规定，人民法院赔偿委员会应当自收到赔偿申请之日起 3 个月内作出决定；属于疑难、复杂、重大案件的，经本院院长批准，可以延长 3 个月。新法中新增加的这些程序性规定，在一定程度上可以有利于受害人启动请求国家赔偿机制，有利于受害人能够比较高效、快捷地实现国家赔偿请求权，更可有效遏制有关赔偿义务机关和处理机关互相推诿扯皮情形的出现。

## 五、赔偿义务机关明确化

新法在赔偿义务机关这方面作了两处修改。第一，看守所被正式纳入国家赔偿的义务机关范围。《国家赔偿法》规定，行使侦查、检察、审判职权的机关以及看守所、监狱管理机关及其工作人员在行使职权时，“刑讯逼供或者以殴打、虐待等行为或者唆使、放纵他人以殴打、虐待等行为造成公民身体伤害或者死亡的”，受害人有取得赔偿的权利。第二，取消了法检共同赔偿的规定。旧法规定，在刑事赔偿案件中，二审改判无罪的，作出一审判决的人民法院和作出逮捕决定的机关为共同赔偿义务机关。新法则将其修改为“二审改判无罪的，以及二审发回重审后作无罪处理的，作出一审有罪判决的人民法院为赔偿义务机关”。这样的修改可以使受害人追偿时有的放矢，同时又避免了各赔偿单位“踢皮球”的现象。

## 六、精神损害纳入国家赔偿

在旧法中，精神损害没有列入国家赔偿的范畴，仅规定“造成受害人名誉权、荣誉权损害的应当在侵权行为影响的范围内为受害人消除影响、恢复名誉、赔礼道歉”。实践中许多赔偿请求人因为职权行为被造成严重的精神损害后果，但是因为没有法律依据无法获得国家赔偿。陕西麻旦旦一案（处女嫖娼案）就是这种悲剧之一。受害人不仅被公安机关违法拘留，而且精神上、名誉上均受到很大伤害，但却因为没有法律依据而最终无法得到精神损害赔偿。

在国家赔偿案例中，有的受害人所经历的精神伤害是十分严重的，甚至远远高于人身和财产的伤害。新法明确规定：国家机关及其工作人员在行使职权时侵犯人身权，致人精神损害的，应当在侵权行为影响的范围内，为受害人消除影响，恢复名誉，赔礼道歉；造成严重后果的，应当支付相应的精神损害抚慰金。这一规定将精神赔偿纳入国家赔偿的范围，将从保障人权的角度，给予申请人最大保护。但如何界定“严重后果”和确定精神损害抚慰金的数额，需要在今后实践中进一步通过由最高人民法院出台司法解释加以完善。

## 实训设计

### 警察处理国家赔偿案件能力训练

**一、实训目的**

通过国家赔偿案件进行模拟处理，初步掌握行政诉讼程序、刑事赔偿程序以及相应实体法的适用，加深相关法律的理解，提高处理国家赔偿案件能力，加深学习兴趣。

**二、实训条件设计**

（一）行政赔偿案（采用行政赔偿案模拟法庭审判）

1. 审判组
2. 原告组（含代理人）
3. 被告组（含代理人）
4. 证人、鉴定人组

（二）刑事赔偿案（先行处理赔偿、复议赔偿、决定赔偿三阶段）

1. 赔偿请求人组（含代理人）
2. 义务机关先行处理组
3. 复议组
4. 赔偿委员会决定组

（三）指导老师若干名

**三、实训操作步骤**

1. 其他模拟组熟悉案情制作相应文书阶段。指导老师准备案卷，然后将案卷交给各模拟组。各模拟组熟悉案情后，原告组、赔偿请求人组还应制作起诉书、赔偿请求书，收集证据整理证据材料，并将这些法律文书送交指导教师审查和根据指导教师意见进行修改。

2. 模拟起诉后，审判组进一步熟悉案情，并制作庭审提纲、起草判决书，被告组制作答辩状，代理人制作代理词。证人鉴定组熟悉案情，做好开庭审理的准备。模拟提出赔偿请求后，先行处理组进一步熟悉案情，做准备与请求人协议赔偿或制作是否赔偿的决定书。请求人制作复议赔偿申请书、申请赔偿决定书。复议组作准备复议并制作复议决定书。赔偿委员会组作准备审理并制作是否赔偿决定书。上述各模拟组应将准备的情况向指导教师汇报，将制作的法律文书送请有关指导教师检查，并根据指导教师提出的修改意见加以修改、补充和完善。

3. 行政赔偿案模拟开庭、刑事赔偿案三阶段模拟处理。审判组书记员做好庭审笔录交给指导教师检查，并根据指导教师提出的修改意见加以修改、补充和完善。

4. 指导教师在各环节评定学生成绩。

**四、评分方法**

1. 评分按百分制。

2. 评分根据学生表现、制作的文书、实际水平等确定。

# 参考书目


1. 冯德文编著:《警察学概论》，中国人民公安大学出版社 2005 年版。
2. 高文英、严明主编:《警察法学教程》，警官教育出版社 1999 年版。
3. 刘伯祥主编:《外国警察法》，中国法制出版社 2007 年版。
4. 杨玉环：《论中国近代警察制度的形成》，载《社会科学辑刊》2006 年第 2 期。
5. 杨玉环：《论中国近代警察制度的发展》，载《辽宁大学学报》2006 年第 5 期。
6. 孟庆超:《中国警察近代化研究》，中国人民公安大学出版社 2006 年版。
7. 何家弘:《犯罪鉴识大师李昌钰》，法律出版社 1998 年版。
8. 曹建成：《20 世纪 30 年代中前期南京国民政府对地方自治政策的调整》，载《四川师范大学学报》（社会科学版）2003 年第 5 期。
9. 冉绵惠：《近年来国内有关民国时期保甲制度研究的新趋势》，载《民国档案》2007 年第 2 期。
10. 中国警察学会编著:《中国警察法学》，群众出版社 2002 年版。
11. 陈晋胜:《警察法学概论》，高等教育出版社 2002 年版。
12. 公安部人事训练局编:《警察法教程》，群众出版社 2002 年版。
13. 高文英、姚伟章主编：《警察法学教程》，中国人民公安大学出版社 2005 年版。
14. 聂福茂、余凌云主编：《警察行政法学》，中国人民公安大学出版社 2005 年版。
15. 张建明、蔡炎斌、张丽园主编:《公安学基础理论》，中国人民公安大学出版社 2007 年版。
16. 萧伯符、张建良主编:《法治之下警察行政权的合理构建》，中国人民公安大学出版社 2008 年版。
17. 吕绍忠等：《中外警察法治若干问题比较》，中国人民公安大学出版社 2009 年版。
18. 王明泉：《警察学教程》，中国人民公安大学出版社 2002 年版。
19. 李永清：《警察法学》，中国民主法制出版社 2008 年版。
20. 刘帮胜主编：《人民警察法教程》，河南人民出版社 2006 年版。
21. 程荣斌主编：《刑事诉讼法》（第三版），中国人民大学出版社 2009 年版。
22. 梁秀波：《试论警察行政强制措施》，中国政法大学 2006 年硕士学位论文。
23. 王中华：《我国警察行政检查法律规范研究》，中国政法大学 2007 年硕士学位论文。
24. 余凌云：《警察行政强制的理论与实践》，中国人民公安大学出版社 2007 年版。
25. 胡锦光主编：《行政法案例分析》，中国人民大学出版社 2006 年版。
26. 李国光主编：《公安行政诉讼解析 · 判例 · 参考》，中国民主法制出版社 2000 年版。
27. 李春华：《治安管理处罚释论与新案例评析》，中国人民公安大学出版社 2002 年版。
28. 廖映明主编：《治安管理处罚条例新释与例解》，同心出版社 2003 年版。
29. 丁建荣主编：《治安管理处罚法实用读本》，中国检察出版社 2006 年版。
30. 高文英主编：《警察执法监督及行政救济案例与理论分析》，群众出版社 2005 年版。
31. 王先林：《警察执法监督的目的及其他》，载《警察实战训练研究》2011 年第 2 期。
32. 程琳主编：《警察法学通论》，中国人民公安大学出版社、群众出版社 2018 年版。
33. 高文英、邢捷主编：《警察法学》，中国政法大学出版社 2017 年版。
34. 卢建军：《警察职权的界定与配置》，北京大学出版社 2017 年版。